南开大学中外文明交叉科学中心资助

张友伦文集——张友伦◎著

当代美国社会运动和美国工人阶级

南开大学历史学院◎编

天津出版传媒集团

天津人民出版社

图书在版编目（CIP）数据

当代美国社会运动和美国工人阶级 / 张友伦著 ; 南
开大学历史学院编 . -- 天津：天津人民出版社，2022.2
（张友伦文集）
ISBN 978-7-201-17801-1

Ⅰ.①当… Ⅱ.①张… ②南… Ⅲ.①社会运动—研
究—美国—现代②工人阶级—研究—美国—现代 Ⅳ.
①D771.25②D771.261

中国版本图书馆 CIP 数据核字(2021)第 226805 号

当代美国社会运动和美国工人阶级
DANGDAI MEIGUO SHEHUI YUNDONG HE MEIGUO GONGREN JIEJI

出　　版　天津人民出版社
出 版 人　刘　庆
地　　址　天津市和平区西康路35号康岳大厦
邮政编码　300051
邮购电话　(022)23332469
电子信箱　reader@tjrmcbs.com

总 策 划　王　康　沈海涛
项目统筹　金晓芸　康悦怡
责任编辑　张　璐
装帧设计　明轩文化·李晶晶

印　　刷　河北鹏润印刷有限公司
经　　销　新华书店
开　　本　710毫米×1000毫米　1/16
印　　张　15.5
字　　数　216千字
版次印次　2022年2月第1版　　2022年2月第1次印刷
定　　价　118.00元

前　言

　　张友伦先生是国内外知名的美国史、世界近现代史和国际共产主义运动史学家，1959年毕业于苏联列宁格勒大学历史系，回国后于南开大学历史系、历史研究所从事教学、研究工作。张先生曾任南开大学历史研究所所长、美国史研究室主任、校学术委员会委员，长期担任教育部人文社科重点研究基地南开大学世界近现代史研究中心学术顾问、教育部国别与区域研究（备案）基地南开大学美国研究中心学术顾问，主要学术兼职有中国美国史研究会理事长（1986—1996）及顾问（1996—　）、中华美国学会常务理事、《美国研究》编委等。张先生撰写和主编的学术著作、教材和工具书有二十余种，在《历史研究》、《中国社会科学》（英文版）、《世界历史》、《美国历史杂志》等国内外重要的学术刊物上发表了数十篇论文。值得特别指出的是，张先生还曾参与历史知识的普及工作，由其编写的《共产主义者同盟》《第一国际》《第二国际》等通俗历史读物，行销百万册，甚至出版发行了少数民族文字版。张先生指导过近三十名硕士和博士研究生，其中数位已经成为中国世界史学界的栋梁之材和骨干力量。张先生在世界史尤其是美国史领域的学术探索、学科建设、人才培养等方面做出了卓越贡献，推动了中国世界史研究的纵深发展，堪称"老一代和新一代史学家之间的桥梁"。

　　由天津人民出版社编辑出版的多卷本《张友伦文集》，在张先生及其家人、众多张门弟子、南开师友与出版社众位领导、编辑的共同努力下终于问世。这套文集由南开大学历史学院主持编选，现就一些事项做说明如下：

　　《张友伦文集》收录张先生所著的多部学术著作及四十余篇学术论

文,这些论著写作时间跨度很长,难免带有时代烙印,并且著述体例规范各异,给文集的整理和编辑工作带来了较大困难。此次出版除对个别字句的误植进行订正和对人名、地名、译名的核改外,尽量保持最初发表及出版时的样貌,其间涉及俄文注释的篇章,保留了张先生对部分俄文的翻译,充分体现学术发展的脉络和时代性,以便后人更好地理解中国世界史研究的发展态势。

为保证文集的学术水平和编纂质量,南开大学历史学院与天津人民出版社密切合作,联手打造学术精品。经张友伦先生授权,由南开大学历史学院主持文集编选工作,成立以杨令侠教授、丁见民教授、张聚国副教授为主导的编选委员会,带领研究生收集旧版书稿、整理编选、核对史实、翻译注释,并拟定各卷顺序及目录。其中,美国研究中心的博士及硕士研究生杜卓阳、栗小佳、马润佳、赵航、郝晋京、陈阿莉、吴昱泽等同学出力尤多,在旧版书稿与扫描文稿间多次折校。东北师范大学梁茂信教授,北京大学王立新教授,复旦大学李剑鸣教授,南开大学杨令侠教授、赵学功教授和付成双教授,分别对各卷文稿进行专家审读,以避免年世浸远而引起的篇牍讹误。

感谢南开大学中外文明交叉科学中心江沛教授、南开大学历史学院余新忠教授为文集出版所做的努力和所提供的支持。中外文明交叉科学中心负责人江沛教授在担任历史学院院长时,启动了《张友伦文集》的出版工作,并指派专人负责文集资料的收集与整理工作。余新忠教授担任历史学院院长后,也十分关心文集出版的后续进展,提出了不少建设性意见。

天津人民出版社刘庆社长、王康总编辑和沈海涛副社长带领团队全力以赴,成立专门的编辑小组。小组全体编辑倾情投入,付出了艰巨的劳动,她们是金晓芸、孙瑛、张璐、王小凤、康悦怡、燕文青、康嘉瑄。在此向天津出版传媒集团和天津人民出版社表示衷心的感谢。

2021年,恰值张友伦先生九十华诞,这套历时三年精心打造的文集是献给张先生的寿辰贺礼!张先生长达半个世纪的学术生涯是在南开大学度过的,他对南开大学历史学院及世界史学科常怀眷眷之心,退休后依然关心历史学院的发展,希望南开史学后继有人。先生的殷殷嘱托,时常响于耳畔,勉励我辈奋发图强。

衷心祝愿先生健康长寿!

《张友伦文集》编选委员会
2021年11月18日

作者附言

天津人民出版社为我出的这套文集,差不多把我一生所写的文章和书都收进去了。过去,只有知名的老教授才能获得这样的机会,但获得的人数极少。我虽然也是退休老教授,却没有什么知名度。所以,从来没有出这种文集的奢望。

作为一名教师,出版文集也是心所向往却又不容易的事情。我有幸出过两本文集,但部头都不大。每本只有二十几篇文章,三十多万字。那时已有幸遇知己的感觉,满怀高兴和感谢之情。对于那些从未谋面或交往不多的知我者一直念念不忘。

这次的感受更不同了。当我听到要出多卷本文集的时候,立刻被震动了,喜出望外,深感出版社的知遇之情,同时也明白自己同"知名"还有距离。我被拔高了,心中有所不安。常言道实至名归,我却是实尚未至,名却归了。

出版社的工作抓得很紧。2019年初,金晓芸编辑就带着她的编辑出版计划到我家来商讨,时任南开大学历史学院院长的江沛教授和曾任中国加拿大研究会会长的杨令侠教授一直关心文集的出版,也参加了这次商讨会。大家都觉得,出版社的计划很具体,也很周密,按专题分卷,并列出了每卷收入的著作和文章,可操作性很强。大家都同意这个计划,但觉得部头大,编辑工作很繁重,我应当配合出版社做的事情也很多,恐怕我这个耄耋老人承担不了。大家的担心不是多余的。只是查找和收集分散在外的文章这一项工作就得跑遍资料室和图书馆,是我无法办到的。我的听力不行，用电话和编辑沟通也比较困难，肯定会影响工作的进展。我确实有些为难了。江沛教授察觉到我的心情，当场就指定张聚国老师全力帮助我。

聚国是我的同事，办事认真、仔细。有他帮助，我就如释重负了。那段时间，在他的帮助下，我比较快地完成了应做的事情。现在工作已经到了校对阶段，离完成的日子不远了。可以说，聚国是此事的一大功臣。现任南开大学历史学院院长余新忠教授和副院长丁见民教授也为这部文集的出版费了不少心力，我谨在此对他们和所有关心、帮助过文集出版的先生、学友致以诚挚的谢意。对出版社的诸位领导和编辑除了深深的感谢以外，还要对他们为了事业，不计得失，果断出版多卷本、大部头史学文集的气魄表示由衷的敬佩。

在我的附言中不能不提到我那已经去世的老伴李景云。她也是南开大学历史系的教师。在我们共同生活的五十五年中，她总是主动承担着几乎全部的家务，否则我是写不出这些著作和文章的。这套文集背后有她的辛勤劳动和无限关心，没有她的支持也就不会有这套文集。我心里总觉得文集是我们两人共同努力的结晶，所以要在这里写上一笔。

张友伦

2021 年 11 月 10 日

目　录

引　言

　　19世纪末期以来,美国一直是资本主义世界举足轻重的大国。它的历史,特别是第二次世界大战以后的历史,同整个资本主义世界息息相关,具有明显的典型性。所以我们在探讨当代美国社会运动和美国工人阶级的时候,首先必须在理论上对当代的资本主义世界有一个基本的认识和分析。在这里我们不妨重新温习一下马克思主义的经典作家关于资本主义的论断。

　　早在100多年前,马克思、恩格斯在《共产党宣言》中就科学地论证了资本主义社会的基本矛盾和必然导致社会主义的原因,断然地宣布:"资产阶级的灭亡和无产阶级的胜利是同样不可避免的。"①100多年的世界历史基本上是遵循他们所揭示的规律,沿着一条曲折的道路向前发展的。19世纪,世界上虽然发生过多次革命,但资本主义世界仍然是一统江山。直到1917年俄国十月革命取得胜利后,世界上才出现了第一个社会主义国家,打破了资本主义世界一统江山的局面,开始了从资本主义社会向社会主义社会过渡的历史时期。对此,列宁曾经进行过深刻的、科学的论述。他在《帝国主义是资本主义的最高阶段》一书中指出:"帝国主义是过渡的资本主义,或者更确切些说,是垂死的资本主义。"②列宁的这个论断在理论上至今仍然具有指导意义。它在新的历史条件下再一次确认了社会主义方向,指明了人类社会的前途,从根本上说是不容置疑的。无论国际形势出现了多么大的变化,资本主义世界是繁荣

---

①《马克思恩格斯选集》第一卷,人民出版社,1972年,第263页。
②《列宁选集》第二卷,人民出版社,1972年,第843页。

还是萧条,社会主义国家的经济建设和改革出现了多么大的困难,坚持社会主义方向都必须是考虑问题的出发点。至于过渡时间有多长,帝国主义是不是已经处于垂死状态,那是需要探讨的问题。任何时候都不可能制订出一个准确的时刻表。

　　按照一般的理解,过渡时期可以分为两个阶段。第一个阶段是从十月革命到第二次世界大战。这个阶段我们已经经历过了。在这个阶段里,资本主义世界危机四伏,不止一次地濒临绝境。人们对社会主义方向深信不疑。俄国十月社会主义革命和第一次世界大战所引起的大震荡差不多延续了七八年之久,革命运动和民族解放运动此起彼伏。接着1929年到1933年美国的经济大萧条又给资本主义世界带来了新的致命的打击。美国的经济危机使欧洲陷入困境,反过来又影响美国的经济,形成恶性循环。正如法国史学家安德烈·莫鲁瓦所说:"……股票市场的大恐慌很快就同全世界的经济萧条结合起来了……从1929年到1932年,到处是银行破产,通货崩溃,工厂倒闭,到处是失业。加拿大人烧掉了卖不出去的小麦,巴西人烧掉了卖不出去的咖啡。在德国,一阵苦难的浪潮带来了希特勒和他的疯狂。欧洲的危机更加深了美国的危机。"[①] 面对这场灾难,就连美国资产阶级学者也对资本主义制度丧失了信心。霍利曾经这样回顾说,那时"产生了一种恐惧情绪,担心革命或者无政府状态正在滋长"[②]。德国、日本和意大利法西斯军国主义给世界和平造成了严重的威胁,并且使资本主义国家间的矛盾激化,终于导致了第二次世界大战。在这个历史阶段,资本主义世界虽然也有明显的技术进步和经济发展,但都被接连不断的危机所掩盖。同时苏联的发展十分迅速,形成鲜明的对照,相比之下,人们自然对社会主义事业充满信心,深信帝国主义的末日终究会到来。

---

　　① [法]安德烈·莫鲁瓦:《美国史:从威尔逊到肯尼迪》,上海人民出版社,1977年,第164页。

　　② Ellis W. Hawley, *The Great War and the Search for a Modern Order*, New York: St. Martin's Press, 1979, p. 220.

然而，第二次世界大战以后，即过渡时期第二阶段开始以后，情况发生了变化。所有的发达资本主义国家不但没有趋于崩溃，反而都逐步稳定下来，并在20世纪50年代和60年代经历了经济迅速发展的黄金时期。美国则发了战争横财并且得到了科学技术发展的好处，在战后初期成为资本主义世界的霸主。工业生产约占资本主义世界的1/2以上，出口贸易约占1/3，黄金储备约占3/4。这种状况开始引起人们的思考。另一方面，进入60年代以后，社会主义国家在经济发展中遇到了困难，而且长期找不到摆脱困境的方法。于是帝国主义还是不是"垂死的资本主义"，为什么发达的资本主义国家能够取得和保持经济优势，社会主义能不能在经济上战胜资本主义，等等，成了人们经常讨论而又困惑不解的问题。国际共产主义运动在理论上、思想上面临着全面的、严峻的考验。然而，这是前进中的困难，暂时的曲折。出路在于研究新形势、新问题，使马克思主义的普遍真理同各个国家的具体情况相结合。我国的经验已经证实了这一点。目前我国人民正在信心百倍地根据党中央提出的关于我国处于社会主义初级阶段的科学论断，沿着以经济建设为中心，坚持四项基本原则，坚持改革开放的基本路线奋勇前进。

　　同许多发达的资本主义国家一样，美国处于经济上领先的地位。但它绝不是一个理想的社会、协调一致的社会。无论从历史上看还是从第二次世界大战以后的情况看，它都有自己的社会问题，而且是相当严重的社会问题。工人阶级同资产阶级的矛盾和冲突从未停止。但是，美国资产阶级学者往往有意回避这些问题，甚至加以歪曲。不过，也有一些思想敏锐的学者看到了工人问题的重要性，开始对工人史进行研究，并且形成了学派。走在最前面的是康芒斯-威斯康星学派。

　　自从理查德·伊利和约翰·罗杰斯·康芒斯创立康芒斯-威斯康星学派以来，美国工人史已经成为一门独立的学科。以后又出现了老左派史学和新工人史学。有关工人史和工人运动的著作相继出版，虽然不能说是汗牛充栋，但已为数可观，不下几百种。这些著作从不同的角度对美国工人运动进行了论述和剖析，都具有重要的参考价值。但是，近年来在美国学术界也存在一种否定美国工人运动的倾向，认为美国根本不具备产生和传播社会主义的条件，美国工人阶级注定不能接受社会主义，美国工人运动从来就同社会主义无关。1977年，美国哥伦比亚大学出版社出版了休厄休·比勒和索菲娅·斯拉依合编的《当代激进主义的起源》一书。该书的第二章以"美国为什么没有社会主义？"为标题，是由斯坦福大学的研究人员西摩·马丁·利普塞特撰写的。他在这一章中整理和归纳了马克思以来社会主义运动领袖人物和资产阶级学者的论断和看法，构成了一部独立的、专门的史学史著作。然而，由于作者带有明显的倾向性，对于马克思主义经典作家和社会主义运动领袖人物的论述，往往断章取义，歪曲了原意。例如，马克思、恩格斯在谈到美国工人运动的时候，虽然多次指出轻视理论、思想落后的缺点，但从来没有否定社会主义在美国传播的可能性。相反，他们总是希望和相信，美国工人阶级将会通过自己的实践找到正确的道路。马克思曾经指出："同时在巴尔的摩召开的美国工人代表大会使我感到很高兴。那里的口号是组织起来对资本做斗争，而且令人惊讶的是，在那里，我为日内瓦提出的大部分要求由于工人的正确本能也同样被提出来了。"①

应当指出，利普塞特所列举的资产阶级学者的种种看法并不是完全没有道理的，其中有些论点值得我们认真思考。从历史上看，美国确实具有自己的特点，而且这些特点对各个时期的社会生活和工人运动都产生过不同程度的影响。

美国没有经历过封建社会就直接进入资本主义阶段，而且拥有广大的幅员和丰富的自然资源。同欧洲的资本主义国家相比较，其经济发展速度要快得多，而社会矛盾却并未发展，所经历的暴风骤雨式的阶级斗争较少，而且爆发的时间比欧洲晚了40年。当欧洲的无产阶级在1848年革命中浴血奋战的时候，美国的工人阶级由于具有较大的流动性还没有最后形成。从19世纪70年代开始，美国才出现了真正意义上的工人

① 《马克思恩格斯选集》第四卷，人民出版社，1972年，第361页。

运动。1877年全国铁路工人大罢工就是这个运动的开端。其后爆发了80年代的五一大罢工、90年代的霍姆斯特德钢铁工人大罢工和普尔曼铁路工人大罢工。这些罢工虽然规模很大，而且往往发展为流血冲突，但都没有提出自己的政治要求。其斗争目标仅仅局限于提高工资，缩短工时，改善工作条件。不少社会主义者虽然参加了罢工，并曾在罢工中起过领导作用，但都不可能把运动提到更高的水平。倒是美国资产者和美国政府力图把运动说成是共产主义暴动，以便找到镇压罢工的借口。例如，铁路巨头富兰克林·高恩1875年在宾夕法尼亚州议会做证时说，矿工工会的领导人都是"巴黎公社的代言人和共产国际的间谍"①。1877年，《纽约世界报》在报道铁路工人罢工时说，匹兹堡"已落入了一群中了共产主义邪魔的人们的手中了"②。

撇开资产者的胡言乱语不说，就当时运动的实际水平来看，距离同科学社会主义相结合还有相当长的一段路程。更加令人遗憾的是，随着美国经济的迅速发展和劳联的兴起，美国的工人运动不但没有走上人们所期望的道路，而且向相反的方向发展，同社会主义的距离越来越大。于是在人们的头脑里形成一个深刻的印象，那就是美国的工人运动落后，社会主义影响微弱。

对于这个问题，马克思、恩格斯在世的时候已经发现并且十分关注，曾经不断提出自己的看法和建议，在理论上也进行过专门的探讨和论述。其后，列宁、倍倍尔、卢森堡、梅林和第二国际的理论家们也都研究过这个问题。资产阶级的理论家们当然不会放过这个机会。他们企图把美国说成是一个阶级协调、不受社会主义影响的社会。1906年，德国学者维尔纳·桑巴特以"为什么美国没有社会主义？"为标题发表了一本专著，系统地提出了自己的看法。他认为，美国根本没有社会主义赖以

---

① Richard O.Boyer and Herbert M.Morais, *Labor's Untold Story*, New York：United Electrical, Radio&Machine Workers of America, 1955, p. 49.

② [美]方纳：《美国工人运动史》第一卷，生活·读书·新知三联书店，1956年，第690页。

存在的土壤。因为它既没有封建社会的历史,又不存在贵族传统,从18世纪开始,洛克的自由主义,或者说辉格主义已在美国思想意识中占统治地位。桑巴特的观点在美国学术界引起了强烈的反响,不断有人著书立说,进一步加以阐发。H.G.韦尔斯、路易斯·哈茨和利普塞特就是不同时期的代表人物。尽管他们做了大量的工作,提出了不少有益的见解,但他们的结论是不正确的,是不符合美国历史事实的。诚然,美国是一个资产阶级民主制度比较完备的国家,但这并不排斥社会主义思想的传播。恰恰相反,这在工人运动早期曾经是促进社会主义思想传播的有利条件。马克思和恩格斯曾经指出:"公民权即积极的公民权对于工人是如此的重要,凡是在工人享有公民权的地方,如在美国,他们都从中'取得利益'。"[1]事实上,美国曾经是空想社会主义的第二故乡。空想社会主义虽然不产生于美国,但却在它的土地上得到了广泛的实践。已故美国共产党领导人威廉·福斯特曾估计:"这些乌托邦计划虽然主要是在欧洲创始的,却在美国获得了最广泛的发展。仅仅几年之内,至少有两百个乌托邦计划在美国实施。美国的国土对这些计划特别有吸引力。因为在美国,有许多可以廉价得到的土地,人民在政治上所受的封建限制很少,对伟大的独立革命经验记忆犹新的群众便很容易赞成社会改革的尝试和试验。"[2]

　　美国的第一大都市纽约还曾经是第一国际总委员会的驻地。从1872年海牙代表大会到1876年第一国际宣布解散,活动达四年之久。纽约总委员会所起的作用虽然不能同伦敦总委员会相提并论,但也绝不能一笔抹杀。在极盛时期,美国第一国际各支部的会员达到3000—4000人,使美国成为国际会员最多的国家之一。在此以后,美国曾经出现过不少社会主义政党和组织,其中以美国社会主义工人党和其后的社会党最有影响。俄国十月革命后不久,美国也出现了自己的共产党。美

---

① 《马克思恩格斯全集》第3卷,人民出版社,1960年,第238页。

② [美]威廉·福斯特:《美国共产党史》,梅豪士译,世界知识出版社,1957年,第11页。

共虽然是一个小党,而且内部的分歧和斗争长期不能停止,但也曾在工人中开展工作,并取得一定的成果,在20世纪40年代达到了极盛。产联会员中有20%到25%的人属于共产党员领导的工会,或者是共产党的支持者。在产联的执行委员中支持共产党的人占1/3。[①]直到今天,美共和一些人数不多的社会主义组织仍然在进行活动。否认他们的存在是没有根据的。

由于篇幅的限制,这本书的任务不是证明美国是否存在过社会主义运动,也不是探讨美国工人运动落后的一般原因,而是研究第二次世界大战以后这个特定历史时期中的美国工人阶级和工人运动,以及工人运动和社会运动的关系。

第二次世界大战以后,世界上发生的一个最重大的变化就是新的科学技术革命,其影响之深远是难以做出确切估计的。从18世纪中叶英国工业革命发生以来,经济发达的国家已经经历了四次科学技术革命。第三次和第四次科学技术革命都发生在第二次世界大战以后。这两次技术革命的带头人又都是美国。第三次技术革命以原子能、电子计算机的应用和空间技术的开发为主要内容。美国的原子能工业、电子计算机工业、航天工业、高分子合成工业等新兴工业部门都是在这个时期形成的。美国社会进入了用机器管理机器的时代。第四次技术革命,即所谓的"新产业革命"以信息、能源、新材料、生物工程、光导纤维、海洋开发、人工智能电脑为主要内容,使整个社会进入了信息时代。

新的科学技术革命使生产自动化的程度不断提高,劳动生产率十倍、百倍地增长。直接操作机器的体力劳动者日益减少,从事间接控制生产程序的脑力劳动者日益增加,在经济发达的资本主义国家里迅速形成一支具有较高文化水平和科技知识的劳动大军。同时随着信息、商业、保险、金融等第三产业的发展,雇员日益增多。受雇于政府部门、大

---

① Witold S. Sworakowski, ed., *World Communism: A Handbook, 1918-1965*, Stanford: Hoover Institution Press, 1973, p. 469.

企业、福利保险部门的文职人员、办公室人员和办事员的数目也都有明显增加的趋势。这些人通称为白领人员,有的地方叫作白领工人。用我们的话来说,他们都是脑力劳动者。在美国,脑力劳动者的人数,在40年代约为1600万人,70年代末约为5100万人,增加了两倍多。60年代末70年代初,美国脑力劳动者所占的比例,赶上并超过了体力劳动者。除此以外还有少数的非受雇的脑力劳动者。他们多半是雇主和个体经营者。

随着白领工人的增加和工人收入的提高,出现了美国中等阶级化和阶级消失的说法,在美国学术界引起了激烈的争论。大多数美国学者虽然承认美国是一个阶级社会,但并不承认无产阶级和资产阶级是对立的阶级。他们往往把阶级的划分仅仅作为区分社会地位高低的尺度,并且利用第二次世界大战后美国社会的繁荣来说明自己的主张。其实,战后的美国并不是一个平静的社会,社会运动和劳资之间的冲突一直不断,而且汇合在一起形成了60年代社会运动的高潮。

在研究美国工人阶级和社会运动的时候,不可避免地要涉及美国共产党的活动。美共成立以来经历过许多波折,内部斗争十分频繁,没能和工人运动紧密结合。不过,它也曾做过努力,并曾经取得相当的成就,其中最突出的成就就是在20世纪40年代取得的。1936年,美国共产党决定在产联中开展工作,对产联的影响日益加强。三年以后,产联所属工会的10%的组织开始倾向美共,到1944年,产联会员中有相当数量的人同情美共,是共产党的支持者。在产联的执行委员中大约也有1/3的人是支持共产党的。[1]

第二次世界大战后美国政府推行的反共政策给美国共产党带来了沉重的打击,使它一度陷于瘫痪。1947年6月23日,国会通过了《塔夫

---

[1] Witold S. Sworakowski, ed., *World Communism: A Handbook, 1918-1965*, Stanford: Hoover Institution Press, 1973, p. 469; David A. Shannon, *The Decline of American Communism*, New York: Harcourt, Brace and Company, 1955, p.3.

脱-哈特莱法》,禁止共产党员参加工会,取消工人自由组织工会、集体谈判和签订合同的权利,并禁止工会与雇主签订排斥非工会会员的合同。1950年9月23日,国会又通过了《麦卡伦法》,即国内安全法,要求共产主义性质的组织及其外围团体向美国司法部登记,并提供所拥有的财产情况和成员名单,禁止政府部门和国防企业雇用其成员。

工会官僚们也配合政府的反共政策,对共产党人进行多次清洗。1950年11月举行的产联第十二届年会肯定了产联部分领导人追随政府反对共产党人的措施。这一年,几乎所有受共产党影响的工会都被开除出产联。美国共产党差不多丧失了全部重要的合法阵地。

1950年到1954年,美国反共、反民主的逆流达到了登峰造极的地步,出现了麦卡锡主义。麦卡锡利用自己国会参议员的身份和特权肆意煽动反共舆论,并任意诬陷共产党人和进步人士。正是在麦卡锡反共恐怖主义的笼罩下,美国共产党经历了自己最困难的时刻。1954年8月24日,美国国会又通过了所谓的"共产党人管制法"。美共虽未被宣布为非法,但却被剥夺了受法律保护的权利,与非法组织没有什么区别。

然而,政府的干预和迫害,以及工会官僚的排挤毕竟是外部的因素。美国共产党本身的方针、政策和路线才是决定性的。首先,它应当有一个切合美国实际的路线和政策;其次,它必须在美国工人中间开展工作。这两个问题都有很大的难度,目前还没有得到解决。不过,美共的领导人已经予以重视,并采取了某些措施。美共主席亨利·温斯顿曾在美共第十九次代表大会上号召说:"全党应当实行决定性转变,要在基础工业中,在汽车、钢铁、航空电子工业中和交通运输业中,首先要在我国工业中心建党、创办报刊,并对南方给以特殊注意。"[①]此外,也有不少社会主义者和工人运动活动家在探讨社会主义和美国工人运动相结合的途径和方法。他们甚至提出了重新建立群众性工人政党的要求。从60年代

---

① Richard F. Staar, *Yearbook on International Communist Affairs*, *1970*, Stanford: Hoover Institution Press, 1971, p. 479.

初到80年代,陆续有一些工会的代表大会提出建立独立工人政党的建议。姑且不论这些建议是否正确,探讨本身是应当予以肯定的。一旦理论上取得突破,并且为大多数工人所接受,美国的工人运动必将焕发出青春的活力。

一、复员时期

1.头号超级大国

　　旷日持久的第二次世界大战给人类带来了空前的浩劫,使除美国以外的所有交战国家都蒙受了惨重的损失。美国虽然也付出了相当的代价,但它在政治上、经济上所获得的东西远比它付出的东西多得多。如果同苏联蒙受的损失相比较,美国付出的代价是微不足道的。在第二次世界大战期间,法西斯德国的军队大约杀害了1500万—2000万苏联人,部分地或全部地摧毁了15座大城市、1710个中小城市和7万个乡村。受到彻底破坏的还有31850个工业联合体,6.5万公里铁路,9万座桥梁,1万座发电站和9.8万个集体农庄。[1] 各种物资损失更是不计其数。据估计,总的损失数字大约为1280亿美元。

　　在大战中,从1941年12月17日到1946年12月31日,美军的阵亡人数为292131人,伤671801人,被俘和失踪139709人。[2] 军费支出为6.64亿美元。[3] 这对于美国来说是可以承受的。更何况美国本土没有受到战火的洗礼,城市建筑、工业、铁路运输和各种经济设施都没有遭到破坏、国家的元气几乎没有受到什么严重损伤。美国垄断组织正好利用这

---

[1] Lawrence S. Wittner, *Cold War America*, New York：Praeger Publishers, 1974, p. 9.

[2] *Encyclopedia Americana*, Vol.29, p. 529.

[3] Thomas G. Paterson, *On Every Front：The Making of the Cold War*, New York：W. W. Norton, 1979, p. 15.

些有利条件,充分发挥美国在人员、物资和技术方面的优势,高速发展军火工业,使美国成为盟国的最大军火供应基地,并从规模空前的军火贸易中牟取暴利。从1939年到1945年短短几年中,美国主要工业品和军火生产增长的幅度是相当惊人的。以钢和飞机制造为例,分别由3500万吨上升到8000万吨,5383架上升到48912架。[1] 在战争期间,美国垄断组织所取得的纯利润达540亿美元,平均每年为87亿美元,比战前5年间的平均利润高出一倍多。

更为重要的是,同盟国家对军用物资和日用商品的大量需求为美国的工业提供了广阔的国际市场,成为美国工业和整个经济发展的巨大刺激,使美国经历了战时的经济繁荣。国民生产总值从1939年的913亿美元增加到1945年的1666亿美元。制造业的生产指数增加96%,农业生产提高22%,运输业的增长幅度为109%。[2] 还在战争的前3年,美国的经济就已经取得令人瞩目的进展。如果以1935—1939年的平均数为100计算,到1943年,工业生产增加到239,其中耐用制成品增加到360。机器的生产增加了四倍,运输设备增加了七倍。[3] 第二次世界大战刚一结束,美国就以头号经济大国的姿态出现在国际舞台上。1947年,美国的工业产值约占资本主义世界的56.4%,对外贸易占32.5%,黄金储备占2/3。在美国国内确实出现了一派繁荣兴盛的景象。社会各阶层的收入都有所提高。个人储蓄从68.5亿美元增加到364.1亿美元,农业生产收入增加了15%。高等院校也经历了繁荣时期。麻省理工学院、加州理工学院、普林斯顿大学等高等院校都同政府签订了研究项目合同,得到大笔政府拨款。例如,1945年,仅麻省理工学院就同美国政府签订了

---

① Thomas G. Paterson, *On Every Front: The Making of the Cold War*, New York: W. W. Norton, 1979, p. 15.

② [美]阿瑟·林克、威廉·卡顿:《一九〇〇年以来的美国史》中册,刘绪怡等译,中国社会科学出版社,1983年,第197页。

③ [美]福克讷:《美国经济史》下卷,王锟译,商务印书馆,1964年,第436页。

1.17亿美元的研究合同。①

面对这种繁荣的景象，不少美国人头脑发热，认为美国人的时代已经到来。正如美国学者托马斯·帕特森所说："战争把整个世界翻转过来，许多美国人认为现在他们处在世界的顶端，战后时代新的国际体系正在形成。"② 这种趾高气扬、十分自信的心情在战争刚刚结束就流露出来。日本投降后两个月，《幸福》杂志刊载的一篇文章说："1945年8月14日不仅标志着战争的结束，而且标志着世界历史上和平时期工业繁荣的开始。"③ 在外国人的心目中，美国确实是一个繁荣兴盛的国家。连苏联外长维米·莫洛托夫在旧金山参加会议的时候也赞不绝口，认为美国是第二次世界大战唯一的繁荣的幸存者。④

更重要的是，美国通过反法西斯的正义战争，在政治上树立了良好的形象，赢得了世界爱好和平人民的信赖，使许多人在相当长时间内对美国盲目崇拜，而对它侵略扩张的一面认识不清。应当承认，美国在第二次世界大战中所起的重要的、积极的作用是有目共睹，不可抹杀的。它不仅以强大的经济实力和工业基础为后盾，有力地支援了盟国反对法西斯侵略者的斗争，并且投入了大量兵力为击败法西斯德国和日本做出了重要的贡献。美国军队在欧洲第二战场、意大利战场、北非战场，以及太平洋海战中都立下了赫赫战功，在第二次世界大战史册上写下了光辉的篇章。

在第二次世界大战中美国动员的总兵力达到16353659人，⑤ 对战

---

① Thomas G. Paterson, *On Every Front：The Making of the Cold War*, New York：W.W.Norton, 1979, p. 16.

② Thomas G. Paterson, *On Every Front：The Making of the Cold War*, New York：W.W.Norton, 1979, p. 18.

③ *Fortune*, No.32, Oct. 1945, p. 125.

④ V. M. Molotov, *Problems of Foreign Policy：Speeches and Statements, April 1945−November 1948*, Moscow：Foreign Langeages Publishing House, 1949, pp. 209−214.

⑤ *Encydopedia American*, Vol.29, p. 529.

时的盟国提供了巨大的经济和军事援助。从1941年3月11日到1946年9月10日，美国根据租借法案向盟国提供的援助和贷款达506亿美元。英国是最大的受援国，获得的援助和贷款达307.53亿美元之多，约占60%。其次是苏联，共获得111.41亿美元，约占22%。中国只获得13.35亿美元，约占2.6%。这样，就在人力和物力上保证了同盟国家在大战后期的绝对优势，从而赢得了胜利。

第二次世界大战使美国成为世界上的头号超级大国。战争中美国不仅拥有世界上最强大的空军和海军，而且垄断了原子武器，成为世界上数一数二的军事强国。美国的势力随着军队的足迹，渗透到非洲、亚洲和除去苏联和东欧以外的欧洲国家。大战结束后，美国在资本主义世界拥有政治上和经济上的绝对优势。过去的强大竞争对手或者被打垮，或者遭到了严重削弱。日本、德国和意大利作为战败国，完全丧失了过去的影响，所拥有的殖民地被剥夺殆尽，甚至赔款割地，被迫退出了国际舞台上的角逐。它们的工业遭到破坏，国民经济处于崩溃的边缘，成为美国资本和商品的市场，在政治上和经济上都依赖于美国。过去的头等强国英国创痕累累，债台高筑，成为美国最大的债务国之一，在战后相当长时间内不得不依靠美国的援助来支撑局面。法国刚刚从希特勒的铁蹄下挣脱出来，还相当软弱。可以说，整个资本主义世界都处于美国的控制之下。从某种意义上说，第二次世界大战造就了美国，使它从一个美洲国家一跃而为资本主义世界的盟主。

美国的统治者野心勃勃，利用战后对他们极其有利的国际形势，乘虚而入，竭力扩张自己的势力，抛出了称霸世界的全球战略。杜鲁门在1950年5月10日圣路易演说中公开宣称："第一次世界大战后威尔逊总统要我们确立对世界的领导地位，如今正由我们来承担这项任务。"

建立世界霸权的一个重要步骤是筹建联合国。早在1939年，美国就筹划建立一个符合美国利益的国际机构。1944年9月，英、美、苏三大强国的首脑在敦巴顿橡树园举行会议，商讨了联合国的建立问题，并对联合国的基本结构达成协议，但在表决程序方面仍存在分歧。1945年2

月,三国首脑又在雅尔塔会议上商讨了联合国组织问题。表决程序方面的分歧基本上得到解决。三方同意:第一,当联合国安全理事会的常任理事国卷入国际纠纷时不能行使否决权;第二,1945年3月1日以前参加反法西斯德国战争的所有国家均可成为会员国;第三,苏联收回按加盟共和国数字取得十五票表决权的要求,美英方面则同意增设乌克兰和白俄罗斯的代表和投票权。

经过雅尔塔的磋商,英、美、苏三方同意建立联合国,并开始筹备工作。然而三个同盟国在波兰问题上的分歧,给行将召开的会议蒙上了阴影。罗斯福的继任人杜鲁门总统迫不及待,于1945年4月22日向莫洛托夫表示,如果苏联不参加或者设置障碍,美国打算带头创建联合国。最后苏联方面做出了让步。联合国成立大会终于按期于1945年4月25日在美国旧金山举行。有四十六个国家的代表参加了会议,还签署了《联合国宪章》。《联合国宪章》的主要条款基本上体现了美国的要求。正如阿瑟·林克等美国学者所指出的:"不管它有哪些长处和弱点,它是一部美国的文献——经过修订和润色的威尔逊国际联盟盟约。"[1] 对此,杜鲁门总统掩盖不住兴奋的心情,在自己的回忆录中夸耀说,这个宪章实现了"伍德罗·威尔逊的理想"和"富兰克林·罗斯福的目标"。[2] 杜鲁门的兴奋是有理由的。后来的事实证明,美国的企图基本上都实现了。在相当长时期内,联合国一直受到美国的操纵。凡是美国支持的提案,几乎都能获得通过。

除此以外,美国还利用战后形成的格局,把势力范围从美洲扩大到西欧,并且控制着日本、国民党统治的部分中国土地、朝鲜半岛南部和太平洋上托管的岛屿,一跃而为资本主义世界的盟主。在经济上,美国通

---

① [美]阿瑟·林克、威廉·卡顿:《一九〇〇年以来的美国史》中册,刘绪怡等译,中国社会科学出版社,1983年,第423页。

② [美]哈里·杜鲁门:《杜鲁门回忆录》第1卷,李石译,生活·读书·新知三联书店,1974年,第218页。

过1944年7月在布雷顿森林举行的国际货币金融会议确定了美元的霸权地位。美元成为与黄金相等的储备货币和主要的国际支付手段。一个以美元为中心的资本主义世界货币体系正式形成。1945年12月27日，《布雷顿森林协定》生效的时候，在美国华盛顿建立了国际货币基金组织和国际复兴开发银行(世界银行)两个受美国操纵的国际金融机构。美国拥有1/5以上的投票权，并且由美国人担任重要职务。由此可见，美国不仅在军事上、政治上成为全球性的大国，而且在经济上也占尽了优势。

2.遏制和冷战的开始

冷战实际上是由第二次世界大战后世界趋向两极化、美苏争霸所引起的。就当时的情况来说，苏联虽然蒙受了巨大的损失，但仍然是一个具有威慑力量的军事大国，是美国推行全球战略的唯一障碍。同时，东欧国家事实上已经处于苏联影响之下，社会主义制度迟早将在那里建立，而西欧许多国家经济极端困难，有转向社会主义的可能。限制苏联、削弱苏联自然而然地成为美国决策人制定对外政策的基本出发点。以美国为首的西方资本主义国家企图把与苏联接壤的国家置于自己的影响之下，竭力支持那里的亲西方势力，使其成为反苏反共的斗士。苏联则希望在这些国家建立倾向自己的友好政府。

迪安·艾奇逊曾经这样说过："自从罗马和迦太基以来在这个地球上还未曾有过这样的两极化。"[①] 这种新的两极政治代替了20世纪30年代以来的多极政治，而且又代表了两种不同的社会制度。双方都极力拉拢更多的国家来扩大自己的阵营，结果使得这场角逐具有空前的规模和空前激烈的性质。

早在战争结束前，美、英、苏三国首脑就在通过私人接触，商讨战后

---

① Joseph M. Jones, *The Fifteen Weeks*, New York: Viking Press, 1955, p. 141.

势力范围的划分。1944年2月,罗斯福致函丘吉尔,表示美国将不插手战后的法国事务,因为"法国是你的孩子"。①几个月后,罗斯福又表示愿意让东欧国家处在苏联势力范围之内。1944年10月,丘吉尔访问莫斯科又同斯大林讨价还价,建议苏联可以在罗马尼亚拥有90%的影响,在保加利亚拥有75%的影响,英国则将在希腊拥有90%的影响,在南斯拉夫和匈牙利英苏的影响各半。②然而,战后的英国大为削弱,在全世界范围内争夺势力范围,已经力不从心,不得不大规模撤退,把许多"真空地带"留给美国,终于形成了美苏对峙的局面。

战后美苏关系在波兰问题上受到了第一次严峻考验。1945年4月13日,美国国务院在递交杜鲁门总统的秘密报告中抱怨苏联在一系列重大国际问题上态度强硬,咄咄逼人。杜鲁门阅读完这份报告后对当时的国务卿爱德华·斯退丁纽斯表示,在波兰问题上"要顶住俄国人"。4月23日,杜鲁门在会晤苏联外长莫洛托夫时粗暴地指责苏联破坏了《雅尔塔协定》关于波兰的决议。在旧金山会议上美国代表团反对邀请波兰临时政府代表参加会议工作。美国政府还突然停止对苏联的"租借法案援助",企图迫使它在波兰问题上让步。

由于美国采取强硬态度,1945年9月在伦敦举行的外长会议未达成任何协议,不欢而散。会后杜鲁门宣布以后将不再举行三巨头会议。战争时期形成的同盟关系从此结束。1946年2月22日,美国驻苏代办乔治·凯南在致国务院的电报中提出遏制苏联的主张。1947年7月,他又以"×"先生的笔名在《外交季刊》上发表题为《苏联行为根源》的文章加以进一步阐述。他宣称,美国政府应当保持充分的实力,奉行一种"耐心然而坚定,并且时刻保持警惕的遏制俄国扩张倾向的政策"。凯南的遏制理论完全投合了杜鲁门政府的意图,成为杜鲁门主义和随之而来的冷战政策的依据。1946年9月24日,白宫特别顾问克拉克·克利福德在一

---

① *Foreign Relations*, Vol. 1, 1944, p. 166.

② Winston S. Churchill, *Triumph and Tragedy*, Boston: Houghton Mifflin Company, 1953, p. 227.

份绝密报告中更加露骨地说："一切在目前尚不处于苏联势力范围之内的国家，在它们反抗苏联的斗争中都应得到（美国）慷慨的援助和政治上的支持。"①

　　美国政府的首脑人物并不是不愿付诸战争来削弱苏联，而是当时美国的国情和国际形势不允许这样做。所以只能维持一种冷战对抗的局面。1946年初，美国参议员巴鲁克第一次在自己的演说中使用"冷战"这个名词。第二年，李普曼又出版了《冷战：美国外交政策的研究》一书。"冷战"这个政治术语从此被广泛采用。所谓冷战就是要摆出一副打仗的样子，炫耀武力以慑服对方。1946年初，美国的海军和空军都在地中海一带进行频繁的活动。4月，美国的战列舰密苏里号进入地中海。4个月后富兰克林·D.罗斯福号航空母舰也在地中海游弋。美国海军上将威廉·哈尔西还叫嚣说："我们到何处去与人无关。我们愿意到哪里去就到哪里去。"② 这一年，美国军舰还示威性地访问了普利茅斯、马耳他、直布罗陀等地。美国的军用飞机也起落于雅典、阿尔及利亚、那不勒斯和罗马之间。美国的外交政策的决策人之一艾奇逊把许多欧洲和亚洲国家都划入了自己的"保护"范围之内，认为应当反对苏联威胁希腊、德国、法国、土耳其和伊朗等国的"铁钳"行动。乔治·凯南甚至认为"在俄国人表现出侵犯和平和稳定的世界利益迹象的地方"应当采取"以坚不可摧的反对力量对付他们的强硬的遏制政策"。③

　　然而，美国在冷战对抗中也颇有后顾之忧。战后的国际形势固然对美国有利，但从资本主义世界的全局来说并不美妙。除美国外，几乎所有其他资本主义国家都受到程度不同的削弱。如果没有美国的经济援助，有些国家将会一蹶不振。社会革命随时都可能发生。美国政府对此

---

① Arthur M. Schlesinger. Jr, *The Dynamics of World Powers : A Documentary History of United States Foreign Policy, 1945–1973*, New York : Chelsea House Publishers, 1973, p. 268.

② Thomas G. Paterson, *On Every Front : The Making of the Cold War*, New York : W. W. Norton, 1979, p. 54.

③ *Foreign Relations*, Vol.25, 1947, p. 581.

十分担心。杜鲁门总统在1947年12月致国会的特别咨文中强调说，"如果欧洲复兴不能成功"，人们就会倾向共产主义。这样的转变将会使"世界和平和稳定受到威胁"。[1] 出于这个考虑，杜鲁门政府采取了双管齐下的政策。一方面要稳定资本主义世界的内部，另一方面又要遏制和削弱苏联，把社会主义的影响限制在最小范围内，从而确立和巩固自己的世界霸主地位。在这种形势下"杜鲁门主义"和"马歇尔计划"先后出笼。

"杜鲁门主义"是1947年3月12日杜鲁门在致国会的援助希腊和土耳其的咨文中提出的。它第一次公开把世界分成两个敌对营垒："极权政体"和"自由国家"，并把反对社会主义，反对人民革命运动作为自己的目标。此后，美国的国策虽时有变动，但"杜鲁门主义"所定下的这一基调至今仍然在起作用。

"马歇尔计划"是美国加紧控制西欧的重要措施。1947年6月5日，国务卿马歇尔在哈佛大学的演说中，第一次提出这个设想，认为欧洲经济复兴的唯一出路在于美国的援助，并表示"任何愿意协助完成恢复工作的政府，都将得到美国政府的充分合作"的"援助"。1948年4月2日，美国国会正式通过《欧洲复兴法案》，次日经杜鲁门总统签署生效。根据该法案，从1948年至1952年，美国共拨出131.5亿美元援助英法等十几个西欧国家。"马歇尔计划"确实帮助西欧受援国家渡过了难关，恢复和发展了生产，并且促进了欧洲国家的联合和欧洲共同体的出现。然而，"马歇尔计划"不是一个人道主义的、无私的援助计划。只要剥开它冠冕堂皇的外衣，就不难发现其更深层次的目的。1947年下半年经济顾问委员会向总统报告说，如果没有新的美援计划，美国的出口将由210亿美元下降到130亿美元。[2] 可见"马歇尔计划"首先是为了维持和提高美国的对外贸易额而制订的。美国本身也是受益者，而且很可能是最大的受益者。当然，"马歇尔计划"的目的绝不限于此。杜鲁门总统希望通

---

① Lawrence S. Wittner, *Cold War America*, New York: Praeger Publishers, 1974, pp. 44-45.

② Lawrence S. Wittner, *Cold War America*, New York: Praeger Publishers, 1974, p. 45.

过"马歇尔计划"向东欧社会主义国家渗透。1948年初,他曾表示:"如果欧洲复兴计划付诸行动,我们就可以用和平手段揭开铁幕。"因为那里的人民将会被西欧更高水平的"个人福利"所吸引。① 这才是"马歇尔计划"最为深远、最为重要的目的。

　　总之,美国政府通过"杜鲁门主义"和"马歇尔计划"基本上确定了战后在政治上、经济上全面遏制苏联的格局,使美苏对抗逐步升级。美苏对抗事实上在大战结束之初即已明朗化。美国政府首脑在一系列重大国际问题上都以苏联为自己的主要对手,不断发动咄咄逼人的攻势,力图在双方的对抗中取得优势和好处以削弱对手。大战刚一结束,美国就违背盟国协定,企图把德国扶持起来牵制苏联。原来美、英、苏三国首脑在雅尔塔会议上曾达成协议,对战后的德国实行分区占领以消除战争的策源地,避免德国侵略者东山再起。1937年12月31日德国边界内领土被分为四个区。苏、美、英、法各占一区,并成立盟国对德管制委员会以行使德国境内的一切最高权力。美国在没有苏联参加的情况下单方面同英国签署协定,在英美占领区实行经济合并,并于1947年底利用"马歇尔计划"加强德国的工业实力。美国不顾苏联的多次抗议,于1947年底同英、法、荷、卢、比等国在伦敦举行会议,策划成立西德政府,造成美苏关系的恶化。1948年3月20日,苏联退出盟国对德管制委员会,并于4月1日起,对所有通过苏占区的美方人员和货物实行检查。6月19日,苏联宣布对柏林全面封锁,酿成了著名的柏林危机。

　　美国国内的形势不允许政府发动新的战争。杜鲁门总统不得不选择通过空运接济柏林的办法。从6月29日起,美国动员了庞大的空中力量向柏林空运一切必需物资,一直到1949年5月12日苏联同意解除封锁后始告结束。同一天,英、美、法批准在所占领地区内建立德意志联邦共和国。

---

① Thomas G. Paterson, *On Every Front：The Making of the Cold War*, New York：W. W. Norton, 1979, p. 66.

战后美苏对抗的另一个焦点是希腊和土耳其问题。战后希腊的大部分领土掌握在全国解放阵线手中。英国驻军颇为惊恐,支持希腊的右翼政府向全国解放阵线发起进攻,并推行反共反民主的政策。正如《纽约先驱论坛报》所说,右翼政权"不仅排斥共产党,而且排斥所有的民主、自由和共和分子"[①]。1946年下半年,1万名解放阵线战士进入山区发动了反对右翼政府的武装斗争。希腊内战从此开始。右翼政府腐败无能,全靠美国的支持才能勉强支撑局面。1947年初,英国经济十分困难,开工的工厂不到一半,无力承担海外驻军的开销。2月21日,英国驻美大使正式通知美国国务卿,英国将于3月底从希腊撤军。杜鲁门政府立即做出反应。杜鲁门总统在3月12日致国会的咨文中明确表示了干涉希腊内战的思想。他说,"共产党领导的几千武装人员的恐怖行动"造成了希腊政府无法控制的局势。而且当时"几乎每一个国家都面临着生活方式的选择",不是"自由"就是"极权主义"。因此"美国的政策必须是支持正在反抗少数武装者的征服企图的自由民众"。[②] 杜鲁门总统还向国会要求拨款4亿美元对希腊、土耳其进行军事和经济援助。美国国会接受了总统的要求,很快通过了援助希腊和土耳其法案。于是大批的美国军事顾问进入希腊接替了英国顾问的工作。他们帮助希腊政府训练了一支13.2万人的军队和5万人的国民军,比德国人用来镇压希腊人民的军队多一倍。希腊的一名反动将军曾经猖狂地叫嚣说:"我们将用十倍以上的恐怖对付恐怖,十倍以上的屠杀对付屠杀。"[③]

华盛顿方面向希腊政府运送了大批军事物资。仅1947年最后5个月就达到7.4万吨。其中包括杀伤力很大的大炮、俯冲轰炸机和凝固汽油弹等武器。希腊政府军的军事装备和人数远远超过起义军。但起义军仍然能够在1947年底和1948年初取得一系列令人瞩目的胜利,并于

---

① Lawrence S. Wittner, *Cold War America*, New York: Praeger Publishers, 1974, p. 32.

② Lawrence S. Wittner, *Cold War America*, New York: Praeger Publishers, 1974, p. 34.

③ Lawrence S. Wittner, *Cold War America*, New York: Praeger Publishers, 1974, p. 35.

1947年12月建立了"自由希腊政府"。在这种形势下,美国政府不得不深深卷入希腊的内战,于1947年11月同希腊政府军建立了美希联合总参谋部,由美军将领詹姆斯·范弗里特负责指挥作战。尽管起义军孤军作战,众寡悬殊,仍然顽强奋战将近两年之久,直到1949年10月才宣告失败。

美国在插手希腊内战的同时,还力图把土耳其置于自己的控制之下。在1947年7月12日同土耳其签订1亿美元的援助协定之后,美国向土耳其派遣军事代表团,改组和控制了土耳其军队,并在那里建立了海军和空军基地。

这样,美国就在南欧地区取得了两个反苏反共的前哨阵地以阻止苏联的扩张。为了进一步在全球范围内遏制苏联,美国与英国、法国等十二个国家于1949年4月4日签署了《北大西洋公约》,并根据该公约成立了北大西洋公约组织。此后,土耳其、希腊、德意志联邦共和国和西班牙陆续加入。北大西洋公约组织是一个军事集团,总部设在布鲁塞尔。各成员国均拨出一定数量的军队,联合武装力量由美国将军任最高司令,统率三军。这等于在欧洲建立了一条防线,不准苏联越过雷池一步。

此后,美国还在亚洲、非洲和中东地区竭力扩张自己的势力范围,签订了一系列双边和多边军事条约,把越来越多的国家和地区置于自己的控制之下。美国利用独占日本的有利条件,同日本先后签订了《美日安全保障条约》(1951年)、《日美共同防御援助协定》(1954年)和《日美共同合作与安全条约》,使美国的陆、海、空军获得了在日本使用基地和设施的权利。1951年9月1日,美国和澳大利亚、新西兰签订了《澳新美同盟条约》,规定如缔约国之一受到威胁时,其他两个国家应"共同进行协商"。1954年9月8日,美国还拼凑了由美、英、法等八国组成的东南亚条约组织,宣布缔约国将采取行动对付共同的危险。第二年11月,美国策划英国、巴基斯坦、伊朗、土耳其、伊拉克建立巴格达条约组织,并以观察员身份在幕后操纵。至此,美国几乎控制了社会主义国家以外的所有国家和地区,形成了称霸世界和包围社会主义国家的格局。美苏之间的对抗更趋激烈,冷战取代了谈判协商而成为国际形势的主流。

3.战后的经济繁荣和政治倒退

第二次世界大战几乎对所有参战国都是一场噩梦,唯独使美国的经济出现了奇迹。如果说罗斯福的新政使美国得以摆脱1926—1933年经济危机的灾难,那么大战却给美国带来了意想不到的繁荣。美国的经济实力、对外贸易、工农业的生产能力、科学技术水平都得到大幅度提高。工业部门、交通运输和商业部门为美国工人提供了众多的就业机会。许多部门不得不雇用妇女来顶替参军工人。失业问题不复存在。这对于战争时期保持美国社会的稳定起到了重要作用。

第二次世界大战的结束对于美国来说,一则以喜,一则以惧。能够卸去战争的重负当然是一件好事,美国朝野上下无不为此额手称庆。但庞大的复员工作却面临着一系列棘手的问题。例如,大批军事工业需要转到民用生产,1000多万士兵需要复员就业,战时的政府机构和军事机构需要合并和裁减,战时的物价管制需要逐步取消,等等。这些问题一旦处理不当就会造成严重的生产萎缩、失业和通货膨胀,甚至引发新的经济危机。

人们的担心不是没有根据的。美国在第一次世界大战后的复员就曾经引起经济动荡和罢工浪潮。这一次美国卷入的程度更深,所受的震荡必将比上一次更强烈。所以在大战行将结束的时候,美国的要人已经忧心忡忡,唯恐战后出现灾难性的大萧条,使美国在战争时期取得的经济繁荣化为泡影。美国政府最感棘手的是战后的失业问题。战时生产局的首脑唐纳德·纳尔逊还在战火纷飞的时候就表示对战后失业问题的担心,坚持由政府成立专门机构来管理战后复员时期的工业。1944年1月,产联领导人要求把重点工业部门的复员工作控制在劳工、商界和政府代表手中。劳联执委会也表示担心,认为:"和平可能给美国带来灾难。我们的国家对和平准备的程度比珍珠港时期对战争准备的程度还要差。"① 日本投降后，美国政府取消了 350 亿美元的军火合同。10 天内就有 180 万人失业，64 万人申请失业补助。② 更令人忧虑的是 1000 多万复员军人正在投入劳动市场。军队复员的速度很快，从 1945 年中到 1946 年中，就从 1200 万人减少到约 300 万人。幸亏美国政府对此有所准备。早在 1944 年 6 月，国会就制定了《现役军人调整法令》，又称《退伍军人权利法案》，规定政府将对退役军人提供失业救济和就业补助，发放购房贷款并给予担保，向他们发放贷款，帮助他们接受教育和训练。美国政府为了安置战后退役的士兵，在 1945—1952 年间花费了 135 亿美元教育和培训费，40 亿美元失业救济和就业补助费，还发放了近 165 亿美元购买房屋、农场和企业的贷款。③《退伍军人权利法案》的颁布和实施极大地减轻了就业的压力，而且为美国日后的和平建设培养了各个层次的人才，其意义极为深远，完全超出了法案制定者最初的期望。

　　但是，就业问题是一个长期困扰美国社会的难题，仅仅一个《退伍军人权利法案》是不够的。1945 年 9 月，杜鲁门总统又提出了充分就业的问题，在国会内引起一场激烈的辩论。由于保守派的反对，国会只通过了就业法而把"充分"二字删去。1946 年 2 月 20 日，杜鲁门总统正式签署。这项法令是一种折中产物，只是原则上确定国家应对经济繁荣负责，并承担保证实现最大限度就业的任务，但却不规定实现上述任务的具体办法。根据这个法案成立一个三人顾问委员会，协助总统准备向国会提交的年度经济报告，搜集经济发展情报，以便制定维持经济发展，保障就业的具体政策。

　　美国政府在复员过程中所采取的防止失业人数增加的政策取得了相当的成果。失业人数控制在 300 万以内，就业人数不断增长。据总统

　　① Philip Taft, *Organized Labor in American History*, New York: Harper & Row, 1964, pp. 563−564.

　　② Mary Beth Norton et al., *A people and A Nation: A History of the United States*, Boston: Houghton Mifflin Company, 1986, p. 832.

　　③ [美]阿瑟·林克、威廉·卡顿:《一九〇〇年以来的美国史》中册,刘绪怡等译,中国社会科学出版社,1983 年,第 348 页。

的经济顾问委员会报告,1945—1952年,就业总人数大约从5400万人增加到6100万人。但女工的失业问题比较严重。据估计,1948年12月,大约有17927290名女工,大约占工人总数的29%。同1945年7月女工人数1961万相比,减少168万多。[1]但是,应当看到,1948年是战后就业人数较高的一年。1947年女工就业人数比1948年还少65万人,即是说比1945年少233万人左右。这在当时来说确实是一个相当大的数字。当然,失去工作的妇女大多数都不会流落街头,而是重操家庭主妇的旧业,但她们的失业直接影响到家庭的收入,不免使家庭生活水平明显下降。

即使是在职的女工也比男性工人困难。她们受到公司方面的性别歧视,同工不同酬。根据1950年的统计材料,女工的平均年工资比同工种男性工人少1.285美元。[2]在男用针织品工业中,女工人数占劳动力的2/3,她们的每小时平均工资为82美分,而男工则高达1.04美元。在服装工业中妇女占一半。根据劳工统计局关于9个城市的统计材料,男工每小时平均工资为2美元,女工只有1.50美元。在白领雇员中,女雇员的工资也明显低于男雇员。例如,1949年纽约市书店男营业员的周工资为70.5美元,而女营业员只有65.5美元。[3]

黑人女工的处境尤为困难。第二次世界大战期间,她们被大批雇用为非熟练工人和勤杂工人。战后,她们最先遭到解雇的厄运。战后,服务行业发展很快。白人女工被解雇后大批涌入这个行业,使战后的服务行业成了白人妇女的天下。黑人女工却很难找到这方面的工作。据估计,战后有93%的职员和售货员、95%的服务性行业雇员是白人

---

① Gertrude Bancroft, *The American Labor Force: It's Growth and Changing Composition*, New York: John Wiley and Sons, 1958, pp. 30-31.

② Grace Hutchins, *Women Who Work*, New York: International Publishers, 1952, pp. 17-18.

③ Philip S.Foner, *Women and the American Labor Movement*, New York: Free Press, 1980, Vol. 2, p. 395.

妇女。①

通货膨胀是战后美国政府面临的另一个难题。由于战争期间民用生产被大幅度压缩,居民手中积累了巨额存款,战后突然投向消费市场,造成了极大的压力,导致通货膨胀。同时新政时期的赤字政策和战争期间的巨额军费支出,使美国的国债从1940年的60亿美元猛增到2530亿美元。部分国家债券在金融市场上流通,等于增加了通货的发行量,也助长了通货膨胀。战后,物价管理局刚刚取消了部分商品价格的管制,立即造成了物价失控的局面。为此杜鲁门总统于1946年1月14日向国会提交咨文,要求暂缓撤销物价管理局。

通货膨胀的直接受害者是工人和低收入者,而资产者却可以从中渔利。因此,美国财界和工业巨头都反对总统的要求,主张立即结束物价管制。工人们和低收入者则举行游行,要求延长物价管制。杜鲁门总统屈从于资产阶级的压力于11月9日宣布,除房租、食糖、大米外,其他物品的价格管制一律取消。在此期间物价指数上涨约32个百分点,给低收入者造成了生活上的困难。

美国政府在控制通货膨胀方面没有取得成功,在整顿、撤销战时行政机构方面的工作却进展迅速,效果显著。165个战时机构经过整顿,大部分被撤销,有的并入政府有关部门,有的同其他机构合并。只有12个机构被保留下来。政府工作人员也从610万人减少到1947年的550万人。

此外,美国政府还采取各种有效措施在最短时间内使军工生产转为民用生产。同时向私人资本提供优惠条件以促使巨额资金投入工业生产。战后,美国政府向垄断组织出售总投资为150亿美元的几百个国家兵工厂。1945年11月,国会又通过法案,减税60亿美元以刺激工业投资和工业生产。1946年1月又废除了超额利润税。

---

① Philip S. Foner, *Women and the American Labor Movement*, New York: Free Press, 1980, Vol. 2, p. 396.

由于复员工作的顺利完成,美国的经济虽然存在这样和那样的问题,并发生过恐慌和危机,但仍然赢来了战后的繁荣。1947—1953年间,美国工业生产的平均增长率达到了3.9%。国民生产总值在复员时期虽曾有所下降,但在1947年以后逐年上升。工业、采矿、建筑、运输等部门工人的实际收入也一直保持增长趋势。各类收入水平家庭的百分比战后也有显著变化。1941年,收入在2000美元以下的家庭占61%,2000—5000美元的家庭占34%,5000美元以上的家庭占5%。1947年,收入在2000美元以下的家庭显著减少,只占27.4%,收入为2000—5000美元的家庭增加到53.3%,5000美元以上的家庭也增加到19.3%。①

实际收入的增长,以及战争时期由于民用物资匮乏而形成的潜在购买力成为推动建筑业和许多重要工业部门迅速发展的重要因素。据估计,战后仅1946与1947两年,有住宅需求的人数超过300万。美国国会不得不于1946年拨款4亿美元补助建筑材料的生产,并向建筑业发放贷款以促进房屋的修建。汽车的需求量也很大。1948年,汽车年产量已达到500万辆,但仍然供不应求。

房屋建筑、工业部门为发展生产而进行的设备更新、国内的巨大消费需求,以及商品和劳务的大量输出构成了战后经济发展的强大推动力,完全抵销了通货膨胀造成的影响。因此,美国政府仍然有力量开展对外的经济援助和扩张,对内实行某些福利政策以平息低收入者和工人的不满情绪。1946年1月,杜鲁门总统在年度咨文中正式提出"公平施政"纲领。他给美国老百姓描绘出一幅颇为美好的蓝图。他在咨文中宣布说,"我国居民的每个阶层和每个人都有权期望从我国政府得到公平施政","都有机会从我国日益增长的繁荣中获得他们公平的一份"。②这个纲领包括杜鲁门总统从1945年9月6日以来提出的一系列改革措

---

① [美]阿瑟·林克、威廉·卡顿:《一九〇〇年以来的美国史》中册,刘绪怡等译,中国社会科学出版社,1983年,第285页。

② *Encyclopedia Americana*, Vol. 10, p. 334.

施。内容有:健康保险,教育津贴,扩大社会保障范围,增加保险赔偿金,执行联邦帮助贫民窟和落后地区计划,保护和开发自然资源,等等。1950年,国会陆续通过几条社会保障法修正案,使受益人数增加1000万。平均增加退休工人养老金17.5%。此后又逐步扩大保障范围和提高保障金额。1949年,国会通过住宅法,规定美国政府将在其后6年内拨款修建81万套廉价公共住房,以解决低收入家庭的住房问题。此外,国会还在保护和开发自然资源、援助教育方面采取了某些措施。但总的来说,公平施政纲领未能认真贯彻执行,收效不大。例如,廉价公共住房的修建十分缓慢,一直拖到1969年还没有全部交付使用。

如果说战后美国在经济上能够继续维持繁荣和发展的局面,那么在政治上却出现了倒退,日益背离民主,逐步为反动势力所支配。战后苏联的存在和东欧社会主义国家的出现使西方国家产生了严重的恐惧心理。美国政府立即把共产主义作为自己的头号敌人,不仅在国际上推行反苏反共政策,而且在国内也加紧了对共产党和一切进步力量的迫害。美国商会中最富有的银行和公司的代言人也猖狂地叫嚣要发动一场反对国内的"暗中破坏者、颠覆者"的斗争。1946年,他们向政府施加压力,要求推行联邦忠诚计划和对好莱坞共产党人进行调查。此后又要求联邦司法部每年至少两次公布共产党控制的组织和工会的名单。于是在朝野内外互相呼应的情况下,杜鲁门总统于1946年11月25日下令成立总统临时雇员忠诚委员会。其任务是研究和制定关于政府雇员忠诚调查的程序和标准。1947年3月21日,美国政府正式颁布忠诚调查令,规定政府雇员、高校教员和研究人员必须向政府宣誓效忠,并接受对他们的考查。

所谓的"忠诚调查"实际上是侵犯民权的非民主做法,是美国政府背离民主趋于反动的一个重大步骤。不少进步人士和具有正义感的人纷纷拒绝接受忠诚调查。于是接连不断地发生一起又一起迫害事件。甚至好莱坞电影城这样的地方也难以幸免。1947年10月,10名剧作家、经理和演员由于拒绝表明自己的政治信仰而被判监禁1年。仅仅这一年,美国游艺界就有近400人被宣布为政治上不可靠,不能雇用的人。在忠诚调查计划实施的5年里,约有400万联邦政府雇员和申请雇用的人接受了联邦调查局的审查。有9077人受控告,其中2691人受到地方忠诚调查委员会的传讯,378人被解职。

美国国会比总统走得更远。1946年国会选举后,民主党在众议院失去了51个席位,在参议院失去了11个席位。共和党成为国会两院的多数党。共和党议员和国会内民主党保守派结成联盟,控制着国会,制定和通过各种保守的法案。仅1946年,国会就讨论了一系列反劳工立法。正如劳联的法律顾问约瑟夫·帕度厄所说,"美国历史上从未有过哪一届国会曾经审议过如此众多的反劳工法案"①。1947年6月,国会两院终于通过了《塔夫脱-哈特莱法》(又称《1947年劳资关系法》)。法案规定:禁止宣传"封闭工厂",雇主有权雇用非工会成员工人;禁止工会同整个企业部门发生合同关系,并不得在工人工资中扣除工会会费;工会只能同单个企业签订集体合同,在发动罢工前必须留出60天"冷却时期"等候有关部门调查;工会还必须向全国劳工关系局报告与本工会有关的资料,其中包括工会章程、年度财政报告等。此外还禁止联邦政府雇员罢工,违者立即开除,并要求工会领导成员举行反共宣誓,声明与共产党及其外围组织无关,保证不鼓吹用武力或违宪手段推翻联邦政府等。

《塔夫脱-哈特莱法》是一个赤裸裸的反共反劳工立法。在国会辩论以前就遭到美国工人和进步力量的反对。1947年6月8日,美共全国委员会向各工会组织呼吁,要求立即举行全国总罢工一天,抗议《塔夫脱-哈特莱法》。但由于劳联领袖拒不响应,总罢工未能举行。只是分散地在各地发生了一些地区性抗议活动。例如,6月11日,6万产联工人在纽约市第八街举行游行示威,表示抗议。美国汽车、飞机、农业机械工人联合会执行委员会打电报给杜鲁门总统说,法案将使美国的社会生活

---

① AFL, *Proceedings*, 1916, p. 331.

进一步集中控制在"少数垄断公司手中"。① 不少团体从美国各地纷纷打电报到白宫表示抗议。杜鲁门总统对法案行使了否决权,但国会又于6月23日越过总统的否决最后通过了法案。

《塔夫脱-哈特莱法》使美国工人多年来争得的成果化为乌有。工会的地位遭到削弱。美国工人结社和罢工的权利受到侵犯和限制。工会内部的右翼势力因此受到鼓舞,而进步力量和共产党人则遭到不断的打击和排挤,因而造成整个工人运动向右转。这个法案的通过标志着美国政府的又一步倒退。

4.种族歧视和黑人的反抗

对于黑人来说,美国社会从来就不是一个平等的社会。第二次世界大战以后情况仍然没有根本的变化。黑人还是社会的最下层,种族隔离、种族歧视的现象比比皆是。美国社会对黑人是不公平的。美国黑人和所有美国公民一样,用自己的鲜血和汗水赢得了第二次世界大战的胜利。他们当中相当多的青年应征入伍,在战争中立下了功勋。然而当人们在享受着战后繁荣带来的好处的时候,他们却仍然在忍受种族歧视的屈辱。在反共反民主浪潮的袭击下,美国的某些地方政府不断扩大划分黑人血统的规定,把越来越多的人划为黑人。南卡罗来纳州首先把1/4黑人血统的划分标准扩大到1/8。哥伦比亚特区甚至扩大到1/13。即是说任何一个人只要他的前四代或者前七代祖先有一个黑人,那他就被划入黑人血统。

根据宪法第十条修正案,"合众国公民的选举权,不得因种族、肤色或以前是奴隶而被合众国或任何州加以剥夺或限制"。黑人本应享受和白人同等的选举权。然而战后的南方各州仍然以交纳人头税、接受文化测验等作为限制黑人取得选举权的手段。弗吉尼亚州和密西西比州分

---

① Lawrence S. Wittner, *Cold War America*, New York: Praeger Publishers, 1974, p. 47.

别把人头税定为5美元、8美元和6美元,亚拉巴马州甚至把人头税提到30美元。结果使得大部分黑人选民不能参加投票。南方一些州在登记选民的时候,故意提出一些莫名其妙的问题来刁难黑人,使他们无法回答从而失去登记选民的资格。例如,在佛罗里达州就曾经有人提问"白宫有多少窗户""肥皂有多少泡沫"。更有甚者,政府纵容三K党之类的恐怖组织,使用暴力阻止黑人参加选民登记。在南部一些州,由于种族歧视而失去选举权的黑人占90%以上。

就业问题上的歧视,在第二次世界大战期间并不突出。因为当时军火工业的迅速扩展提供了大量的就业机会。黑人就业的人数不断增加,流向城市的黑人越来越多。战后,由于部分军火工业的缩减,黑人工人首先遭到解雇。就海运和造船部门来看,到1946年底,20万黑人工人只剩下不到1万人。即是说95%的黑人工人失去了自己的职业。当然这是一个极为突出的部门。就一般情况来看,黑人工人的失业率也是大大高于白人工人的。战后,黑人工人失业人数年年增加,1950年达到黑人人口的14.2%。

种族主义者还采取种种手段实行种族隔离。第二次世界大战后这种趋势日益加强。大部分黑人被限制在拥挤不堪的贫民区居住。联邦政府的建房计划中也严格规定了专供白人和黑人居住的房屋。黑人在白人区建造房屋要受到种种刁难,否则就采取征用房地产的办法将他们赶走。甚至连天真无辜的黑人儿童也要饱受种族隔离的折磨。首都华盛顿和许多州都制定法律。在中小学里实行种族隔离。黑人子女不能进入白人学校念书。黑人学校数量少,校舍设备条件差,经常拥挤不堪,有的学校只能轮班学习。有的黑人子女申请转入白人学校念书,但毫无例外地都被法院驳回。

在高等学校中种族隔离的情况也十分严重。有17个州颁布过学校种族隔离法。州立大学和私立大学都不招收黑人。大部分黑人学生只能进被隔离的黑人学院。尽管最高法院迫于社会舆论的压力,有时不得不做出允许黑人学生就读白人学校的判决,但往往遭到抵制而不能真正执行。佐治亚州州长赫曼·塔尔梅奇公开叫嚣,假如强制执行判决,就"将血洒街头"。该州的民主党首领还出面要求公职人员维护学校的种族隔离制度。即使那些执行判决、接纳黑人的大学也在校内实行种族隔离。例如,1947年,南卡罗来纳大学专门为黑人学生建造了只有一间教室的"黑人法学院",俄克拉荷马大学于1948年在教室里为黑人学生建造了一个小棚子。

在横贯南部12个州的"黑人地带",黑人的处境尤为困难。这个地区的人大都以农业为生,他们当中有少数自耕农,大部分是分成制佃农和农业雇工。第二次世界大战结束后,黑人自耕农的数目不断减少。据南北卡罗来纳、佐治亚、阿拉巴马、路易斯安那和密西西比6个州的统计,1945至1950年间,黑人农场减少3000个,黑人农民减少6.7万人。黑人分成制佃农所受的剥削极为沉重,他们的实际收入只占全部收成的1/4,有时甚至降到1/8。黑人农业雇工每天工时长达12小时,工资仅相当于其他地区雇工的一半。黑人流动雇工的境遇更加悲惨。他们不仅待遇十分菲薄,而且还要受到监工的强制和虐待。

尤其令人发指的是,种族主义者残暴地杀戮和迫害黑人而不受法律的惩罚。三K党、哥伦比亚会、白人公民委员会等恐怖组织甚嚣尘上,数以千计的黑人遭到杀害。连黑人退伍军人也成了恐怖分子迫害的对象。1946年2月5日,黑人退伍军人查理·费古生兄弟在纽约长岛自由港遇害事件就是一个例证。他们因为抗议咖啡店主的歧视被警察开枪打死。杀人凶手却被当地陪审团开释而逍遥法外。同年7月25日,两对黑人夫妇在佐治亚州华尔顿县街头无端被暴徒枪杀,事后舆论大哗。联邦大陪审团不得不进行调查,但以查无实据的结论不了了之。

美国黑人在忍无可忍的情况下奋起反抗。田纳西州哥伦比亚地区的黑人首先发难,揭竿而起,保卫黑人退伍军人史蒂文森母子的人身权利。史蒂文森母子被一家无线电修理店主人毒打,史蒂文森进行了自卫还击。结果警察不仅没有拘捕打人凶手,反而将黑人母子投入监狱。哥伦比亚地区的广大黑人对于这种颠倒是非的行径无不义愤填膺,纷纷自动组织起来开展规模庞大的斗争。他们首先筹款保释史蒂文森母子出狱,同时武装起来同恐怖分子展开了搏斗。地方警察当局不仅没有制止种族主义者的暴行,而且协助暴徒打击黑人自卫武装力量,焚烧黑人的店铺,抢劫黑人的财产。地方司法当局还逮捕了100多名奋起自卫的黑人。后来在全国各地的广泛声援下,被捕黑人才陆续被释放。其中两人在狱中被害死,一人被判5年徒刑。

一些黑人组织也纷纷起来揭露美国的种族歧视。1946年全国黑人大会在向联合国提交的请愿书内揭露了美国国内的种族歧视。1947年美国全国有色人种协进会也向联合国递交了请愿书,要求联合国利用自己的影响保障黑人的生存权利并督促美国消除种族歧视。此外,争取种族平等大会曾组织反种族歧视者在首都华盛顿举行静坐示威,要求政府取消市中心区的种族隔离,1947年夏天这个要求被政府接受。1947年夏天到1948年争取种族平等大会的成员又在新泽西州进行活动,要求取消帕利塞兹游乐园的种族隔离。1949年新泽西州议会通过权利法案,正式取消各种形式的种族隔离。

战后美国种族歧视的加强也从反面促进了黑人的团结,使他们逐渐成为政治上举足轻重的力量。在一些工业发达的州和地区争取黑人选票的重要性日益显露出来。上至杜鲁门下至地方上的政客都感到这个问题的严重性。许多共和党人都在寻求黑人的选票。例如纽约州的州长托马斯·杜威由于推动了公平就业委员会的建立,赢得了黑人选民的支持,在1942年和1946年两次选举中,都在民主党占绝对优势的哈莱姆获得多数选票。杜鲁门当然也不愿意放弃这种机会。他在就任总统以后曾试图用支持黑人民权要求的办法来拉拢黑人选票。不过,他作为行政首脑还不得不考虑来自右翼的强大压力。三K党等恐怖组织的公开威胁自不必说,连国会内部和地方上也有强烈的种族主义情绪。例如,密苏里参议员西奥多·G.比尔博公开要求每一个盎格鲁-撒克逊人"采取一切手段"阻止"黑人投票"。尤金·塔尔梅奇在竞选佐治亚州长时向选民保证"今后4年在佐治亚不会有黑人投票",并因此当选。在这种形势下,杜鲁门最初的行动是犹豫不决的,一直到1946年12月5日才下决心采取行动,签发了建立总统民权委员会的命令。大约经过一年的工作,委员会完成了自己的报告,提出一些原则建议,其中包括取消种族歧视,杜绝流血事件,废除人头税选举法,颁布法令保障选举权,制定平等就业法令等。1948年2月,杜鲁门专门就民权问题向国会提出特别咨文,但国会没有做出正式回应。然而所有这些不过是争取黑人选票的一种姿态,没有什么实际效果。正如美国学者玛丽·B.诺顿等人所说:"有证据表明,总统并不指望国会采取行动,其真正目的在于争取1918年的黑人选票。"①

备受种族歧视之苦的广大黑人当然不满足于总统所做的姿态。他们需要的是反对种族歧视的切实措施。在杜鲁门任内,黑人抗暴斗争一直没有停息,黑人工人更是走在这场斗争的前列。1951年10月,在辛辛那提成立了全国黑人劳工协会,为保卫黑人的政治、经济权利而斗争。

5.和平运动和世界联邦主义运动

和平运动在美国历史上颇为悠久。1910年,美国大企业家安德鲁·卡内基忽发宏愿,捐赠1000万美元用于"促进战争的消除"。可惜事与愿违,不久以后就爆发了第一次世界大战,而且美国也被卷进了这场大屠杀。如果说金钱对于制止战争没有起到显著作用,那么战争本身却教育了人们。和平运动正是在硝烟弥漫中发展起来的,在美国也是一样。战争时期起,和平组织不断涌现,在民众当中赢得越来越高的声誉。据估计,到第二次世界大战前夕和平运动的参加者累计达1200万人,各和平

---

① Mary Beth Norton et al., *A people and A Nation：A History of the United States*, Boston：Houghton Mifflin Company, 1986, p. 839.

组织的收入超过100万美元。^①

然而和平运动并非在任何历史条件下都是正确的,都可以起到良好的作用。第二次世界大战爆发后,由于法西斯国家猖獗一时,只能用正义战争来消灭侵略战争。这时的和平运动不过是一种有害无益的空想,客观上削弱了反法西斯国家的战斗力。在美国,只有少数的年轻的和平主义者仍然在进行反战宣传,并拒服兵役。他们在民众当中的声誉一落千丈,并且遭到政府的追究和审查,其中一些人被判刑投入监狱,或者在拘留营中服役。据美国政府估计,在应当应征入伍的10022367名青年中约有42973人拒绝服役。^②

第二次世界大战后,维护持久和平又成为人们关注的中心问题。在美国,和平运动重新合法化,在民众中又恢复了昔日的声誉。1946年国际妇女争取和平和自由协会的负责人埃米莉·格林·鲍尔奇获得诺贝尔和平奖就是一个明显的例子。但是,在和平运动内部却由于战争的胜利结束而出现了一种松懈情绪,和平组织也处于涣散状态。正如A.J.马斯特所指出的,在大战结束时,和平"组织和运动中的离心倾向已经显现出来,战争开始把人们凝聚在一起,战争结束就把他们分开"^③。1946年,罗伊·凯普勒对西海岸的和平运动也做了如下报道:"我感觉到一种几乎是普遍存在的实际情况,这个夏天人们都在度假。看起来,整个世界至少到下半年是安全的,因此,他们在恢复5年战争后的疲劳。"^④这种情绪的出现是完全可以理解的。在战争造成的长期紧张气氛之后,人们需要松弛一下自己的神经。不过,时间不长,战后东西方对抗的严峻形势很快就惊醒了人们的幻梦。美国的一些和平组织又逐步恢复活动,在和平

---

① Merle Curti, *Peace or War : The American Struggle*, *1636—1936*, New Yor : W. W. Norton, 1936, p. 1.

② Lawrence S. Wittner, *Rebels Against War : The American Peace Movement*, *1941—1960*, New York : Columbia University Press, 1969, p. 41.

③④Lawrence S. Wittner, *Rebels Against War : The American Peace Movement*, *1941—1960*, New York : Columbia University Press, 1969, p. 152.

运动内部还出现了一批激进派。

激进派的成员多半是战争时期拒绝服兵役而被拘留和关押的青年。战后,他们被释放出狱,回到和平运动中时,往往提出一些激烈的主张,同传统的和平主义者展开辩论,使运动分为两派。例如,激进的和平主义者乔治·豪泽在美国和平组织协调联盟全国委员会的一次会议上说,他愿意"看见一个真正的革命反抗计划能够迅速拟订出来"①。联盟的领导人对此颇为担心,并在该联盟1947年11月20—22日的全国委员会记录上充分表露出来。他们担心这些年轻人将把运动引上非法活动的道路。

在美国另一个和平组织——反战者同盟内部,激进派也十分活跃。其中著名的有戴夫·德林杰、罗伊·芬奇、吉恩·佩克、贝亚德·拉斯廷等人。他们获释后很快就控制了反战者同盟的执行委员会,与在任19年的传统派书记阿贝·考夫曼发生冲突,企图把一个只管会员登记和宣传教育的机构变成一个行动组织。在他们的努力下,1947年6月,反战者同盟执行委员会通过决议,宣布该组织将"通过非暴力手段,运用其宣传品和各种活动来促进政治、经济和社会革命"②。1947年9月,考夫曼退职,由罗伊·凯普勒接任书记。

凯普勒是所谓的"直接行动"的支持者。《直接行动》是和平主义者戴夫·德林杰出版的刊物,创刊于1945年,带有浓厚的无政府主义色彩。刊物第一期上就有宣传罢工、怠工、不服从法律和财产公有的文章。有的作者甚至主张随意在商店里取走所需的东西而不必付款。显然,这种主张超越了和平运动的宗旨,很难为广大和平主义者所接受,其影响是极为有限的。

---

① Lawrence S. Wittner, *Rebels Against War: The American Peace Movement, 1941–1960*, New York: Columbia University Press, 1969, p. 152.

② Lawrence S. Wittner, *Rebels Against War: The American Peace Movement, 1941–1960*, New York: Columbia University Press, 1969, p. 153.

第二次世界大战期间建立的非暴力革命委员会也恢复了活动。1945年11月,该组织的激进派要求举行代表会议。1946年2月6日—9日,在芝加哥工人中心召开了"非暴力革命社会主义代表会议",出席会议的有95名激进和平主义者。会议结束后在纽约建立了激进和平主义者的常设机构。其主张包含和平主义、无政府主义和社会主义的成分。这批激进派虽然不主张工业国有化,但要求对生产资料实行地方控制,并在完全平等的基础上进行分配。他们还要求和平主义者拒绝在军队中服役,拒绝在财政上支持政府和在军火工厂中工作。

1948年非暴力革命委员会并入了更大的、更固定的和平组织——"和平缔造者"。这个组织成立于1947年下半年,是由一些战后保留下来的和平组织在彭德尔希尔组成的。其成员多半是激进的和平主义者。他们希望把这个组织建成一个真正的激进的团体,要求在芝加哥举行一次激进派的会议。1948年4月初250名激进的和平主义者在芝加哥集会。他们是由两部分最富有战斗性的和平主义者组成的。一种人是第二次世界大战中,由于形势的变化活动有所收敛而未被捕入狱的人,另一部分人是刚从监狱和拘留营中释放出来的活跃分子,他们主张世界各国全面裁军、反对扩军备战、反对青年参军,后来还提出了拒绝纳税的号召。其理由是,国家财政收入大部分用于军备,纳税就是支持备战。"和平缔造者"为此专门成立了抗税委员会。但由于抗税是非法手段,在大多数情况下是行不通的。

和平主义者在战后的一个重要行动是反对杜鲁门政府的军事训练计划和征兵法。1940年征兵法将在1947年3月到期,战后是否还会有新的征兵法并继续进行军事训练,这是美国政府和和平主义者都非常关心的问题。美国国防部已经拟订了一个战后全面军事训练计划,杜鲁门政府也将通过一个新的征兵法来代替1940年征兵法。各个和平组织纷纷发表评论和采取行动。他们认为国防部的全面军事训练只能造就"杀人者和被杀者"。在杜鲁门政府制定新征兵法的消息传出后,和平主义者立即采取行动进行反抗。1947年2月,4名和平主义者在旧金山联盟广场当众焚毁自己的征兵证书。接着洛杉矶的 30 名和平主义者把自己的征兵证书寄给杜鲁门总统以示抗议。在纽约举行了抗议集会。德怀特·麦克唐纳在集会上发言说:"我们决定尽可能用最简单最直接的办法反对征兵,那就是拒绝……承认州政府当局在这方面的权威。"当场有63 份征兵证书被焚毁。仅仅在 1947 年 2 月这一个月里,在全国范围内大约有 400 多人焚烧或向总统寄回征兵证书。

和平主义者的行动得到了各方面的响应和支持。全面军事训练计划在众议院的专门委员会里被否决。1947 年 3 月 31 日,美国国会终止和平时期的征兵。①

美苏冷战格局形成以后,美国的和平主义者忧心忡忡。他们对能否阻止核战争的爆发信心不足。例如,美国科学家联合会成员利奥·西拉德认为"避免同苏联进行原子战争的机会约在 5% 到 10% 之间"②。不过,他们仍然做出了重大努力来进行宣传和组织工作,不断向政府施加压力,要求采取措施缓和紧张的国际形势。许多科学家组织都加入了和平运动,并且得到了较快的发展。1946 年中,美国科学家联合会的成员已经发展到近 2000 人。

最激进的科学家和平组织是原子能科学家应急委员会。其中有阿尔伯特·爱因斯坦、哈罗德·尤里和汉斯·贝特等激进和平主义者。他们希望通过国际合作和各国间的相互谅解来缓和美苏对抗的紧张局势,从而消除战争。他们甚至主张建立"世界政府"来实现这个目的。③ 委员会主席阿尔伯特·爱因斯坦在一次演说中指出:"不需要制造更多的原子弹。持久和平不是靠各国不断互相威胁,而是靠建立相互信任的真诚努力来实现的。应当设想,要在这个星球上为人类建造美好环境的愿望及

---

① [美]加尔文·D.林顿:《美国两百年大事记》,上海译文出版社,谢延光、储复耘、荣再光、李祥荣译,1984 年,第 379 页。

② Lawrence S. Wittner, *Rebels Against War:The American Peace Movement,1941-1960*, New York:Columbia University Press,1969,p. 165.

③ *New York Times*, June 30,1947.

对难以形容的破坏的担忧都会使那些首脑人物变得聪明些和冷静些。"[1] 1947年6月29日,委员会正式宣布情况"十分紧急"。控制原子武器的努力一旦失败,等待美国的将是"死亡"。1948年4月,委员会就当时的形势发表声明,表示坚决反对"武装和平"。

战后同和平运动同时发展起来的还有世界联邦主义。它同和平运动的共同点在于两者都追求世界持久和平,但最终目的却有所不同。虽然有少数和平主义者赞成世界联邦主义者的观点,并且提出过"世界政府"的口号。但多数和平主义者主张发展人民的交往和合作,反对各种形式的政府统治,并且认为"世界政府"不过是在国家之上又增加了一种统治力量,于和平事业毫无补益。不过,在美国世界联邦主义曾经盛行一时,形成一种颇有影响的社会运动。战争刚一结束,世界联邦主义的组织就犹如雨后春笋,纷纷涌现。其中最主要的有三家:美国争取世界政府联盟、大学生联邦主义者和美国世界联邦主义者。为了加强团结,实现统一,十六个团体于1947年2月在北卡罗来纳的阿什维尔举行了联合会议。会议规定近期目的是"加强联合国,并使之最终成为世界政府",会后建立了统一的组织——"美国世界联邦主义者",但仍有一些独立的世界联邦主义者团体拒绝加入这个组织。不过,"美国世界联邦主义者"并未因此而受到显著削弱,一批知名的活动家加入了这个组织,并且成为它的领导人。小科德·迈尔是它的主席,担任副主席的有格伦维尔·克拉克、诺曼·卡曾斯等人。1947年年中,这个组织已经拥有1.7万交纳会费的成员,在31个州有分支机构。到1948年底,会员人数达到4万。[2]

世界联邦主义运动的另一个中心是芝加哥大学的组织。它虽然不

---

① Albert Einstein, "The Reae Problem is in The Hearts of Men", *New York Times Magazine*, June 23, 1946.

② Lawrence S. Wittner, *Rebels Against War: The American Peace Movement, 1941–1960*, New York: Columbia University Press, 1969, p. 172.

是"美国世界联邦主义者"的团体会员,但所进行的活动却是一致的。在那里成立了专门委员会来制定世界宪法。芝加哥大学的教授理查德·P.麦基翁和G.A.博格斯还要求学校当局成立"世界政府研究所"。

从第二次世界大战结束到40年代末,世界联邦主义者非常活跃,发表了大量文章和著述,在舆论界造成广泛的影响。[①] 他们在政界也进行了频繁的活动,不断向联邦和州政府施加影响。到1949年,有17个州的议会通过决议要求联邦国会采纳逐步建立世界政府的计划。在联邦国会参议院,参议员格伦·泰勒提出了关于世界政府的议案,并得到参议员丹尼斯·查维斯、奥林·约翰斯顿、查尔斯·托比、克劳德·佩珀的附议。议案要求总统"立即主动采取行动",召开全面会议,以便使联合国能够通过阻止战争的国际法。

然而,无论是和平主义者还是联邦主义者的主张,在战后国际形势日益紧张的条件下都只能是一些无法实现的善良愿望,带有相当浓厚的空想主义色彩。他们的活动没有取得多大成效。有时还不得不放弃自己的主张,同意和支持美国政府的某些做法。例如,美国世界联邦主义者的主席小科德·迈尔在世界政府不能成立的情况下,不得不赞成美国政府的扩军备战政策。他公开声明:"在世界联邦建立和各国同意在其保护下裁军之前,我将同意福里斯特先生(《先驱论坛报》工作人员)的意见,我们必须维持我们的军事实力。"[②]

进一步说,世界联邦主义者全面支持联合国的立场,在特定历史条件下是不正确的,客观上助长了美国政府利用联合国干涉其他国家事务的行为。

总体来看,战后的和平运动和世界联邦主义运动都曾经盛行一时,

---

① 例如,*Scientific Monthly*1946年7月发表了 Philip Jessup 的"A Modern Law of Nations"和 Frederick L.Schuman 的"Toward the World State"。*Atlantic Monthly*1946年3月、*Review of Politics*1946年4月以及其他有影响的杂志都相继发表了论述世界政府的文章。

② Lawrence S. Wittner, *Rebels Against War: The American Peace Movement, 1941-1960*, New York: Columbia University Press, 1969, p. 175.

在美国社会生活中有一定影响。但其社会基础是比较狭窄的,始终没有同工人运动联系起来,因而不能持久,运动于1948年到1950年经历了低潮时期。

6.杜鲁门政府调解劳资冲突的努力和罢工运动

尽管杜鲁门总统大谈"公平施政"纲领,但战后的美国远不是一个公平的社会。美国工人在第二次世界大战中以加倍的努力为支援反法西斯战争生产了足够的军火和军用物资,功勋卓著。可是战争结束后,只有大腹便便的资本家独得其利,广大的工人却面临着通货膨胀和失业的威胁。单是美国政府廉价转让军工厂一项就使垄断资本家获取了骇人听闻的暴利。价值1.22亿美元的84家军工厂只以8700万美元的低价售与私人。①一转手就出现了几千万美元的差价。在这种鲜明的对照下,美国工人的思想和生活都越来越动荡不定。杜鲁门总统面对这个严峻的现实,不得不把安抚和约束工人,缓和、调解劳资冲突作为国内政策的一个基本出发点。

1945年9月6日,杜鲁门在递交国会的长篇咨文中,把充分就业和提高每小时40美分的最低工资额为60美分列入自己的施政纲领,以缓和当时的气氛。他还试图通过举行劳资双方代表会议的形式,运用政府的力量和影响解决双方的争端。在美国政府的赞助和支持下,1945年11月5日至30日在华盛顿召开了工会与工厂主的全国代表会议,与会代表共39人,其中工会代表和工厂主代表各18人,政府官员3人,工会代表中产联和劳联代表8人,独立工会代表只有1人。格林、米内、托宾等右翼领袖均出席了会议。美国政府对这次会议寄予很大希望,要求会议讨论出和平解决劳资争端的办法。杜鲁门曾通过广播向与会代表呼

---

① *Fifth Report to the President , the Senate and the House of Representatives by the Director of War Mobilization and Reconversion* , Washington D. C. : U. S. Government Printing Office , 1946 , p. 64.

吁制止罢工。他说:"我们在签订和执行集体合同当中应当找到和平的办法。"①

会议集中讨论了工资问题。对这个问题劳资双方持不同意见。工会代表之间意见也不一致。劳联领袖格林反对把工资问题列入议程。他认为工资问题不应当受政府控制,"劳动者应当使用自己的经济力量来实现自己的要求"②,也即是说通过劳资双方的集体议价来提高工资。产联的代表不赞成这个意见,认为会议应当讨论工资问题,并且指出工厂主即使将工人工资提高31%,所获得的利润仍然要比战前高一倍。政府代表则希望在不提高工业产品售价的条件下,增加工资15%。但工厂主拒不接受。会议终于宣告失败。结果使得劳资双方的矛盾进一步激化。

尽管美国战后的复员工作进展顺利,美国工人仍然面临着一系列严重问题。据保守的估计,失业人数至少有230万人。③ 同时收入较高的制造业部门的工人大批转入商业部门和服务行业,也使工人们损失了相当可观的收入。据估计,日本投降后3个月内约有180万制造业工人失去了工作,而商业部门和服务行业的工人则增加了80万人。留在制造业部门的工人也由于工时的减少而受到损失。例如,1944年平均周工作时间为45.2小时,1946年降到40.4小时,周工资从46.8美元下降到43.82美元。④ 而在同一时期食品和日用品的价格却上涨了13%。从总的情况来看,战后美国工人的生活水平有所下降,实际收入有所减少。在这种形势下出现了1945年下半年的罢工高潮。

早在1945年8、9月间就有几十万炼钢工人、橡胶工人、石油工人、电

---

① *The President's National Labor Management Conference, November 5-30, 1945, Summary and Committee Reports*, Washington D. C.:U. S. Government Printing Office, 1946, p. 39.

② *New York Herald Tribune*, November 11, 1945.

③ *Monthly Labor Review*, July, 1948, p. 5.

④ *Statistical Abstract of the United States 1951*, Washington D. C. : U. S. Government Printing Office, 1951, p. 201.

气工人举行罢工,要求提高工资。在芝加哥还发生了失业工人要求恢复工作的示威游行。示威者举着"我们需要6000万个职位!"的标语牌昂首行进。[①]

　　在1945年底的一系列罢工中,通用汽车公司工人的罢工时间最长,影响最大。汽车行业工人在同资方的谈判中要求每小时增加工资33美分,否则将举行罢工。由于汽车行业牵涉许多工业部门,一旦因罢工停产将会给社会经济带来严重后果。美国政府立即出面干预,建议资方每小时增加工资19.5美分。工会方面代表表示愿意接受这项建议。但通用汽车公司的首脑带头反对。1945年11月25日,20万汽车工人在50个城市的92座工厂里同时举行罢工。美国政府希望尽快结束事端,建议罢工工人于12月3日复工。同时,杜鲁门总统建立了一个专门委员会进行研究和调解。罢工一直进行到1946年3月13日始告结束。通用汽车公司、福特公司和克莱斯勒公司的资方代理人接受了政府的仲裁,答应在不提高汽车售价的情况下,每小时增加工资19.5美分。

　　钢铁行业的劳资纠纷也相当激烈。早在1945年9月,炼钢工人就同公司代理人发生了冲突,要求增加工资。炼钢工业是高度集中的大企业。8家最大的公司控制着全国钢产量的80%。其中美国钢铁公司和伯利恒钢铁公司两家就控制了43%的产量。资方的经济实力相当雄厚,对于工人的要求却置之不理。美国钢铁公司工会同资方进行的谈判旷日持久,毫无成果。杜鲁门总统为了预防罢工的爆发,建议公司方面每小时增加工资18.5美分。这个建议也遭到了公司方面的拒绝。1946年1月1日,谈判终于破裂。工会下令罢工。1月13—14日夜间杜鲁门把劳资双方代表紧急召进白宫,磋商妥协方案,但未达成任何谅解。1月21日,罢工在整个钢铁部门展开。有30个州的75.2万名钢铁工人参加罢工。罢工一直继续到2月15日。最后,美国钢铁公司在政府同意每吨钢材上涨5美元的条件下,接受了政府关于增加工资的建议。

---

① *Daily worker*, August 22, 1945.

交通运输部门的情况比较复杂,一旦爆发罢工整个国家的经济生活都将陷于混乱。从1926年以来,交通运输部门工人的罢工一直是受到法律禁止的。第一次世界大战以后,由于美国工人的实际生活水平下降,罢工浪潮也波及交通运输部门。1946年5月15日《纽约先驱论坛报》警告说:"令人望而生畏的罢工将席卷25万名铁路机车乘务员和司机,他们要求每天增加工资2.5美元,并改善劳动条件。"美国政府为了防止罢工的爆发,立即同劳资双方协商举行仲裁会议。仲裁会议没有采纳工人把每小时工资提高30美分的要求,而是建议提高14美分。杜鲁门总统同意仲裁会议的意见,并立即在白宫召见劳资双方代表,要求双方接受这项仲裁。然而,这项仲裁是不公正的,铁路工会首先起来反对,准备于5月18日发动罢工。

对于交通运输的重要性杜鲁门是十分清楚的。在关键时刻他顾不上保持自己的民主自由的形象,在罢工开始24小时以前就对铁路实行军管,并对军管后爆发的罢工采取断然措施。5月24日,即铁路工人总罢工的第二天,杜鲁门就发表广播演说,声称:"我在这重大危机的时刻向美国人民说话,珍珠港危机是外部敌人的阴谋造成的。昨天发生的危机则是由国内把自己的利益置于国家利益之上的一群人造成的。"[1]第二天,杜鲁门在参众两院联席会上发表演说,宣布这次罢工是反政府罢工,要求通过法律把参加罢工的工人征召入伍,并处罚那些拒绝召回本厂工人的老板。在政府的全面干预下,罢工被迫于5月26日结束。

在同一时期,杜鲁门政府对矿工工会也施加了强大的压力。杜鲁门为了阻止罢工于5月22日下令对矿山实行政府监督,一直到1947年6月才予以解除。不过,在此期间内罢工仍时有发生。矿主不得不同意将每小时工资增加18.5美分,假期工资从75美元增加到100美元,在每吨煤的售价中提出5%作为改善工人生活福利的基金。[2]

---

① Foster R. Dulles, *Labor in America: A History*, New York: Thomas Y. Crowell, 1961, p. 365.

② *United States News and World Report*, Oct., 1949, p. 14.

在海运部门和其他行业也出现了剧烈的劳资冲突。西海岸海运工人的斗争给人以尤其深刻的印象。战后，太平洋海运公司老板企图取消战争时期海员和码头搬运工人所争得的某些附加费。例如，取消战时人身风险费，取消加班工资，重新审定航运定额等。这在海员和码头工人中引起极大的不满。西海岸各海运公司的海员和其他工人立即联合起来组成团结委员会和商船老板们对抗。他们准备组织20万人的大罢工，要求将每小时工资提高22至30美分，实行48小时工作周，将每小时加班费提高到1.25至1.75美元。尽管劳联领袖在暗地里进行破坏，杜鲁门总统以海军舰队代替商船相威胁，团结委员会仍然宣布将于6月15日举行罢工。西海岸的各海运公司为这种勇往直前的精神所震慑，不得不在罢工爆发前答应海员们的大部分要求，同意增加工资，支付加班费和实行48小时工作周。

各行各业出现的频繁的罢工使第二次世界大战后的第一年就成为罢工的高潮年。总计大约发生了5000次罢工，参加者460万人，损失劳动日达1.16亿个。①

在这次罢工高潮中，各个地区和各个系统的工会所起的作用是不同的。工业发达地区产联系统的工会一般都发挥了积极的作用。1946年召开的产联第八次代表大会表示支持罢工运动，并对工人提高工资的要求给予关注。大会通过决议，批评工厂主用提高物价的办法来牟取暴利和降低工人的生活水平，要求确定每小时最低工资限额为65美分，并在以后争取达到75美分。劳联系统的工会则采取了消极的、妥协的态度。这个系统的多数工会领袖都不赞成激烈的罢工，要求工人屈从资本家利益。不过，在罢工运动高涨时期，他们的意见往往不为工人所接受。经过一系列的激烈斗争，美国的炼钢工人、汽车工人、电气工人及其他许多行业的工人都于1946年取得了初步成果。他们每小时的工资上涨了

---

① *Statistical Abstract of the United States 1953*, Washington D. C. : U. S. Government Printing Office, 1953, p. 222.

18.5 美分。

在战后的历次罢工中，各工业部门的女工由于自己的处境更为困难，除去提高工资的共同要求外，还积极开展了争取男女同工同酬的斗争。在广大女工的强大政治压力下，1945 年美国国会提出了第一个同工同酬法案。法案宣称"在工业中存在着按性别区分的工资差别。这种差别构成了劳动实际的不公平"，必须反对这种歧视妇女的工资差别。[1] 产联所属的许多工会组织，妇女局、全国妇女工会同盟、妇女选举联盟等组织都极力支持法案的通过。唯独劳联的领导人不赞成这个法案，认为男女同工同酬应当通过集体议价的形式来实现，而不应当求助于政府的法律。由于多数众议员的阻挠，国会只得将这个法案搁置起来，甚至没有交付讨论。不过，后来有一些州通过了在某几个部门实行男女同工同酬的法令。例如，蒙大拿州在教师和政府部门雇员中实行同工同酬，伊利诺斯州和华盛顿州的同工同酬法只适用于制造业部门的女工。[2]

在罢工运动中，女工非常活跃。她们同男工相比毫不逊色，甚至有人参加了工人纠察队。1946 年 1 月 15 日爆发的 20 万名电汽工人大罢工中，女工占 30% 以上。3 月 13 日通用电气公司罢工结束，除增加每小时工资外，还规定了同工同酬的原则。威斯汀豪斯公司的罢工一直坚持到 5 月 9 日才宣告结束，公司方面同意每小时增加工资 18 美分，并规定每人每小时再增加 1 美分工资基金作为消除同工不同酬的补助费，在合同中也列入了同工同酬的条款。[3] 在 1947 年 4 月 35 万名电话电报工人的大罢工中，女工们出色地担任了纠察工作。一位纽约杂志记者曾这样报道说："我们看见 1000 名罢工工人，其中有 700 名女工。不容否认，那里

---

① *New York Times*, Oct. 15, 1949.

② Philip S. Foner, *Women and the American Labor Movement*, New York: Free Press, 1980, Vol. 2, p. 399.

③ *New York Times*, May 10, 1946.

有一些中年妇女,一些比较朴素的妇女。她们组成了一条迷人的纠察线,轻快地在地铁栏杆面前走来走去。"① 这次罢工是美国历史上规模最大的一次电讯工人罢工,也是最大的一次女工罢工,女工罢工人数达到23万人,占罢工总人数的65.7%。

由于领导这次罢工的全国电话工人联合会没有罢工基金,不能向罢工工人提供有效的支持。其他工会捐赠的12.8万美元也只是杯水车薪。因此联合会只得允许下属工会根据自己的条件单独同公司方面达成增加工资的协议,增加幅度规定为2至5美元。月底,罢工相继平息。结果使得这次罢工成为美国历史上最大的一次缺乏统一组织的罢工。许多从未罢过工的小组织都卷入了这场运动,而且不得不自行其是,从而取得了第一次经验。1947年6月,全国电话工人联合会的机关刊物《电话工人》曾载文评论说:"这次罢工比国家历史上任何一次罢工波及更广阔的地区,卷入更多的社团。成千的小社团获得了第一次抛开电话进行罢工的经验。几乎没有哪次罢工卷入了如此众多的工人。"②

这次罢工暴露了全国电话工人联合会在组织上的弱点。为了加强工会的集中领导,罢工结束后不久,全国电话工人联合会就改组为"美国通讯工人"。规定下属各组织在罢工和签订谈判协议问题上必须服从中央机构的统一领导。1948年,这个全国性工会加入产联,得到了其他兄弟工会的支持,战斗力有明显的加强。

有的地方女工走在罢工的最前列,并且成为当地罢工运动的领导人,新泽西女接线员工会主席玛丽·H.哈里森、副主席弗吉尼亚·威格里斯渥斯和书记伊丽莎白·J.瑞安都由于领导当地电话工人罢工而被政府逮捕。总之,在战后此起彼伏的罢工运动中,美国的女工和男工一样,奋

---

① Thomas R. Brooks, *Communications Workers of America: The Story of a Union*, New York: Mason/Charter, 1977, p. 118.

② Thomas R. Brooks, *Communications Workers of America: The Story of a Union*, New York: Mason/Charter, 1977, p. 125.

起捍卫自己的利益,表现了高度的自觉性和强大的战斗力。

7.罢工高潮时期的美国共产党

战后的美国社会对于美国共产党来说是十分严峻的。整个社会气氛受到反共反民主宣传的毒化,使美共的处境日益困难。同时政府司法部门的不断迫害也对其造成了很大的麻烦。更严重的是美共内部存在种种问题和分歧,缺乏一个强有力的领导核心。这种分歧使党的战斗力不断削弱。事实上,美国共产党从成立那天起就经受着党内矛盾和分歧的困扰。在第二次世界大战接近结束的时候又发生了白劳德解散共产党的事件。在他的主持下,美国共产党全国委员会于1944年1月1日向各区党组织发出通告,建议解散党,将党的组织改组为"政治教育协会"。5月20—22日在纽约召开的第十二次代表大会专门审议了这个建议。白劳德在大会上发言说:"我就此建议从此解散共产党,授权由党的主席、总书记和助理书记组成三人委员会采取一切必要的步骤结束党的事务,还授权这个委员会处理党的全部财产,把可能留下的剩余部分移交给任何一个或几个他们认为致力于赢取我国目前所参与的战争并争取持久和平的团体。"① 大会通过了白劳德的建议,共产党宣告解散。

接着代表们又举行了党的改组会议。新的组织定名为共产主义政治协会,由白劳德任会长。政治协会完全改变了共产党的政治纲领,自称为"美国人的一个非政党性协会"。其目标是"期待一个民主的资本主义的和社会主义的国家伟大的结合所领导的自由国家大家庭"。

白劳德的行动在组织上瓦解了美共,在思想上造成了极大的混乱,美共内部从上到下都处于迷惘困惑之中。正好在这个时候,从大西洋彼岸传来了强有力的声音。1945年4月,法国共产党中央政治局委员、中央书记雅克·杜克洛在《共产主义手册》上发表了题为《论美国共产党的

---

① [美]威廉·福斯特:《美国共产党史》,梅豪士译,世界知识出版社,1957年,第463页。

解散》的评论文章,对白劳德的主张和做法进行了全面的批评。杜克洛的文章引用了大量美共中央未发表的文件,确有根据,颇有说服力,对美共党内斗争的进程影响极大。但他的做法却开了干涉其他党内部事务的先例,后来受到了其他国家共产党的非议。

对美共来说,杜克洛的文章无疑是当头棒喝,美共领导层的一些人终于清醒过来,开始清算白劳德的错误。在此以前美共党内只有少数领导人,如尤金·丹尼斯,格林桑对白劳德的言行有所警惕,并曾提出过某些批评,但对于全局没有产生什么影响。而这一次参加反对白劳德行列的就不仅是少数几个领导人,而是共产主义协会全国执委会的大多数人了。1945年5月22—23日,全国执委会举行会议,专门讨论了杜克洛的文章和白劳德的错误。尤金·丹尼斯在会上做了长篇发言,着重指出在白劳德任内,美共党内生活不正常,认为党内许多错误和背离马克思主义的行为都是由于党内没有发展有效的集体行动和自我批评。[1] 过去支持白劳德的人也反戈一击,纷纷起来批评他。首先发难的是共产主义协会的书记约翰·威廉逊。接着执委会成员詹姆斯·W.福特表示:"我完全应当分担把我们组织导入修正主义泥潭的机会主义路线的责任。"[2] 接着,执行委员会又于6月2—4日举行会议,继续批评白劳德的错误。为了彻底纠正白劳德的错误,结束党内的涣散和混乱状态,共产主义协会于6月18—20日举行全国委员会扩大会议。会议决定撤销白劳德的会长职务,成立临时中央书记处,由福斯特、丹尼斯、汤普逊3人担任书记;尽快召开特别代表大会以恢复共产党的名称。7月26—28日,紧急代表大会在纽约举行。大会批准了全国委员会和执行委员会的措施,选出了由福斯特、丹尼斯和汤普逊组成的书记处,恢复了共产党的名称,并清算了白劳德的错误。大会指出:"我们过去的修正主义的错误根源,必须追溯到资产阶级意识形态和影响对工人阶级经常施展的压力。"

---

① Philip J. Jaffe, *The Rise and Fall of American Communism*, New York: Horizon Press, 1975, p. 81.

② Philip J. Jaffe, *The Rise and Fall of American Communism*, New York: Horizon Press, 1975, p. 79.

美国共产党由于遭遇到这一重大变故,没有充分的时间和精力来仔细分析战后形势的变化和党应采取的有效对策。党本身的力量和在群众组织中的影响也大为削弱。第二次世界大战中,由于党执行了正确的反法西斯统一战线的政策,党员人数发展到1944年的6.3万,[1] 而在1946年1月党员登记的人数只有52824人,损失了1万多人。[2] 在工会中的党员人数则由于受到政府的迫害和工会右翼领袖的排挤而迅速减少,使党对产联工会系统的影响日益削弱和消失。

重新组成的党的领导机构和党的紧急代表大会(即十三大)对形势进行了分析。由于党的第十三次代表大会是在对日战争结束前召开的,仍然主张战争时期延续下来的支持罗斯福民主联盟的政策,呼吁"必须促使一切反法西斯的和民主的力量,以及所有其他拥护罗斯福反轴心政策的人结成最广泛的联盟,并巩固这种联盟"[3],但同时对杜鲁门政府已经有所警惕。大会警告说,如果不制止美国垄断资本的帝国主义政策,那就会有"新的侵略和战争以及美国国内反动局面和法西斯的发展"[4]。以后随着美国政府全球战略的推进,美共的政治路线逐步形成。用福斯特的话来说,"战后时期党的主要政治路线是支持建立劳工领导的统一战线的反法西斯的和平联合。党的一切个别政策都是从人民反法西斯和战争的总的斗争出发,并且同这个斗争彼此结合"[5]。

从这个主要政治路线出发,美共及时地揭露了美国称霸世界的全球战略,谴责杜鲁门主义,抵制马歇尔计划,反对美国政府对希腊、中国等国内政的干涉,反对美国拼凑军事集团和对外对内的反共反民主政策,反对美国政府把军事费用转嫁给工人,反对失业和通货膨胀,支持工人

---

① Nathan Glazer, *The Social Basis of American Communism*, New York: Harcourt, Brace & World, 1961, p. 92.

② [美]威廉·福斯特:《美国共产党史》,梅豪士译,世界知识出版社,1957年,第470页。

③ [美]福斯特等:《白劳德修正主义批判》,杨延生译,生活·读书·新知三联书店,1962年,第140页。

④⑤ [美]威廉·福斯特:《美国共产党史》,梅豪士译,世界知识出版社,1957年,第504页。

为提高工资而进行的罢工斗争。

美共对战后形势的分析和所采取的方针政策基本上是正确的。但在具体执行中却遇到了极大的困难。这时，它刚刚从反对白劳德的斗争中恢复过来，力量受到削弱，需要整顿，同时面临着日益强大的反共逆流。从政府到劳联、产联两大工会都在利用舆论和一切手段来打击和排挤共产党。

首先，美共不得不在极其复杂的情况下顶住美国政府和工会右翼领袖格林、默里等人的联合进攻。早在第二次世界大战期间，格林和默里就已公开倒向政府和资产阶级一面。格林在1940年劳联新奥尔良年会上发言说："美国劳工联合会支持我们美国的资本主义制度和自由企业……同我们支持工会运动，支持组织工会和集体谈判的权利一样的努力。"① 他们在对待《塔夫脱-哈特莱法》的态度上表现得十分清楚。格林虽然表面上斥责这项法令是"奴役措施"，但他主持的劳联的1947年年会却通过了服从这项法令的决议。默里采取了同样的态度。同年的产联年会也没有做出反对《塔夫脱-哈特莱法》的决议，却让各所属工会自己决定"行动方针"。

只有美共不顾政府的迫害，奋起反对反动的《塔夫脱-哈特莱法》，提醒美国工人不要轻信政府的谎言而使自己的利益受到损害。经过美共的努力，美国的联合煤矿工人工会、印刷工人工会和产联所属的12个进步工会同美共一起积极开展反《塔夫脱-哈特莱法》的斗争。

在对待杜鲁门主义和马歇尔计划的态度问题上，劳联、产联的右翼领袖完全站在政府一边，并且企图操纵工会公开支持政府的政策。劳联1946年年会已经开始进行反苏反共的宣传，到1947年则毫无保留地赞成杜鲁门主义和马歇尔计划。产联的情况有所不同，那里共产党的影响较大。右翼领袖在推行自己的政策的时候首先把打击的矛头对准共产党和进步力量以便清除工会内部的障碍。在1946年年会上，尽管路德、

---

① [美]威廉·福斯特：《美国共产党史》，梅豪士译，世界知识出版社，1957年，第522页。

里夫等右翼分子拼命活动,进步力量仍然取得了胜利。大会通过决议:"反对美国参加任何破坏三强团结的集团和同盟的一切建议。"但是在1947年波士顿年会上,进步力量丧失警惕,中了对手的圈套。大会通过了比较含混的决议,赞成美国有限制地援助有需要的国家,同时要求裁军和谴责战争宣传。大会还接待了马歇尔本人,并听取了他的讲话。右翼领袖默里利用这个机会声明说,大会的外交政策决议是支持马歇尔计划的。会后默里的声明被辗转报道。结果造成了这次大会全面支持马歇尔计划的印象。但是,产联的右翼领袖并不以此为满足,开始在背地里加紧策划反对共产党员和产联内部的左翼分子。他们采取改组激进工会、造谣中伤和打击拉拢等手段来控制产联的各级领导机构。1949年10月,默里等人利用在克利夫兰大会上的优势将进步的无线电和机器工人工会开除出产联。接着在大会后不久又开除了10个进步工会,使共产党在产联中的影响急剧减弱。

针对这种情况,美共决定开展更广泛的群众工作来回答右翼工会领袖的打击。早在1946年就曾举行两次重要的中央全会:二月会议和七月会议。二月会议着重讨论了《争取群众性的马克思主义的工人阶级政党》的报告。在报告中强调了工人罢工的重要意义,肯定了美共党员在罢工中所起的积极作用。[1]七月会议讨论了福斯特和丹尼斯所作的报告,要求共产党员提高自己在工会中的工作水平。[2]1947年10月18日,美共中央部分领导人在产联年会闭幕后曾同一些左翼工会领袖商讨如何促使产联上层放弃支持马歇尔计划的立场,接着又于12月中旬同部分左翼工会领袖举行会议,研究支持第三党运动问题。

美共支持第三党的设想是以不信任杜鲁门政府为出发点的。早在1945年10月,美共机关刊物就发表一篇题为《杜鲁门和共和党人》的文章,指出杜鲁门政府所采取的战后对内对外政策同共和党右翼势力的主

---

[1] *Political Affairs*, Mar., 1946, p. 224.

[2] *Political Affairs*, Sept., 1946, p. 776.

张异曲同工,并且表示进步力量在未来的大选中将不依附于两党中的任何一党,而是要"寻找另外的政治抉择"。随后,美国共产党主席福斯特也在1946年初发表文章,指出:"工人应当同贫苦农民、黑人,进步的专业工作者和中产阶级,以及广大退伍军人实现有组织的合作,并使这种合作最终造就一个走向高涨的广泛的第三党运动。"①

1948年7月底,以华莱士为首的美国进步党在费城宣告成立后,美共立即表示:将予以全力支持。许多美共党员都参加了进步党的竞选活动。同年8月召开的美共十四大认为进步党是一个"反对垄断资本、反对法西斯、反对战争"的"统一战线和人民群众"的政党。然而选举结果出人意料,威望颇高的华莱士只获得115万张选票。第三党运动遭到惨败。

美共为支持第三党运动付出了沉重的代价,不得不同产联的中派领袖默里分道扬镳。过去默里尽管同美共有分歧,但一直没有公开决裂。在对待第三党运动上,默里一贯持不赞成的态度。1947年2月产联执委会一致同意他的建议,不介入自由派左右两翼的活动。以后默里又多次声明不赞成第三党运动。到1948年11月产联波特兰大会召开的时候,以默里为首的中派已经同右翼联合行动,指责左派支持的第三党运动的失败,并攻击共产党是"意识形态的深水炸弹""堕落的思想家""阴谋小集团"。②最后终于酿成产联领导层粗暴开除进步工会的严重事件。

更严重的是,美共在战后遭到了司法部门和联邦调查局的残酷迫害。党的组织受到严重削弱,活动遇到了重重困难。党员个人的人身安全也得不到法律保障。司法部、联邦调查局、参议院的麦卡伦委员会和众议院的非美活动调查委员会狼狈为奸,成为美国官方反共的得力工具。他们打着"忠诚调查"的幌子把共产党等122个组织列入"非忠诚"组织名单,而把其中作为陪衬的39个右翼组织很快予以排除。他们给

---

① *Political Affairs*, Feb., 1946, p. 102.

② Max Kampelman, *The Communist Party vs.the C. I. O.: A Study in Power Politics*, New York: Frederick A. Praeger, 1957, pp. 157-158.

那些拒绝回答问题的进步人士加上"藐视国会"罪名向法院提起控诉,结果造成了一桩又一桩骇人听闻的冤案、假案。

1947年6月27日,反法西斯流亡者联合委员会主席华·巴尔斯基博士和12名委员由于拒绝提供捐款人姓名和西班牙共和国流亡者姓名被法院判刑。最长的刑期为6个月,罚金500美元。翌年4月,美苏全国友协总干事理查德·基尔福特也因拒绝提供该组织的某些情况而被判刑3个月,罚款250美元。

1947年6月,美共主要领导人,美共总书记丹尼斯也被加上藐视国会的罪名,被地方法庭判处徒刑1年,罚款1000美元。经暂行保释后于1950年5月12日起在纽约的监狱服刑。丹尼斯的被判刑揭开了美国政府直接打击美共的序幕。1948年7月20日接着出现了联邦大陪审团以阴谋罪向法院控诉12名美共中央政治局委员事件。所强加的罪名是,被告在纽约州南部和其他地区"非法地、蓄意地……共谋组织美国共产党这样的由一些人参加的社团、集团、集会,这些人教唆和鼓吹用武力和暴力推翻和毁灭美国政府"①。他们被指控违背了1940年的史密斯法。

然而这种诬告纯属捏造。原告根本拿不出任何凭据证明美共在进行或者在煽动推翻政府的暴力行动。恰恰相反,美共1945年修订的党章第九条第二款明确规定,不允许任何党员参与破坏美国民主机构的行为,否则立即开除出党。如果按照正常的法律程序,这个案件根本不能成立。任何一个公正严肃的政府都不会对共产党提出起诉。但这一次事件已经不是什么法庭审讯了,而是一种不折不扣的非法的政治迫害。用以加罪被告的史密斯法本身就是一种剥夺个人言论自由、集会自由和出版自由的规定,是违反美国宪法原则的,因而也是非法的。专门拼凑起来反对共产党的"高贵"陪审团的成员都出身豪富,并且带有反共的政治偏见。其中一名陪审员甚至公开表示对被告有成见。这样的陪审团当然也是不符合司法惯例的。担任审讯的法官麦地纳是一个极端仇视

---

① [美]威廉·福斯特:《美国共产党史》,梅豪士译,世界知识出版社,1957年,第547—548页。

共产党的分子,他根本不可能秉公办案。

审讯从 1949 年 1 月 17 日开始,于 10 月 14 日结束。美国政府向法庭提出的控诉是荒唐可笑的。他们根本拿不出关于共产党主张使用暴力的证据,只得把《共产党宣言》《国家与革命》中有关暴力的论述摘录下来控告共产党。这种手法不禁使我们联想起 1852 年在德国发生的科隆共产党人审判案。那时候也把《共产党宣言》《中央委员会告同盟书》作为罪证。所不同的是,对科隆共产党人的审判是由当时欧洲的德国反动政府策划的,这倒不足为奇,而对美共的审判却是由一贯标榜民主自由的美国政府来进行,这就具有极大的讽刺意味。人们不禁要问,这又是哪一家的民主和自由?

美国政府提出的控告证据是经不起驳斥的。因为马克思主义经典作家的著作早已在美国公开发行,读者不仅有美共党员,而且有普通公民。至今仍有不少美国学者在研究这些著作,而且以马克思主义者自居。尽管如此,法庭仍于同年 10 月判处 10 人 5 年监禁,1 人 3 年监禁,并各罚款 1 万美元,福斯特因病幸免于难。后来虽经被告据理上诉,但第二联邦巡回上诉法院和最高法院均不愿伸张正义,先后做出维持原判的决定。

这次审判不仅是非法侵犯了美共领导人个人的人身自由,更严重的是打击了美共的中央机构,几乎使党陷于瘫痪,其影响是极其深远和极其严重的。在这一段时间里,美共的活动受到了很大的限制。

由于美国政府的残酷迫害,美共在工会中的影响开始削弱,在许多工会内部都出现了右翼势力排挤打击左派和共产党人的事件。美国汽车工人联合会内发生的事情就是一个带有普遍意义的例子。美国汽车工人联合会是一个受美共影响较大的工会组织。在第二次世界大战中,右翼和左翼的力量相当,工会主席 R.J. 托马斯在中间起调解作用。以沃尔特·鲁瑟为首的右翼势力早就在等待时机消除共产党的影响。鲁瑟利用战争时期共产党人和左派恪守不增长工资就罢工诺言的机会故意挑起汽车工人要求增加工资以博得工人群众的好感。战争结束后,他为了把自己打扮成工人利益的捍卫者,迫不及待地在未经汽车工人联合会执委会同意的情况下,鼓励通用汽车公司的18万名工人进行了长达113天的罢工。虽然部分地实现了罢工者的要求,但使工会和罢工工人付出了过高的代价。汽车工人联合会主席托马斯认为这次罢工比需要的时间早6星期开始,晚6星期结束。①《商业周刊》载文评论说,鲁瑟竞选主席的希望"在旷日持久的通用汽车罢工中遭到破灭"②。

不过,鲁瑟的失败从天主教工会会员协会那里得到了补偿。这个组织建于1937年,其目标是对工人进行技术培训和反对共产主义在工会中传播。1946年,协会底特律分会已发展到1000人,出版《工薪人员》周刊,并且培训了一大批汽车工人,在各个汽车工人工会中拥有很大的影响。协会全力支持鲁瑟竞选汽车工人工会的主席。此外,工会中的托派分子及其追随者也站在右翼势力一边反对左派领袖当选。而左派和共产党人由于缺乏共同的行动纲领和坚决的措施,在1946年汽车工人联合会代表大会期间处于软弱地位。结果使得鲁瑟夺取主席职位的阴谋得逞。不过左派和共产党人在联合会的领导层中仍然拥有相当的力量。他们赢得了副主席的职位和执行委员会的多数。

左翼力量的削弱并不是由于右翼势力本身力量的增长,而是由于美国政府和国会不断强化反共措施的结果。社会上风靡一时的反共宣传也使美共和工会进步力量受到极大的损害。正如弗兰克·马夸特所说:"如果没有冷战和反对共产主义的锐利武器,鲁瑟的势力绝不可能取得对汽车工人联合会的牢固控制。"③事实上,当时美共在汽车工业部门还有相当大的力量和影响。在美国汽车工业部门中究竟有多少共产党人,我们没有确切可靠的数字。但根据当时美共汽车工业部门委员会书记

---

① Roger Keeran, *The Communist Party and The Auto Workers Unions*, Bloomington: Indiana University Press, 1980, p. 253.

② *Business Week*, Feb. 23, 1946, p. 108.

③ Frank Marquart, *An Auto Worker's Journal: The UAW from Crusade to One-Party Union*, University Park: Penn State university Press, 1975, p. 156.

索尔·韦尔曼估计,1946—1947年间在整个汽车工业中有3000名美共党员,在底特律有1500人。[①]可惜这支颇为可观的力量在《塔夫脱–哈特莱法》通过后陷于瘫痪和解体,左翼力量也陷于一片混乱。在这种形势下,鲁瑟势力在1947年的代表大会上取得了绝对优势。他们得到了主席和副主席的职位。执行委员会的26个席位中,有24个落入鲁瑟派手中。鲁瑟派的胜利使大资本家和社会上的右翼势力大受鼓舞,博得他们的大声喝彩。小亨利·幸特宣称:"我们同沃尔特·鲁瑟一样反对共产党人。"《新闻周刊》预言在鲁瑟的领导下,劳资关系"可能更缓和一些"。《商业周刊》认为,这次代表大会给予两个"全国最鲜明地反对共产主义者的工人领袖以无可争议地控制全国最大工会的权力"[②]。

1947年大会结束后,鲁瑟开始驱赶美共党员和进步力量。在两个星期内清洗了77名总部工作人员,其中包括一些著名的左翼领袖,例如研究部部长詹姆斯·威沙特、研究部成员艾伦·塞勒和西格蒙德·戴蒙德等人。接着,鲁瑟又采取种种手段把倾向美共的地方分会领导人赶下台。最后只剩下福特工厂第六百地方分会仍然在左派力量控制之下。[③]也曾有少数被排挤的左派领导人进行反对鲁瑟的活动。例如原哈得森第一百五十四地方委员会执行委员特蕾西·多尔和原布里格第七百四十二地方分会主席塞缪尔·塞奇等人在汽车工人联合会内部成立了反对派组织,叫作进步联合会。这个组织曾散发了一个长约4页的报告,用漫画的形式讽刺鲁瑟的控制。1949年,鲁瑟以12∶1的多数票击败了进步联合会的候选人,并将多尔和塞奇开除出会。进步联合会的活动遂告终止,美共终于失去了这个非常重要的阵地。

[①] Roger Keeran, *The Communist Party and The Auto Workers Unions*, Bloomington: Indiana University Press, 1980, p. 259.

[②] *New York Times*, Nov. 15, 1947. *Newsweek*, Nov. 24, 1947, p. 29; *Businessweek*, Nov. 15, 1947, pp. 92–94.

[③] Roger Keeran, *The Communist Party and The Auto Workers Unions*, Bloomington: Indiana University Press, 1980, pp. 284–285.

二、朝鲜战争和美国的社会问题

1.冷战中的热战

朝鲜战争不是一次偶然的军事冲突,而是第二次世界大战后美苏冷战逐步升级的必然产物,也是杜鲁门政府推行全球战略的结果。正是在这个时期美国的内政日趋保守和反动,出现了臭名昭著的麦卡锡主义。无论从内政还是外交的角度来看美国都已成为反共、反民主的基地。它在菲律宾、西班牙等国家支持反共政权,签订各种军事同盟条约,形成对社会主义国家的军事包围,并对中国实行封锁和禁运。朝鲜战争不过是美国选择的一个反共突破口。

对于是否在朝鲜进行热战,美国政府经过长期的酝酿和争论。因为当时的国际形势和美国本身的力量都不允许再打一次大规模战争。美国政府的决策者不得不认真考虑这个十分严重的问题。杜鲁门本人也承认,1950年6月决定出兵朝鲜是他在总统任内最重要的决策。[①]美国政府内部的鹰派人物则总是过高估计美国的力量,扬言在几个星期内就可以荡平朝鲜北部。

然而,美国出兵朝鲜的决策绝不是几个鹰派人物可以左右的,而是取决于美国对外政策的基本方针。那就是在全球范围内遏制共产主义。正如伯顿·L.考夫曼所说:"朝鲜战争起源于美国高层人物中间由于对全

---

① Harry S. Truman, *Memoirs: Years of Trial and Hope, 1946–1952*, Garden City, New York: Doubleday & Co., 1956, p.390.

世界共产党扩张的恐惧,以及对涉及政府最高层人物的共产党内部颠覆的担忧而产生的危机感。"① 美国对苏联的担心由来已久。从俄国十月革命到第二次世界大战双方关系一直十分紧张。1918年美国参加了对俄国的武装干涉,此后两国长期处于敌对状态。直到1933年美国才承认苏联。第二次世界大战开始以后,两国的关系由于共同的反法西斯立场而有所改善。但是,美国政府当局无论如何也不能容忍朝鲜在大战后落入共产党人手中。罗斯福在世的时候,曾经于1943年11月在开罗会议上与丘吉尔、蒋介石达成协议,确定战后朝鲜应当成为"自由独立国家"的一般原则,后来又在德黑兰会议上予以认可。波茨坦会议又确定日本不能继续占有朝鲜。② 罗斯福本来希望美、英、中、苏四国长期托管朝鲜,并在雅尔塔会议期间得到斯大林的谅解,但未就具体问题做出决定。日本的突然投降打乱了美国的部署。当时美军远离朝鲜半岛,美国担心整个朝鲜将会很快落入苏联手中,于是向苏联提出以波茨坦会议确定的美苏空军、海军对日作战的分界线作为两国在朝鲜接受日军投降的界线。经苏联同意后"三八线"就正式成为美苏在朝鲜的军事占领区的分界线,但这仅是美国控制朝鲜的第一步。它的真正目的是要控制整个朝鲜。它在军事占领朝鲜后,立即策划建立亲美的傀儡政权。

　　1946年3月20日至5月8日,在汉城举行美苏占领军司令部代表联合会议,磋商建立朝鲜临时政府的问题,但以谈判破裂告终。随后,美国操纵联合国于1946年11月14日强行通过决议,设立处理朝鲜问题的临时委员会,由该委员会负责观察全朝鲜的议会选举。1948年2月26日,临时委员会通过决议,要求在朝鲜半岛南部单独进行选举。美国占领军不顾南部朝鲜人民的反对,动用军警实行强制选举。结果使美国培植多

---

① Burton I. Kaufman, *The Korean War: Challenges in Cristis, Credibility and Command*, New York: MVGraw Hill, 1986, p. 1.

② Soon Sung Cho, *Korea in World Politics, 1940–1950*, Berkeley: University of California Press, 1967, pp. 13–15.

年的亲信李承晚得以窃据总统宝座。大韩民国遂于1948年8月15日宣告成立,并被美国操纵的联合国大会承认为全朝鲜"唯一的合法政府"。

但是,李承晚傀儡政权是不得人心的。尽管它拥有一支庞大的军队和警察队伍,仍然无法压制越来越强大的反政府力量。在伪政权的选举期间及其后,在首都汉城和南部沿海地区不断发生反对派的抗议示威,并发展为武装冲突。左派领导的一些小股武装力量不断攻击城镇和村庄的伪政权,处死一批为人们所深恶痛绝的右派人物和军警。同时,李承晚政府腐败无能,贪赃枉法,滥发纸币,弄得物价飞涨,民不聊生,国民经济处于崩溃的边缘。韩国的政局越来越动荡不定,不仅社会下层起来反对政府,中等阶层和一些有民主思想的上层人物也不赞成李承晚的倒行逆施。1950年,在新国民议会选举中李承晚及其支持者遭到惨败。尽管李承晚在选举前采取措施逮捕了30名政治反对派,但他的政派只取得了48席,其他党派却取得了120席。

更使李承晚和他的美国主子头痛的是社会上左派民主运动的声势日益浩大。李承晚政府的美国顾问雅各布斯曾向美国政府报告说:"在韩国至少有30%的左派分子,他们追随那些将在美国界限内支持苏联的共产国际的共产党领袖。"李承晚政府对待民主运动一贯采取镇压的办法。1948年11月竟然宣布在全国1/4地区实行戒严,但是收效甚微。李承晚政权已是千疮百孔,岌岌可危,全靠美国的军事援助和经济援助来支撑局面。正如约翰·马里尔所说:"如果没有美国的支持,韩国领导人将无法维持政权。"[1]

杜鲁门政府为了挽救和强化李承晚政权,使其成为亚洲的反共前哨,决定扩大对韩国的军事援助和经济援助。1948年8月24日,双方签订了美韩暂行军事协定。由美国出钱出枪,建立一支由美国顾问控制的韩国军队。1950年1月26日,双方又签订了增加美国军事物资供应的

---

① Lawrence S. Wittner, *Rebels Against War: The American Peace Movement, 1941-1960*, New York: Columbia University Press, 1969, p. 19.

防务协定。此时,韩国已拥有一支10万人的地面部队和单独的空军和海军。李承晚及其支持者自以为强大无比,可以吞并朝鲜,曾猖狂地叫嚣说:"可以在三天之内占领平壤。"[1] 在此期间,韩国军队曾多次侵犯朝鲜。美国政府要人国防部部长路易斯·约翰逊等人曾于1949年中先后与麦克阿瑟会晤,商讨朝鲜局势。[2]

1950年6月25日,朝鲜战争终于爆发,在冷战中出现了热战。战局急转直下,装备精良的韩国军队不堪一击,节节败退。6月28日,朝鲜人民军解放了汉城。美国军队虽然于7月1日在朝鲜南部登陆,但仍然无法阻止朝鲜人民军的攻势。8月上旬,南部大部分地区和92%的人口获得解放,朝鲜半岛的统一指日可待。更重要的是韩国人民普遍欢迎和拥护朝鲜人民军。据美国中央情报局报道,汉城半数以上的学生积极支持和帮助人民军,有许多人自愿加入这个军队。汉城的工人也倾向于北方。[3] 如果没有美国政府的干涉,韩国人民定会选择好自己的道路和生活方式。

朝鲜战场的惨败和民心的趋向引起美国政府的恐慌和担忧。美国政府的决策人把这场战争的胜负看成同苏联较量的一个重要回合,当然不愿意轻易认输,何况当时美国正处在顶峰状态,也决不相信世界第一流的军队会在小小的朝鲜战场上打败仗。1950年9月15日,麦克阿瑟终于调集7万大军,在260艘舰艇和1500多架飞机的配合下在仁川登陆,围攻当地2000名人民军守军,[4] 在众寡悬殊的形势下夺取了仁川。接着带领15个仆从国家的军队于9月底越过三八线,直指鸭绿江。麦克

---

① Lawrence S. Wittner, *Rebels Against War: The American Peace Movement, 1941-1960*, New York: Columbia University Press, 1969, p. 21.

② *New York Times*, Oct. 8, 1949.

③ *CIA Memorandum: Korean Situation*, July 19, 1950, Truman Presidential Library, Presidential Secretary's File, Vol. 58.

④ Lawrence S. Wittner, *Rebels Against War: The American Peace Movement, 1941-1960*, New York: Columbia University Press, 1969, p. 81.

阿瑟向杜鲁门保证"抵抗会在感恩节前结束","可以在圣诞节前把第八军撤回日本"。

然而,麦克阿瑟过高地估计了自己的力量。当战火烧到鸭绿江边,威胁到中国土地的时候,1950年10月8日中国的领导人毛泽东主席下令抗美援朝。10月25日,中国志愿军跨过鸭绿江同朝鲜人民军并肩作战,五战五捷,歼敌23万人,把敌军赶回三八线以南。以后美伪军多次发动强大攻势,甚至动用细菌武器,企图扭转败局,但结果只落得损兵折将,遗尸遍野。美国政府不得不两易主帅,并于1953年7月27日被迫在板门店同朝中签订停战协定,结束了侵略朝鲜的战争。

朝鲜战争的失败是美国全球战略的一个严重挫折。美国动用了本身和仆从国家的上百万的兵力,单美国军队就死伤39.7万人,所耗费的直接军费超过200亿美元,遭到有史以来的最大损失。1951年5月,布莱德将军在做证时就曾经预料说:这是在"错误的时间、错误的地点,同错误的敌人进行错误的战争"。朝鲜战争使美国军队不可战胜的神话彻底破灭,雄辩地证明了正义战争必胜,弱国在一定历史条件下可以打败强国的道理,同时使美国反法西斯盟主的形象受到极大的损害。美国在道义上所蒙受的损失是难于估量的。所有这些因素都迫使美国在朝鲜战争结束后不得不采取有所收敛的对外政策,从局部热战退回冷战相持的局面,并向缓和方面发展。

2.麦卡锡主义和麦卡伦法

差不多在美国发动侵朝战争的同时,美国国内也出现了反共高潮,进入了反动的麦卡锡主义时期。这是美国历史上非常特殊的黑暗时期。美国朝野上下的气氛都被约瑟夫·麦卡锡一伙的造谣中伤,被其指鹿为马的手法所毒化,弄得从总统到市民人人自危,不得安宁。不论是进步分子还是共产党人,甚至有些持不同意见者都随时可能被加上莫须有的罪名,受到各种迫害和惩罚。许多手法极其阴险和卑鄙,同法西斯没有什么区别。人们不禁要问,在美国这样一个一贯标榜自由、民主的国家怎么会出现如此荒唐可笑的事件,况且麦卡锡既非美国政府首脑人物,又不是美国对内对外政策的制定者,只不过是一名参议员。他有什么本领和靠山,竟然能够兴风作浪,把美国社会搅得乱七八糟。

其实,麦卡锡主义不是从天上掉下来的,更不是麦卡锡本人有什么神通,而是在美国政府长期反共政策的温床上培养出来的一颗毒菌。第二次世界大战以后杜鲁门政府所实行的忠诚调查和《塔夫脱-哈特莱法》以及对共产党人所进行的一系列迫害极大地助长了右翼反共势力的气焰。1949年苏联原子弹爆炸成功,中华人民共和国成立,使美国资产阶级大为震惊,对共产主义的恐惧心理进一步加深。美国的右翼反共势力正好利用这种气氛和恐惧心理,煽动反共狂热,并且把矛头指向美国政府内部。杜鲁门总统既然打开了反共的潘多拉魔盒,放出了麦卡锡主义这个魔鬼,他自己就不得不听从魔鬼的摆布,自食恶果。正如沃尔特·拉弗尔所说,杜鲁门总统只得"眼看人家在他脚下耕地播种,让麦卡锡主义的野草丛生"①。

麦卡锡主义的炮制者麦卡锡参议员看准了时机,于1950年2月9日在西弗吉尼亚州惠林市共和党的一次会议上发表煽动性演说。他故弄玄虚,从兜里掏出一张纸片,扬言已经掌握了国务院内部205名共产党员的名单,而且"国务卿知道他们是共产党员,他们仍然在国务院工作,并且正在草拟和制定国务院的政策"。麦卡锡的谣言不胫而走,顿时在美国全国引起了轰动,博得了右翼势力的喝彩。一切反对民主、反对罗斯福的政客立即聚集在麦卡锡的黑旗之下,形成一股能量颇大的反动政治力量。普通公民则被弄得目瞪口呆,半信半疑。他们很难想象,在政府内部会出现如此众多的共产党人,但又不能不受麦卡锡谣言的影响,麦卡锡正好利用所造成的气氛进一步开展活动。2月11日,他致电杜鲁

---

① [美]沃尔特·拉弗尔:《美苏冷战史话(1945—1975)》,游燮庭等译,商务印书馆,1980年,第76页。

门,公然声称"民主党将被认为是共产国际的同伙"。接着他于1950年3月至6月一手制造了欧文·拉铁摩尔等10人"共产党间谍案"。但由于麦卡锡的指控毫无根据,遭到调查委员会的否决,麦卡锡立即攻击该委员会"向美国红色第五纵队开了绿灯"。后来此案虽于1955年经法院驳回,但拉铁摩尔早已被政府辞退。

继拉铁摩尔"共产党间谍案"之后,麦卡锡下一个攻击目标集中到杜鲁门政府两名要员身上。他们是乔治·马歇尔、迪安·艾奇逊。1951年6月,麦卡锡在参议会上指控马歇尔"始终为克里姆林宫的政策服务"。而艾奇逊的罪名则是"出卖了中国","雇用并保护了共产党人"。在麦卡锡的诽谤和攻击下,马歇尔和艾奇逊都被迫辞职。此外,同情中国革命的进步人士史沫特莱、埃德加·斯诺、中国问题专家费正清等人也先后遭到迫害,甚至像奥本海默这样的科学家也难逃劫难,受到诬蔑和审查,被剥夺了参与机密工作的权利。

麦卡锡以反对共产主义急先锋的面貌出现,但不仅仅反对共产党员及其同情者,他所反对的人当中有不少和共产主义毫无瓜葛的人。其一石两鸟的用心不难由此窥见。其中一鸟当然就是共产党人,而另一鸟则是自己的政敌。麦卡锡曾经说过,他的目标"不是白宫就是监狱"。麦卡锡想把杜鲁门扳倒,由自己取而代之。杜鲁门下台后,他又把矛头对准新任总统艾森豪威尔。麦卡锡的野心虽然没有全部实现,但也部分地达到了。他经过几年活动已经成为美国参议院的一位显赫人物。有人认为:"自富兰克林·罗斯福去世以来,在美国公共生活中,没有一个人有麦卡锡那么大的影响。"甚至有人认为共和党"一半是麦卡锡的,一半是艾森豪威尔的"。有一段时间,华盛顿的政界人物几乎都要看麦卡锡的脸色行事。麦卡锡本人也忘乎所以,企图控制政府的首脑部门,把美国引上法西斯道路,公开指责罗斯福、杜鲁门当政时期是美国政府"卖国的21年"。

1953年,麦卡锡插手军队事务,年底一手制造了陆军在新泽西州蒙默恩堡雷达中心站的"共产党间谍案"。1954年1月又指控军医欧文·佩雷斯是美国劳工党成员。后来麦卡锡还命令陆军军部的法律顾问在24小时内提供有关佩雷斯案件的全部人员名单。麦卡锡这种无视法纪和蛮横无理的态度终于激起了美国军方的强烈反抗。在从1954年4月22日开始的长达57天的听证会上麦卡锡遭到了无情的揭露和严厉的驳斥。事实证明,几年来违犯法纪、危害国家安全的不是别人,正是麦卡锡及其追随者。

对于麦卡锡一伙的横行霸道、卑鄙无耻,美国社会各阶层早已忍无可忍。在社会下层中反抗情绪尤为激烈。在汽车工人、飞机工人、电力电讯工人、矿工、冶炼工人以及西海岸码头搬运工人工会的代表大会都谴责了麦卡锡主义。1953年4月,有人在旧金山码头工人代表大会上说:"麦卡锡由于得到有影响的,自称正在'拯救美国'的反革命集团的支持而成为美国最令人讨厌的政治人物。"其危害首先表现在剥夺了人们的言论自由。所以工会的职责在于保护自己的会员,使其不受麦卡锡分子的追究。[1] 此后越来越多的工会起来要求美国政府采取措施停止麦卡锡的活动,解散参议院的调查委员会。甚至连劳联的第七十三届年会也曾通过决议谴责麦卡锡破坏了美国的传统和他一贯反对工人的立场。[2]

美国社会的上层人物在反共问题上同麦卡锡并无分歧,但对他的极端做法和武断专横是不满意的。特别是在麦卡锡无限扩大打击面,使统治者受到威胁的时候,他们就不得不采取果断措施来结束麦卡锡的政治生命了。正如政治评论家R.里维尔所说的,麦卡锡已经成为"同希特勒一样利用反对共产主义达到个人目的的政治强盗"[3],这当然是美国执政者所绝对不能容忍的。1954年12月2日,美国参议院以67票对22票的多数通过了谴责麦卡锡的决议,从此结束了他的政治生命。

---

① *Proceedings of the Tenth Biennial Convention of the International Longshoremens and Warehousemen's Union*, San Francisco, April 6–11, 1953, pp. 40–41.

② *Monthly Labor Review*, Nov., 1954, p. 1204.

③ Richard Rovere, *Senator Joe McCarthy*, London: Harper and Row, 1960, p. 196.

然而，麦卡锡主义的破产并不等于美国政府反共政策的结束。在这段时期，美国政府还通过了一系列反共、反民主、反工人的立法，为麦卡锡掀起的反动政治潮流推波助澜。1950年9月23日，美国国会参众两院越过杜鲁门的否决通过了所谓的《国内安全法》，即《麦卡伦法》。这个法案是由民主党人内华达州国会参议员、参议院国家安全委员会主席帕特·麦卡伦和弗吉尼亚州国会众议员，非美活动调查委员会主席约翰·伍德联合提出的。其矛头直接指向共产党及其同情者。法案中的序言部分把美国共产党运动说成是等待时机"使用暴力推翻美国及其各种机构的颠覆活动"，共产主义组织已经构成对美国的威胁。因此要求这些组织向司法部登记，并交出成员名单和提供财务报告，以便进行控制和监督。这样，共产主义组织就成了"颠覆组织"的同义语。法案还把"颠覆组织"分为两种，予以分别管理。第一种是共产主义行动组织，以及共产党本身。第二种是共产主义阵线，包括任何一个实际受共产党领导、控制和影响的组织。第一种组织的成员不得在政府机关和国防企业中工作，并被剥夺领取出国护照的权利。第二种组织的成员虽然可以在上述部门中工作，但必须说明自己的身份。法案还禁止外国共产党或"极权主义组织"成员进入美国。法案第十二条规定，成立五人颠覆活动管制委员会来协助确定和登记共产主义行动组织和共产主义阵线，并分别予以监视。法案授权总统在"非常时期"关押共产主义组织成员。这个法案是美国历史上反对共产主义的最反动的法案之一。它的通过表明美国当权者已经在反共反民主的道路上走得很远。其实这种法案并不是麦卡伦、伍德的首创。早在1948年共和党参议员卡尔·蒙特和众议员理查德就曾提出类似的法案，但由于当时的政治气候不适宜而未能通过。

　　1952年12月24日，《麦卡伦-沃尔特移民和归化法》又越过杜鲁门的否决而正式生效。这个法案是《麦卡伦法》的补充。其目的是防止外国进步人士进入美国，排斥和驱赶具有进步倾向的已取得美国国籍的侨民。法案规定，凡不满10年的公民被国会传讯时拒绝提供本人参加"颠覆活动"的供词者，当判以藐视国会罪。凡不满5年的公民，在司法部部长认定其加入了"颠覆性组织"即将受到开除国籍的处分。艾森豪威尔当选总统后又于1953年4月27日发布了10450号行政命令,宣布解雇一切有"叛国嫌疑""与国家安全要求不一致"的政府工作人员。仅在一年时间内就有5000人被迫辞职。1954年8月24日,国会通过的《1954年共产党管制法》正式生效。美国共产党被宣布为"敌对外国政权的代理人",无权享有一般政治组织应有的"权利、特权和豁免权"。[①]实际上美共已被列为非法组织。

3. 争取和平,反对侵朝战争

侵朝战争是非正义的侵略战争,也是美国历史上最不得人心的战争之一。它彻底破坏了美国爱好和平的形象,同时也激起了美国各社会阶层的义愤。尽管当时美国政府实行严厉的对内政策,迫害共产党、工会和工人运动,并以非美活动的罪名来禁止一切不利于政府的活动,但和平反战运动仍然此起彼伏时有发生。而且这种运动在许多场合下成为沟通共产党、工会运动、和平主义者、知识界进步人士的桥梁。

首先采取大规模行动的是美国的进步工会。早在1949年10月,在芝加哥召开的进步工会代表会议上就建立了全国工会保卫和平委员会。这个组织发展迅速,不久,在底特律、克利夫兰、旧金山、洛杉矶、费城、波士顿、纽约、密尔沃基、明尼阿波利斯等地先后建立了地方分会,到1950年朝鲜战争爆发前夕,已经拥有200多个车间和工厂一级的委员会。

朝鲜战争爆发后,美国共产党立即发表声明,反对杜鲁门政府发动侵朝战争。接着进步工会和一些民主组织、和平主义者以不同形式对美国政府的侵略行为表示抗议。1950年8月2日,在纽约举行了大规模的群众集会,与会者打出"滚出朝鲜!"的大标语牌,要求美国政府撤军。一

---

① Charees C. Alexander, *Holding the Line:The Eisenhower Era,1952-1961*, Bloomington:Indiana University Press,1975,p. 59.

周后,在纽约出现了美国妇女保卫和平联盟。同月,在华盛顿发生了美国妇女保卫和平代表团的反战示威。10月24日上午,在纽约的美国妇女保卫和平联盟的倡导下,上千名妇女到联合国总部门前示威,要求停止侵略朝鲜。此外,还有63名知识界和工会代表参加了在华沙举行的争取和平大会,会后还访问了苏联。在这一年中,美国许多和平主义者,不顾政府的阻挠和迫害,在全国各地征集和平签名,到11月底,签名的人数达到250万。

然而,在麦卡锡主义时期,任何进步运动都是要遭到禁止的。反战运动自然也不例外。一切集会示威都被当作共产主义阴谋而受到追查。社会上的气氛十分紧张和压抑。正是在这种形势下美国共产党于1950年12月28日—31日在纽约召开了第十五次代表大会。尽管美共处于非常困难的时期,代表大会仍然对和平运动给予了充分的重视。盖斯·霍尔在政治报告中强调了争取和平斗争,反对美国侵略朝鲜的重要意义。大会决议中也把揭露美国统治阶级的帝国主义计划,要求政府从朝鲜撤军作为党的中心任务。① 会后美共党员在各地投入了反对侵朝战争的斗争中,并且密切了同工会和平组织的关系。

1951年1月,美国65名著名科学家、工会活动家、黑人运动领袖和教会人士共同发起组织反对侵朝战争的和平十字军。在向华盛顿进军的前夕,产联和劳联的工作人员向杜鲁门呼吁,要求开始调解朝鲜战争的谈判。② 3月15日,来自36个州的2500名和平进军参加者抵达首都华盛顿,向白宫和国会递交了停止侵朝战争的请愿书。与此同时,许多城市的工会纷纷举行各种集会,通过了反对战争争取和平的决议。5月1日,在许多城市发生了反战游行。仅在纽约一个城市就有7.5万人参加。③ 6月底,来自48个州的5000名代表在芝加哥举行保卫和平大会,

---

① *Political Affairs*, Jan., 1951.

② *Daily Worker*, Mar.14, 1951.

③ *Daily Worker*, May.2, 1951.

要求立即停止侵朝战争。6月29日,美国共产党再次呼吁美国劳动人民行动起来督促政府从远东撤军。这一年,洛雷恩、克里夫兰、纽约、底特律的钢铁工人工会和汽车工人工会在工会会员中进行了广泛的民意测验,绝大多数工人都赞成立即停止侵略朝鲜的战争。1951年底,根据盖洛普民意测验,有70%的人要求和平解决朝鲜冲突。

在共同的反战活动中,美国的和平主义者增加了对美国共产党的了解。他们认为1940年《史密斯法》和1950年的《麦卡伦法》严重地侵犯了公民的自由权力,要求国会立即予以废除,同时取缔众议院的非美活动调查委员会。著名的和平主义者阿尔伯特·爱因斯坦在致《纽约时报》的信中呼吁:"被非美活动调查委员会传唤的每一个知识分子应当拒绝做证。"[1] 一些和平主义者、自由主义团体和独立的激进派还发起签名,递交请愿书,要求政府赦免根据《史密斯法》逮捕的共产党领袖,并且批评政府把共产党人置于法律保护之外的错误做法。他们认为,无论是真正的共产党人还是有共产党嫌疑的人都有自己的自由,不容许任何人加以侵犯。1957年,美国友好服务委员会、基督教工人、反战者同盟、和平组织协调联盟和美国公民自由联盟都曾应美共邀请派代表参加美共的二月会议。[2]

当然,麦卡锡及其同伙对和平主义者的活动是不会加以宽容的。他们从20世纪50年代初就开始制造舆论,企图把和平主义者说成是共产党人的同伙而予以追究。在社会上曾经出现过一个攻击和平组织的传单,标题是"全国教会委员会多么红啊!"[3] 有的右翼组织把和平组织协调联盟说成是"使用基督教词句传播共产党的宣传"的"激进的和平主义团体",把反战者同盟说成是"共产党控制的运动"的合伙者。甚至在麦卡锡主义被粉碎以后,1954年11月《纽约先驱论坛报》和其他16家报纸

---

[1] Lawrence S. Wittner, *Rebels Against War: The American Peace Movement, 1941−1960*, New York: Columbia University Press, 1969, p. 215.

[2] Merle Curti, *The Growth of American Thought*, New York: Harper and Brothers, 1964, p. 761.

[3] Lawrence S. Wittner, *Rebels Against War: The American Peace Movement, 1941−1960*, New York: Columbia University Press, 1969, p. 218.

还发表了赫伯特·菲尔比克以《红色地下》为标题的文章，耸人听闻地宣布："训练有素的老练的地下共产党奸细"将要参加和平组织协调联盟将在波士顿举行的一年一度的宴会。①

在反共浪潮中，和平主义者也受到政治迫害。一位和平组织协调联盟的成员，在俄克拉荷马的巴特尔斯维尔工作35年的图书馆员受到忠诚调查，说她在图书馆内藏有禁书(《国家》《新共和国》《今日苏俄》)，而且有共产党嫌疑。结果她被解雇。在纽约，两位和平主义者在散发反战传单时遭到攻击，并被指责为"肮脏的共产党人"②。在巴尔的摩，3名友谊社和和平组织协调联盟的成员在拒绝忠诚宣誓后被解雇。30年代已经脱离共产党的和平主义者，《纽约邮报》编辑詹姆斯·韦克斯勒也逃不过麦卡锡委员会的追查，并且被认为是共产党人的同伙。韦克斯勒在接受调查时愤怒地对麦卡锡说："你完全是凭你的想象去做……假如你希望有电话打断一下你的谈话，那你也会利用那一点间隙时间去对付共产党。"麦卡锡马上抓住这句话，得意地说："我觉得你还没有同共产党的理想决裂，你还在非常积极地为他们工作。"③

在麦卡锡的迫害下，和平主义者受到沉重的打击。一些和平组织的成员人数急剧减少。仅和平组织协调联盟就损失了将近3000名会员，占该组织总人数的1/4。一些和平组织的领导核心陷于瘫痪，使整个组织失去了统一的方向和指导，地方组织各行其是。一位"和平缔造者"的成员在信中写道："和平缔造者会员们由于缺乏指导……由于自始至终地缺乏指导而感到痛苦……那些最真诚奉献的成员痛感纪律的必要。"④ 也

---

① Lawrence S. Wittner, *Rebels Against War : The American Peace Movement , 1941-1960*, New York : Columbia University Press, 1969, p. 218.

② Lawrence S. Wittner, *Rebels Against War : The American Peace Movement , 1941-1960*, New York : Columbia University Press, 1969, p. 219.

③ Norman M.Thomas, *The Test of Freedom*, New York : W.W.Norton&Company, 1954, pp. 159-160.

④ Lawrence S. Wittner, *Rebels Against War : The American Peace Movement , 1941-1960*, New York : Columbia University Press, 1969, p. 226.

有的和平主义者对于所遭受的种种挫折困惑不解。美国友好服务委员会的成员克拉伦斯·皮克特忧虑地说："我们相信没有战争的世界可能实现,这个信念错了吗?"A.J.马斯特则认为:"运动……已陷于停顿。"①

由于上述原因,美国20世纪50年代初期的和平运动,是不统一的,比较涣散的,没有给美国政府造成重大的压力。不过,一些重要的和平组织在恶劣的条件下仍然坚持不懈地进行了许多有益的工作,在知识界产生了颇为重大的影响。正如威特纳所说的:"冷战虽然使和平主义作为一种社会运动失去了重要性,但却不能损害它的精神活力。"② 一些和平运动领袖和思想家开始把主要注意力从组织大规模的抗议活动转到批评政府的外交政策和号召进行反对政府政策的非暴力革命行动。早在1949年,教友派编印的《美国与苏联》一书就提出了和平共处的观点来反对美国政府的遏制政策,认为东西方冲突的解决,不取决于谁战胜谁而取决于实现和平共存。1951年,美国教友服务社又出版了《走向和平的步骤》一书,主张结束军备竞赛,把联合国变为有效力的世界机构,并开展全球性的反对和消除贫困的斗争。③

和平主义者还认为,克里姆林宫在世界各地联合革命力量的政策使得许多美国人变成保守党人,成为反对社会变革的力量。和平主义者塞西尔·欣肖无可奈何地抱怨说,美国人过多地保护那些"我们应当加以反对的力量和人们"④。

美国的一些和平主义者由于对美苏双方的外交政策都感到失望和不满,倡议成立"第三阵营"来维护和平。A.J.马斯特对此曾经解释说,

---

① A.J.Muste,"What is the FOP", *Fellowship*, Jan. 1957, p. 10.

② Lawrence S. Wittner, *Rebels Against War: The American Peace Movement, 1941-1960*, New York: Columbia University Press, 1969, p. 228.

③ American Friends Service Committee, *Steps to Peace: A Quaker View of U.S. Foreign Policy*, Philadelphia: AFSC, 1951, pp. 4-5, 9-15, 23-24.

④ Cecil Hinshaw, *Nonviolent Resistance: A Nation's Way to Peace*, Philadelphia: Pendle Hill Publication, 1956, p. 10.

"第三阵营"并不是第三个军事集团，也不是什么"中立组织"，而是一个维护和平的组织。它到处支持激进的和平主义，在全世界范围内反对扩军备战，反对殖民主义，反对种族歧视和国家歧视，反对美国和苏联的"新殖民主义"，并努力把美苏从制造核战争的体制下解脱出来。第三阵营殷切期望西方的，特别是发展中国家的和平主义者和独立的激进主义者联合起来进行维护和平的非暴力斗争。①

　　第三阵营是50年代初兴起的一支和平力量，存在的时间比较长，而且有一定影响。但它始终没有超出知识界的范围。不过，偶尔也出现过例外的情况。例如，1954年11月，第三阵营和社会主义者曾在纽约联合举办第三阵营大会。和平主义者除去坚持自己的非暴力行动以外，还接受了社会主义者的观点，把反对资本主义、反对冷战、反对极权主义、反对麦卡锡主义写到自己的旗帜上，超出了自己的狭隘圈子。

　　由于和平主义者没有深入社会，他们倡导的非暴力行动没有真正开展起来。而他们的这种思想却影响了民权运动的整整一代人。1955年12月爆发的蒙哥马利城5万黑人抵制公共汽车的运动就是一次典型的非暴力行动，不过不是为了和平，而是为了人权。著名的黑人非暴力运动领袖马丁·路德·金就是从和平主义者的理论和具体的实践运动中来吸取思想源泉的。他曾经听过马斯特关于非暴力主义的讲演，觉得受益匪浅，但仍留有不少疑团。他说："我深深地被马斯特先生的讲演所感动，但对他的主张的可行性颇为怀疑。"后来，他在经历过上述抵制运动后觉得豁然开朗，高兴地说："蒙哥马利的经验在澄清我对非暴力问题的理解方面比我所读过的任何书本提供的东西都多。"②

　　1955年7月，爱因斯坦和罗素联名发起，并经美国、英国、法国、德国、波兰、日本科学家签名的和平呼吁书正式发表。7月9日，罗素勋爵

　　① A. J. Muste, *The Camp of Liberation*, London, 1945, pp. 1-3, 9-11.

　　② Lawrence S. Wittner, *Rebels Against War : The American Peace Movement, 1941-1960*, New York : Columbia University Press, 1969, pp. 232-233.

在记者招待会上正式宣布,呼吁书的签署人郑重要求各大国政府为人类命运着想,尽快放弃一切争端,实现世界和平。这份和平呼吁书的发表引起了全世界人民的注意,对美国的和平运动也产生了极大的推动作用,使它逐渐趋于活跃。

4.为加强工人团结和争取提高工人待遇而斗争

除去政治原因和军事原因以外,侵朝战争也有着明确的经济目的。1948—1949年的经济危机使美国政府的决策人从幻梦中惊醒过来,开始感到战后的繁荣很难继续维持。这一次危机使美国的国民总产值下降4%,约为110亿美元,使失业率达到5%。[①] 侵朝战争给美国经济注射了一剂强心针,使它又经历了一个增长时期。正如海布尔伦勒所指出的:"更为重要的是联邦军费的重新回升。随着冷战,特别是朝鲜战争的开展,军费开支成为主要的经济刺激。1947年军费支出预算为90亿美元。到1949年国防部成立的时候,支出上升到130亿美元,4年以后达到500亿美元。"[②] 美国垄断组织从侵朝战争中获得了极大的好处。据估计,50年代美国垄断组织的纯利润为720亿美元,超过1946—1950年间所获利润的三倍。美国资本还在国外迅速扩张。1952年,美国在加拿大的投资达到外国投资总额的77%,远远超过了英国。美国资本在中东控制着石油总开采量的63.5%,此外,还渗入马来西亚、印度等国的市场。

在国内,美国垄断资本用雄厚的经济实力,牢牢控制着国内的劳动市场。在美国政府颁布一系列反对工会和劳工的法令以后,这种控制进

---

① Gary M. Walton and Rose M. Robertson, *History of the American Economy*, New York: Harcourt Brace Jovanovich, 1983, p. 630.

② Robert L. Heilbroner and Aaron Singer, *The Economic Transformation of America: 1600 to The Present*, San Diego: Harcourt Brace Jovanovich, 1984, p. 323.

一步加强。垄断资本家企图极大限度地削弱工会,或者打击工会中的进步力量,勾结右翼领导人,迫使工会听从企业摆布。于是在朝鲜战争时期及其后出现了高就业率和低工资的现象。据统计,失业率1950年为5.3%,1951年为3.3%,1952年为3.1%,1953年为2.9%,1954年为5.6%,1955年为4.4%。[①] 1951年1月26日,杜鲁门政府发布冻结工资的命令,禁止工会提出超过1950年1月工资水平10%的提高工资的要求,同时也对生活必需品的价格做了同样限制。但是,在工资冻结的同时,通货膨胀却并未停止。正如阿伯特·莱米所说:"近年来通货膨胀已成为美国经济中的一个重要问题。1947年到1967年间物价上涨了50%。"[②]

艾森豪威尔当政后于1953年上半年取消了物价管制。同年7月31日,房租管制又被取消。房租立即上涨。据估计,50年代上半期房租大约上涨50%—60%。[③] 与此同时,税收也不断提高。1952—1953合计年度征税926亿美元,几乎达到第二次世界大战时期年征税额的两倍。[④]

在上述客观条件下,50年代上半期的美国工人运动是围绕着争取提高工资和加强团结两个中心问题开展起来的。1950年,大规模罢工首先在铁路部门爆发。列车乘务员、司炉工、机械工人等兄弟会联合要求公司方面实行40小时工作周,提高工资,遭到拒绝后,芝加哥—罗得岛—太平洋铁路的机工和扳道工先后于5、6月发动罢工。虽然杜鲁门总统出面干预,但是罢工并未停止。8月,罢工扩展到芝加哥、华盛顿、圣洛易斯、亚历山得里亚等地铁路线,规模越来越大。公司方面惊惶失措,请求杜鲁门政府采取断然措施,对铁路实行政府管制。8月25日,政府宣布对131条铁路实行管制,宣布上述铁路线上的任何罢工都带有反政府的性质。芝加哥、华盛顿、克里夫兰的法庭随即颁布禁止"非法罢

① *Statistical Abstract of the Unitied States*, *1962*, Washington: Government Pringting Office, 1962, p. 215.

② Albert W. Niemi Jr., *U. S. Economic History*, Chicago: Rand McNally, 1975, p. 395.

③ *Daily People's World*, Aug. 20, 1953.

④ *Economic Notes*, Sept. 1953, p. 7.

工"的法令。罢工被迫停止。公司方面为了安抚罢工工人,以免激起更大的事变,不得不同意他们提出的条件。为了保证铁路运输畅通,一直到1952年5月,联邦政府才取消了对铁路的管制。

1951年和1952年,罢工继续不断,分别为4737和5117起,参加罢工人数分别为222万人和354万人。[①] 其中规模巨大的有美国毛纺公司工人罢工,大西洋沿岸160家工厂工人的联合罢工和南方各州的纺织工人罢工,矿工和有色金属工人罢工。除少数罢工没有取得结果外,大部分罢工都部分地达到了目的,把每小时工资提高了12—12.5美分。1953年是罢工运动高涨的一年,尽管罢工次数和人数少于1952年,但其激烈程度远远超过了前两年的罢工,许多罢工是在未经工会上层同意的情况下进行的。这一年仅仅钢铁部门的自发罢工就有200起之多。

侵朝战争结束后第二年又发生了经济危机。不过,这次危机影响较小。国民生产总值只下降了70亿美元。[②] 工业生产同1953年相比下降了13%,钢产量下降30%。[③] 生产建设投资从1953年的283亿美元下降到1954年的266亿美元,而其中制造业的投资则从122亿美元下降到112亿美元。[④]

经济危机直接影响到美国工人的工资收入,生活水平和购买力均有所下降。争取提高工资,增加养老金和劳动保险金的斗争此起彼伏。据官方统计,1954年发生了3468起罢工,参加人数为150万。1955年,经济开始回升,虽然美国工人生活状况有所改善,但仍有相当多的人生活在贫困线以下。许多工会在集体合同到期的时候向公司方面提出了进一步改善生活条件的要求,劳资双方的冲突更为频繁。这一年的罢工达

---

① *Statistical Abstract of the United States*, 1962, Washington D. C.: U. S. Government Printing Office, 1962, p. 243.

② Gary M. Walton and Rose M. Robertson, *History of the American Economy*, New York: Harcourt Brace Jovanovich, 1983, p. 632.

③ *Survey of Current Business*, Feb., 1955, p. 18.

④ *Federal Reserve Bulletin*, Jan., 1955, p. 56.

到4320起。参加人数达到265万,超过了1954年。①

　　总起来看,50年代前半期的罢工运动是颇有成效的,使美国工人的平均年收入从1950年的3214美元增加到1955年的4135美元。② 正如美国共产党第十六次代表大会决议所指出的:"近年来工人们取得了巨大的经济胜利,特别反映在每年不断增加工资上面。"③ 然而,应当看到美国工人的工资在不同工业部门之间、不同性别之间、不同种族之间是极不平等的。而非熟练工的工资又同熟练工的工资相差悬殊。以炼钢工人为例,1952年非熟练工的周工资为52.4美元,必须使每小时工资增加67.5美分才能达到劳动统计局规定的最低生活费用标准。半熟练工的周工资也只有67.2美元,同样达不到上述标准。④ 只有熟练工的工资超过了最低生活费用标准。黑人的工资更低。在1950—1953年间,黑人工人的工资约相当于同一工种、同等熟练程度的白人工人工资的一半,黑人女工的工资则只相当于1/5。⑤ 此外,墨西哥人、波哥黎各人等少数民族由于严重的种族歧视,几乎被剥夺了接受高等教育的机会,只能充当非熟练工人。他们的工资也远远低于平均水平,不得不生活在贫困之中。他们更加需要提高工资,改善生活条件。

　　50年代前半期美国工人运动的另一个特点就是要求团结,联合对付资本家和政府的破坏。50年代工人运动的实践证明,分散的地方性的罢工斗争往往容易被资本家的联合行动和政府当局的强制措施所击败。越来越多的工人和工会组织认识到这一点,并且采取行动促进各个工会组织之间的联合。1951年在有色金属冶炼工人的罢工中,许多过

---

　　① *Statistical Abstract of the United States*, 1962, Washington D. C.: U. S.Government Printing Office, 1962, p. 243.

　　② *Statistical Abstract of the United States*, 1955, Washington D. C.: U. S.Government Printing Office, 1955, p.299.

　　③ 俄文版《美国共产党第十六次代表大会》,莫斯科,1958年,第42页。

　　④ *Political Affairs*, June, 1952, p. 42.

　　⑤ *Monthly Labor Review*, June, 1953, p. 600.

去互相竞争的工会组织捐弃前嫌,联合起来对付公司,从而取得了胜利。1951年4月的西海岸码头工人,1954年9月的炼钢工人都在自己的代表大会上提出了尽快实现工人组织统一团结的要求。

工人群众中要求团结的呼声也很高。他们首先要求劳联、产联所属工会领导人停止互相攻击。据粗略估计,这种互相攻击在1951—1953年间不下1245起。劳联为此花费1150万美元,产联的花费也相当可观。有时甚至由于工会领袖间的冲突而引起罢工。1954年这种罢工为总罢工数的6.2%,1955年为5.4%。① 正是在广大工人群众的推动下,劳联和产联的领导人才开始接触,商讨两个工会系统的合并问题。1950年4月4日,产联主席默里率先向劳联和独立工会发出实现相互团结的号召。劳联执委会做出积极反应,任命一个委员会同产联举行谈判。同年7月,劳联和产联召开了双方代表的联席会,决定成立由双方代表组成的专门委员会,以寻求联合的途径,并提出建议方案。委员会的成员们充满信心地认为:“劳联和产联的全面统一可能在最近的将来实现。”②

然而,劳联和产联的领导人各怀鬼胎,对加强团结的看法同工人群众不一样。劳联的领袖希望通过“团结”把过去分裂出去的产联重新吞并过来。产联的领袖则颇有戒心。1951年9月,劳联第七十届代表大会讨论了同产联合并的问题,并通过决议,认为:“自从苏联分裂以来,从未像当前这样需要有组织上实行美国工人运动的统一,因此应当恢复同产联的会谈。”③ 差不多在同一个时候,产联主席默里在产联第十三次代表大会上告诫与会代表对劳联提出的组织上的统一保持警惕,认为“没有事前对组织问题的相互了解,统一不可能给工人运动带来和平”④。

1953年,格林和默里相继去世,由乔治·米尼和沃尔特·鲁瑟接替他

---

① *Monthly Labor Review*,May.,1955,p. 541;May,1956,p. 523.

② *Monthly Labor Review*,Nov.,1950,p. 555.

③ *Monthly Labor Review*,Nov.,1951,p. 547,550.

④ *Monthly Labor Review*,Dec.,1951,p. 671.

们担任劳联和产联主席,两大工人组织的对立情绪有所缓和。同时产联清除左翼工会的步骤已基本上完成,同劳联的立场趋向一致。而劳联的结构也发生了变化,允许产业工会的存在。这一切都为两个工会组织的合并创造了必要的前提。1953年,鲁瑟在华盛顿举行的记者招待会上公开声明,"产联希望实现以开除一切左派分子为条件的工人运动的统一",因为产联"由于几年前开除11个共产主义组织而得救"。①

1953年4月9日,劳联和产联双方代表举行了联合会议。据劳联的刊物报道,这次会谈气氛良好,成立了以米尼和鲁瑟为首的六人委员会,着手解决合并可能遇到的种种问题,并为6月初举行的下一次会议拟订日程。与会双方代表还特别声明:"双方谈判将不附带任何先决条件。"②劳工部机关报《工人评论月刊》也载文评论说:"近年来劳联和产联在结构上,行动上和思想上越来越趋于一致。"③1955年2月9日,两个组织的联合委员会终于通过了合并的决定,并开始筹备正式的合并大会。

1955年12月5日,在纽约召开了劳联-产联成立代表大会。来自138个国际性和全国性工会组织(其中劳联108个、产联30个)的1487名代表参加了大会,代表着1370万名会员。大会选出了29名劳联-产联执行委员。乔治·米尼当选主席,沃尔特·鲁瑟当选副主席。29名执行委员中有2/3属于劳联。新选出来的劳联-产联的领导机构是一个极其保守的,以右翼势力为主导的班子。新章程中甚至规定"将同共产主义代理人颠覆联合会的企图做斗争"。纽约州长A.哈里曼应邀在合并大会上发言说,美国工会比任何其他美国组织"在反对国内外共产主义颠覆活动中所做的事都要多"④。在对待罢工运动方面,米尼也表明了不赞成的态度。1955年12月9日,米尼在一次演说中声明:"也许你们愿

---

① *CIO News*, Sept.11, 1953.

② *AFL News Report*, April. 10, 1953.

③ *Monthly Labor Review*, Sept., 1954, pp. 970–971.

④ *AFL News Report*, Dec.10, 1955.

意知道,我一生从未罢过工,也没有领导过罢工,没有命令任何人罢工,也从未参加纠察活动。"①

从总的来说,劳联、产联的合并是自上而下的,而且是以牺牲左派利益为前提的合并。它标志着右翼势力的加强,同工人群众的要求相距甚远。尽管如此,合并仍有积极的一面,也反映了工人群众的某些愿望。例如,大会决议表示反对《塔夫脱-哈特莱法》,要求通过法律程序确定每小时最低工资为1.25美元,维持40时工作周,增加政府支付的养老金数额,取消低收入家庭的所得税,取消高收入者和公司的优惠税率等。②

在促进和加强工人运动团结的过程中,进步工会也做出了自己的努力。1951年,他们开始在各大城市建立地方工会联合行动委员会。劳联、产联系统的一些地方工会的代表也参加了委员会,使委员会的实力不断增长。例如,纽约的联合行动委员会曾拥有15万名成员,旧金山的北加利福尼亚委员会也拥有30个基层工会组织,都远远超出了当地进步工会本身的力量。这种联合行动委员会在当地的罢工运动中曾经起过非常重要的作用。此外,1951年底,在辛辛那提还举行了黑人工人大会,建立了全国黑人工会委员会,呼吁黑人和白人工人开展共同斗争,争取实现黑人工人的工资和就业平等。这个组织在美国各地获得迅速的发展,1951年建立了20个地方黑人工会委员会,1952年底又增加到35个。

然而,由于政府的迫害和劳联、产联上层的破坏,进步工会的处境日益困难。许多较小的工会都并入了力量较强的工会。最后只剩下屈指可数的几个进步组织了。他们是电气、无线电和机器工人联合会、矿工工会、有色金属工人工会和西海岸码头、仓库工人工会等。难能可贵的是,为数不多的进步工会在极其孤立和困难的情况下仍然积极开展活动,在实现男女同工同酬方面做了非常有益的工作。美国第三大工会、美国电气、无线电和机器工人联合会表现最为突出。1952年1月和3

---

① *New York Times*, Dec.10, 1955.

② *Political Affairs*, Jan., 1956, pp. 51—56.

月,美国电气、无线电和机器工人的公平就业委员会和芝加哥第十一分会、匹兹堡第六分会发起召开战后工会系统的第一次妇女问题大会。在芝加哥大会上特别讨论了妇女由于不可避免的事故而不得不旷工的待遇问题,提醒各地工会应对已婚的女工给予特殊的关照,要求公司方面不得因此解雇或者克扣女工的工资。大会还呼吁发起一次运动,迫使政府拨款为工业区修建幼儿园、托儿所以减轻女工的负担。大会还为女工起草了一份纲领性草案,并且展开了热烈的讨论。草案内容如下:

1. 以共同的工资标准对待妇女从事的一切工作,在单一的工资标准结构下消除同男人相同工作的工资差别。

2. 宣布按照资历而不按照种族和性别来决定职务上的升迁,向妇女提供适当的技术培训以获得新的工作。

3. 促使公司方面向所有工人提供健康和安全保障。

4. 凡存在男女两种资历名册的地方应当取消这种名册。

5. 应对已婚妇女由于家庭义务而产生的诸如轮班、缺勤等问题予以特殊注意。

6. 开展争取政府像第二次世界大战中那样拨款资助为女工母亲设置的幼儿托护中心运动。

7. 争取反对在女工中引起事故和损害健康的加速运转的权力。

8. 通过扶持、培训和把女工选进各级领导层来保证工会的生命力和战斗性。

在讨论同工同酬问题时,代表们指出全国电气、无线电和机械工人联合会成立以来,女工工资长期低于男工工资的事实。这一次要迫使厂方结束在工资问题上的性别和种族歧视、实现"同工同酬"原则。因此特别强调在一切工作中实行单一的工资标准。

全国电气、无线电和机械工人联合会的公平就业委员会还向全体会员宣传同工同酬的思想,要求男会员消除对妇女的歧视,委员会还出版了一本小册子,书名是《全国电气、无线电和机械工人联合会为争取妇女平等权利而斗争》。小册子强调指出,经济上残酷剥削妇女是加重剥削整个工人队伍的一个条件。上面说："全世界的大企业都在反对争取选举权和平等权的妇女运动,这不是偶然的。因为在他们的工厂里普遍承认妇女平等就意味着丧失巨大的劳动力来源,而这种劳动力他们可以加以隔离和榨取超额利润,也可以作为一种压低所有工人工资的手段。"[1]

小册子还特别指出了黑人女工的困难处境,呼吁社会予以关注。其中有这样一段话,黑人妇女"除去低工资的私人家庭用人或者诸如门房、清洁工等低下的不入流的职业,几乎被摒弃于所有职业之外。在电气、无线电和机器制造等基础工业部门,以及一般工业部门中黑人妇女是不被雇用的。在灯具和一些其他工厂中,黑人妇女是作为廉价劳动力受雇的,她们由于性别关系而受到女工工资差价的剥削"[2]。

一些进步工会还要求把男女同工同酬的原则写进同公司签订的协议中,并把女工推上工会的领导岗位。例如,屠宰工人联合会1952年年会就通过决议,要求在此后所签订的一切合同中消除工资上的性别歧视。另外,1953年左翼工会发起组织的三次全国妇女行动会议也都明确表示,今后要在各地方工会组织内推选妇女担任领导工作,并保持女工在代表团和委员会中的一定比例。全国电气、无线电和机械工人联合会率先为其他工会做出了范例,吸收了3名黑人工人和2名女工参加25人组成的全国执行委员会,使她们成为庞大工会的领导成员。

5.美共的反战立场和对方针政策的初步检讨

开展和平反战运动是美国共产党在20世纪50年代初期的一项中心任务。美共领导人对爆发新战争的危险性是有所警惕的,在第二次世界大战刚刚结束的时候就告诫人们不要产生和平麻痹情绪,应当把

---

① Philip S. Foner, *Women and the American Labor Movement*, New York: Free Press, 1980, Vol. 2, p. 414.

② Philip S. Foner, *Women and the American Labor Movement*, New York: Free Press, 1980, Vol. 2, p. 415.

反战问题作为注意的中心。随着冷战的加剧,战争威胁逐渐成为现实问题。1949年4月,美共领导人福斯特和丹尼斯曾经在联合声明中指出,如果华尔街真的挑起世界战争,"我们将坚决反对这场非正义的帝国主义侵略战争"[①]。1950年,美共3月中央全会指出了发动群众参加和平运动的重要性,并把这项活动作为美共全党的中心工作。

朝鲜战争爆发后,美共中央领导机构及时地表明了态度,谴责了美国政府的侵略行为,并且要求立即停止侵朝战争。毫无疑问,这种积极的反战立场是完全正确的。但是,美共领导人对形势的估计过于严重,开始形成美苏大战不可避免的悲观看法,认为朝鲜战争"将是新的第三次世界大战的导火线"[②]。1950年12月,美共书记格斯·霍尔在党的第十五次代表大会上所作的报告中指出:"自从共产党1948年代表大会以来,我们的国家被推上了法西斯主义和世界核战争的道路。""美帝国主义已经从准备战争、宣传战争的阶段走向武装侵略朝鲜、越南和菲律宾人民。"而北大西洋公约组织的"布鲁塞尔会议是一次战争会议,其目的在于策划直接针对苏联的新的战争挑衅"[③]。美共中央领导人对战争的深刻危机感在美共中央和平运动委员会书记斯塔罗宾访苏过程中表现得十分清楚。他于1950年底应苏共邀请赴莫斯科交流情况和看法。在到莫斯科之前,他看到斯大林在答《真理报》记者时的如下讲话:"如果各国人民将维护和平的事业担当起来,并将这一事业保卫到底,和平就能保持和巩固。"否则大战将无法避免,他对此颇有怀疑,并询问马林科夫:"保卫到底这一措辞是否并不意味着苏联领导人真的对维护和平没有多少信心,也并不表明与西方最后摊牌近在眼前?"马林可夫立即给予明确的回答。事后斯塔罗宾回忆说:"马林科夫迅速而且是相当急切地向我

---

① *Political Affairs*, Jan., 1949, pp. 1–4.

② *Daily Worker*, June 26 and 28, 1951.

③ 霍尔报告的标题是"和平可能实现",1951年出版,此处引自俄文版《战斗历史的路标:美国共产党六十年》(莫斯科,1983年),第203—204页。

强调指出,苏联党并不认为和平前景真的像(我提出的)问题本身含义那样暗淡不祥。斯大林的声明绝不应当被解释为战争不可避免或近在眼前。"① 不过,马林科夫的答复并没有解除美共领导人心中的疑虑。

基于上述分析,美共领导人选择了同美国政府的外交政策对抗到底的立场。所以他们在杜鲁门同麦克阿瑟在对侵朝战争的政策上发生争吵的时候不加区分地一概予以反对。丹尼斯在就麦克阿瑟辞职事件致美共全体党员的信中,强调杜鲁门和麦克阿瑟的态度没有实质上的区别,号召全党都来反对"杜鲁门和麦克阿瑟的战争政策"。从根本上说,美共的反战立场是正确的,显示了共产主义者坚定的原则性。但是,在两个具体问题上缺乏灵活性,处理不当,因而使自己的处境更加孤立和艰难。第一,在大多数美国人的心目中,杜鲁门和极端反动的麦卡锡,以及力主扩大战争的麦克阿瑟是不可同日而语的。不加区别地而且不调和地反对杜鲁门的政策,很难得到人们的理解。第二,把苏联说成是和平的化身及和平运动的领导力量,并且把反对美国政府的战争政策和支持苏联联系在一起,往往引起人们的怀疑和抵触。美共政治局委员吉·格林甚至把是否对苏联持友好态度作为划分真正"进步人士"的唯一标准。

然而,令人钦佩的是美共的领导人是在党面临生死存亡的严重考验的情况下坚持和平反战立场的。显然这使他们在反共浪潮中多承受了一份压力。美共面对着的最严重的问题就是它的党员到处受到追究和迫害。被起诉和投入监狱的人越来越多。1951—1952年间在马里兰、宾夕法尼亚等州都出现了搜捕共产党人的事件。1951年8月17日,匹兹堡当局援引《史密斯法》,以策划推翻政府阴谋罪逮捕了一批曾经参加西班牙内战反对佛朗哥法西斯政权的工会活动家。更有甚者,北加利福尼亚地区上诉法院竟然于1952年7月宣称,美国共产党本身就是一个"阴谋犯罪组织",单是参加这个组织就可以看作是犯法行为,而马克思

---

① Joseph R. Starobin, *American Communism in Crisis*, 1943–1957, Cambridge, Mass: Harvard University Press, 1972, pp. 216–217.

主义的著作则不应受美国宪法关于出版自由规定的保护。也有的地方用反战罪名迫害美共地区组织领导人。例如,美共宾夕法尼亚州地方组织负责人史蒂夫·纳尔逊就是因为公开反对美国政府在朝鲜进行侵略战争而被捕的。1952年6月10日,他被判20年监禁,并罚款1万元。事后,这个判决虽然由于社会舆论的强烈谴责而被废止,但美国政府又以"策划暴动"的罪名重判他5年监禁。

1953年,麦卡锡发动了检查和焚烧所谓的"禁书"的运动,扩大了对共产党人的打击面,其目的在于威胁和欺骗美国广大民众。这种违反法纪和民主的法西斯暴行连艾森豪威尔总统也觉得过于露骨。他在达特默斯学院的一次讲演中公开谴责了这种法西斯行为。[1] 1953年秋天,在监禁中的美共著名活动家罗伯特·汤普逊被一名受指使的刑事犯用一截管子殴打头部致死,造成了手法卑鄙的政治凶杀案。同年12月,曾在第二次世界大战中起过积极作用的国际工人骑士团被纽约法庭勒令解散。这个组织的一些领导人也被加上嫌疑分子的罪名驱逐出境。其实国际工人骑士团根本不是一个政治组织,更不是共产主义的什么机构。它不过是一个互助互利性质的劳动保险团体,在21个州中有1700个地方分会,劳动保险金额达到1.1亿美元。它被解散后使得16.2万名会员失去了所提供的劳动保险。美共机关刊物《政治事务》曾载文对麦卡锡等人的反共目的加以揭露,指出麦卡锡主义的宗旨在于搞垮工人运动,加紧奴役黑人,破坏民主等。[2]

空前严峻的形势迫使美共采取紧急对策。美共中央决定暂时停止吸收党员的工作,减少各级党组织的活动和相互联系,并将一部分中高级干部、联络员转入地下,以保存实力。美共之所以做出这个决定是因为它过高地估计了麦卡锡的力量,担心法西斯力量在美国长久得势。其实这只是一时的现象。转入地下,停止党的公开活动只能是权宜之计。

---

① *U. S. News and World Report*, June 26, 1953.

② *Political Affairs*, April, 1954, p. 8.

如果长期执行下去将会使党失去群众和许多可以进行合法斗争的场所。当时美共领导人中有人对这个决策是持否定意见的。政治局委员卡尔·温特和中央委员伊·弗林认为,应当维护党的合法地位和公众影响,即使让党的干部出庭服刑也在所不惜。美共加利福尼亚州地方组织不顾美共中央的批评,坚持合法斗争,并在14位共产党人审判案中获得胜诉,从而稳定了党员的情绪,使脱党的人数远远少于其他地区的党组织。

此外,美共中央在采取措施,防范联邦调查局密探混入党内从内部进行破坏的过程中出现了严重失误,使党的力量受到削弱。美共中央领导不加分析地接受苏联共产党强加给著名记者安娜·路易斯·斯特朗的错误结论,于1950年1月指责她为"间谍""托派""铁托分子",并将她捐给美共中央营救11名受审者的1000美元作为"一笔赃款"退还本人。连那些同情和支持过斯特朗的美共加州帕洛阿尔托县委书记等人也受到株连被开除出党。其实斯特朗的"美国间谍案"纯属冤案,根本没有任何可靠的证据。事情发生在她旅居莫斯科时期。当时她深为中国革命的宏伟事业和中国共产党人艰苦卓绝的斗争所吸引,曾多次申请签证到中国解放区进行实地采访报道。结果触怒了苏联的领导层,1949年2月被加以美国间谍罪名驱逐出境。此事本来不难查明,而且完全可以从斯特朗的行动中得到印证。可惜当年的美共中央领导人不辨是非,轻率地做出了不公正的处分决定,使一些忠诚的党员感到寒心。1955年,苏联终于纠正了错误,宣布斯特朗是无辜的受害者。但为时已晚,大错业已铸成。

美共中央领导还在反对种族歧视、白人优越论方面出现了严重的失误,使美共在极为困难的环境中又遭受完全可以避免的损失。1949年上半年,美共中央根据党中央黑人工作委员会书记佩蒂斯·佩里的报告开展了一场大规模反对白人沙文主义的运动。这场运动的出发点无疑是正确的。但是,在反共高潮时期这绝不是主要问题。美共的主要精力应当放到反政府迫害的斗争中去,而不应当大张旗鼓地开展反种族歧视运动。更糟糕的是,在运动中出现了一些过左的做法,往往把一些微不足道的事情提到原则高度加以处理。结果弄得人人自危,草木皆兵。例如，在美共中央一个办公室中的白人女打字员（党员）由于工作紧张，请一位黑人女党员帮忙端一杯咖啡，遭到拒绝后又被指责犯了"白人沙文主义"行为，事后还受党内严厉批评。纽约的一位白人区委书记仅仅因为在会场上同一位黑人女工会干部开了一次不恰当的玩笑，就遭到批评，并下放到黑人区的党组织工作。

严峻的环境和美共本身在政策上的失误使得美共的队伍不断缩小。1950年初，美共还拥有5.5万名党员，1953年底下降到2.5万人，4年时间差不多损失了54.5%的人。

1953年7月，朝鲜战争的停止和其后麦卡锡的垮台使国际上和美国国内的反共气氛有所缓和。美共的处境稍有好转。美共领导人开始重新认识前一段时间对形势的看法和所采取的对策。1953年9月，美共领导人威廉·福斯特在党的刊物《政治事务》上发表文章批评了党内左倾宗派主义工作方法，指出了忽视群众工作的危害性。1954年，美共新党纲也明确规定，当前的目标"并不是共产主义"，而是"和平、民主和安全"，党应当按照美国大多数人的意愿通过和平合法途径达到社会主义，决不从国外输入任何形式的社会主义制度。美共十四大的政治局委员史蒂夫·纳尔逊认为，美共孤立的处境不单是美国政府和麦卡锡一伙的疯狂迫害造成的，党自身也存在着严重的失误。[①]

美共在战后的反动年代，以坚决的行动顶住了反动势力的围剿，艰难地迈步前进，每前进一步都要付出惨重的代价。党员人数不断减少，党内出现了思想波动。在当时极为严酷的条件下造成一些宗派主义的失误是很难避免的。随着事态的发展，越来越多的美共领导人认识到这一点，开始对反动年代美共的方针政策进行全面的检讨。这是非常及时的和非常必要的。然而就在检讨的过程中出现了一场激烈的辩论，终于导致了党的分裂。

---

① Steve Nelson et al., *American Radical*, Pittsburg: University of Pittsburg Press, 1981, pp. 380–381.

三、不稳定的"协调一致"

1.艾森豪威尔入主白宫

德怀特·戴维·艾森豪威尔是一位典型的美国军人。他度过了卓越而漫长的戎马生涯,在第二次世界大战中崭露头角,名噪一时,成为闻名遐迩的风云人物。他以压倒性优势击败竞选对手,于1953年入主白宫,从而结束了共和党20年在野的局面。美国人对艾森豪威尔的个人品德是颇为信赖的,认为他正派、节俭、主张自力更生,是美国传统道德的化身,但对他的政治态度却不无担心。唯恐他遵循共和党的保守政策,主张放任自流,反对国家干涉,取消新政的一切改革措施。不过,这种担心是多余的。后来的事实证明,艾森豪威尔选择了一条中间道路。正如阿瑟·林克和威廉·卡顿所说,艾森豪威尔的政治观点"带有正统共和主义的味道:忠诚于自由企业和平衡预算,喜爱自由甚于安全,尊重州权,怀疑'潜滋暗长的社会主义'。"但是他同意维持新政改革的主要内容。对于"左"的和"右"的批评者说来,这好像是自相矛盾和思想模糊的。但这正好印证艾森豪威尔有意寻求的中间道路立场,而且非常接近20世纪50年代大多数人的情绪。[①]

中间道路,这就是艾森豪威尔各项政策的基本出发点。人们又称之为"现代共和党主义"。这就是说,艾森豪威尔并没有反新政之道而行

[①] [美]阿瑟·林克、威廉·卡顿:《一九〇〇年以来的美国史》下册,刘绪怡等译,中国社会科学出版社,1983年,第1页。

之，完全放弃国家干预政策，但也没有进一步强化中央政权。为了实现这种谨慎小心的政策，艾森豪威尔挑选了一个保守的内阁班子，其中有著名的大企业家通用汽车公司经理查尔斯·E.威尔逊等人。劳动部部长一席总算是分给了工会领袖，由管子和气管装配工会主席马丁·P.德尔金担任。《新共和》杂志老实不客气地把这个班子叫作"八个百万富翁和一个管子工"。

艾森豪威尔政府起初不赞成赤字预算，力图平衡预算，并且取消了政府对物价、工资、房租等方面的控制。此外，还将大批国家工厂向私人出售和出租。到1954年，约有101个工厂被出售，36个被出租。为了防止通货膨胀，财政部和联邦储备委员会合作采取提高利率和紧缩信贷的措施。经过努力，1954年的联邦开支削减650亿美元，几乎相当于当年预算的10%。1955年又削减了60亿美元的军事拨款。

然而紧缩信贷、提高利率、削减开支带来的结果不是预算的平衡，而是生产和就业下降，国家收入减少，预算出现新的更大的不平衡。幸亏艾森豪威尔政府采取了灵活态度，迅速放松信贷，允许赤字预算，经济形势才逐步稳定。

在经济和社会政策方面，艾森豪威尔政府有限度地继续实行新政的某些措施。例如，对新政时期采取的价格补贴政策持肯定态度，但却主张放松政府对农业的控制，降低农产品平价比例。1954年国会通过农业法，规定1955年收获的主要农产品的补助，为维持平价的82.5%—90%，以后几年降到70%—90%。1958年农业法又规定继续降低主要农产品的价格补助，并在1961—1962年度使之达到65%的最低水平。艾森豪威尔也没有放弃公共工程计划。同加拿大联合开发圣劳伦斯河深水河道就是一个最好的例子。不过，他不赞成单纯依靠联邦开支来治疗经济衰退，主张充分发挥州、地方和私人企业的作用，联邦可以在一定条件下同他们合作。新政的社会福利立法在艾森豪威尔总统任内也有所扩大。1954年和1956年，新政的社会保障法经过两次修订，将受社会保障立法保护的人扩大到工薪人员、独立开业的专业人员、家庭雇工、办事员、农场经营者、农业工人、宗教人员、武装部队成员等。到1960年,受其保护的人已经近5800万。此外,艾森豪威尔政府还在为低收入者拨款修建住宅、促进商业、发展教育等方面继续采取新政措施,并且取得了一定的成绩。

艾森豪威尔所采取的各项措施虽然未能解决美国经济发展中的根本问题,但却取得了相对的稳定,使美国进入了所谓的"丰裕社会"。美国学者阿瑟·林克等人把艾森豪威尔当政时期说成是"美国人所知道的最繁荣的十年"[①]。另一些学者则认为艾森豪威尔时代是"脆弱的协调一致时代"。所谓一致,仅仅是社会心理趋于一致,并不是美国社会各阶层的利益一致,所以这种一致是脆弱的,只能存在于某一特定的历史条件下。当时,美国人的心理状态是比较保守的,大多数人都愿意维持原状。一方面他们对已经取得的成就充满自豪感,另一方面对麦卡锡等人一手制造的"红色恐怖"惴惴不安。正是这两种情绪使他们倾向保守,倾向维持现状。正如美国记者戈弗雷·霍奇森所指出的,美国人"对美国社会的完美性极端自鸣得意,对共产主义的恐怖惊惧欲狂",这就是美国协调一致时期的心情。大多数人在反对共产主义和相信经济进步方面是协调一致的。许多美国白人相信,美国不仅是世界超级大国,而且它的潜力是无穷无尽的。当然,这种协调一致除社会心理的一致以外也还有一定的经济基础和社会基础,那就是中等收入阶层人数的增加,社会福利和物质条件的改善。对于这个阶层来说,汽车、电视、郊区住房等经济成就似乎已使美国梦变成现实。任何激进的改革要求,任何触动社会秩序的行动都会遭到他们的反对。

这种保守的社会心态在学术界也有所反映,形成了影响颇大的新自由主义。这种自由主义和罗斯福时代的激进自由主义不同,完全摒弃了激进思想和群众运动,转而片面强调美国资本主义制度的优越性,主张

---

① [美]阿瑟·林克、威廉·卡顿:《一九〇〇年以来的美国史》下册,刘绪怡等译,中国社会科学出版社,1983年,第1页。

资产阶级的改良运动。新自由主义在历史学中的表现是一致论。一致学派历史学家撇开过去历史学家经常谈论的贫富矛盾,南方和北方不同社会制度的矛盾和抗争,以及起义、罢工和战争等问题,专门宣扬美国历史的稳定性和连续性,美国文化的完整性,美国人的历史经验和民族性格问题。著名的一致学派代表人物丹尼尔·布尔斯廷出版了他的巨著,三部曲的第一部——《美国人:开拓历程》(1958年),并且获得班克罗夫特奖。路易斯·哈茨的《美国的自由传统》也于1955年问世。

然而,艾森豪威尔时期的协调一致和社会丰裕只是表面的、暂时的现象。在这个平静而美妙的表层下,还存在着另一个贫穷的美国社会,隐藏着种种弊端和矛盾,危机四伏,随时都有爆发的可能。居住在市中心的黑人,新英格兰和中西部衰败城市的工人,阿巴拉契亚山区的居民和美籍墨西哥人都远远没有摆脱贫困。如果按当时的标准计算,全国生活在最低水平线以下的美国人约有4000万人之多。他们对艾森豪威尔政府是不满意的。同时,种族歧视仍然十分严重。黑人民权运动的高涨构成艾森豪威尔时期最严重的政治问题和社会问题。新共和党主义的经济政策虽然收到一定的效果,但到50年代末已经出现难于控制的局面。1959年,预算赤字达124亿美元,创第二次世界大战后的新纪录。[①]失业人数也有所增长。

在对外政策方面,艾森豪威尔政府曾经表示要赋予民主党人的不负责任的、消极的外交政策的"新面貌",恢复已经丧失的主动精神,用一种"有力"的政策来取代"无效的、不道德的"遏制政策。国务卿约翰·福斯特·杜勒斯曾危言耸听,声言不承认雅尔塔会议的"秘密谅解";要"击退"苏联在东欧的力量,并且暗示要把蒋介石的军队放出来重占中国。国务卿杜勒斯又于1954年1月提出"大规模报复"理论。弦外之音就是要用核武器来对付共产党的地面部队。

---

① Jonathan Hughes, *American Economic History*, Glenview: Scott, Foreman and Company, 1983, p. 551.

然而,这种好斗的、全面出击的调子只不过是一种强硬的政治姿态,根本不可能付诸实施。艾森豪威尔政府纵然有此野心,也无此实力。结果还是沿袭杜鲁门政府的遏制政策,稍加强化和发展而已。杜勒斯上台不久就向法国施加压力,迫使它同意重新武装德国,并将德国的军事力量纳入欧洲的防务体系。他扬言,如果法国不同意,美国将不得不痛苦地重新考虑它在欧洲承担的义务。这显然是以撤走驻欧洲军队相威胁。1955年5月,西德加入北约,同月,华沙条约组织形成。在欧洲出现了两个敌对军事集团对峙的局面。

在中东地区,艾森豪威尔政府竭力排挤英、法,扩张美国的势力。1955年11月,指使英、巴、伊朗、土耳其、伊拉克结成军事同盟,成立巴格达条约组织。美国以观察员身份在幕后指挥。1957年元旦,艾森豪威尔公开宣布:"在中东出现的真空必须在俄国人进来之前由美国来填补。"①这就是所谓的艾森豪威尔主义。正是在"填补真空"的幌子下,美国粗暴地干涉阿拉伯国家事务,制造叙土危机,把军舰开进地中海。

在亚洲,艾森豪威尔政府继续推行敌视中国的政策,在台湾海峡制造紧张局势,并且加紧对日本和南亚国家的控制。1954年9月8日,美国同英、法、澳、新、菲、泰、巴基斯坦签订了东南亚集体防务条约,声称将"采取行动来对付共同的危险"。艾森豪威尔对印度支那的形势特别关注,把这个地区作为遏制中国和共产党北越的桥头堡,并且危言耸听地提出多米诺骨牌理论,说什么印度支那的失败将引起连锁反应,其他东南亚国家将相继受到共产党国家影响的波及。起初,美国政府在经济上援助法国侵略军控制越南。法军失败后,美国立即插手,向南越提供直接援助,并派遣军事顾问为南越训练军队。这样,美国就迈出了卷入越南战争的第一步,也就为自己埋下了失败和耻辱的根子。

艾森豪威尔政府在拉丁美洲和非洲也采取了同样的侵略扩张政策。这种到处伸手,全面出击的全球战略使美国肩上的负担日益加重。更为

---

① [美]德怀特·D.艾森豪威尔:《缔造和平》,生活·读书·新知三联书店,1977年,第200页。

严重的是,苏联发射人造卫星和洲际导弹成功而出现的"导弹差距"引起了美国政府严重的恐慌和不安,使其不得不大幅度增加研制新式武器和载运工具的费用。结果导致了疯狂的军备竞赛。从1959年到1961年,美国每年的国防预算都在450亿美元以上,创造了和平时期的最高纪录。

总起来看,艾森豪威尔时期的美国社会虽然是一个繁荣和稳定的社会,但由于推行力不从心的全球战略和内部已存在的种种矛盾,它正在丧失自己的优势,并且已经包含着和孕育着动荡的因素和灾难的根子。这一时期的社会运动有起有伏。黑人的民权运动占据了特殊地位,引起整个社会的关注。

2.黑人民权运动的高涨

20世纪50年代是黑人民权运动高涨的年代。诸如布朗控诉托皮卡教育局案件、蒙哥马利城抵制运动、小石城事端等著名事件都发生在艾森豪威尔总统任内。造成这次运动的高涨至少有两方面的原因。第一、第二次世界大战以后,美国社会仍然存在着严重的种族歧视。在学校、公共场所和公共汽车上继续实行种族隔离制度。第二,黑人在经济上、政治上已拥有一定的力量,正准备展开一场争取一等公民身份的斗争。

运动首先触及最为敏感的教育部门。长期以来黑人被剥夺了受教育的平等机会。黑人的子女只能在条件差,数量不足的黑人学校里读书,根本没有深造的机会。南部各州都有在学校中实行种族隔离的法律,并且得到美国最高法院的认可。为此,美国最高法院还提出了臭名昭著的"隔离但平等"的原则,给各州的种族隔离政策大开绿灯。列宁早就指出过:"这实际上必然会使比较落后的民族的状况恶化"。这"不仅是有害的把戏,而且简直是资本家的骗人勾当。鼓吹这种思想,尤其是按民族划分国民学校,这可能分裂和削弱工人的队伍"。①

---

① 《列宁全集》第19卷,人民出版社,1959年,第505页。

美国有色人种协进会、全国城市同盟、南部地区理事会等社会团体都纷纷开展争取消除种族隔离的活动。它们当中有的向最高法院提出上诉,有的为黑人创造更多的就业机会,或者募捐援助穷苦黑人。全国性劳工组织也努力取消对黑人工人入会的种种限制。甚至连一些宗教团体也承认种族隔离违反基督教教义。1954年5月17日,美国最高法院在"布朗控诉托皮卡教育局"一案中,判定"隔离但平等"原则为非法。这是50年代民权运动所取得的一次胜利,但却是非常有限的一次胜利,绝不是有些人所吹捧的"历史性决定",更不能把"民权保卫者"的桂冠戴到最高法院头上。因为这个判决留下了许多漏洞。根据判决,只在"公立学校"消除种族隔离,而且消除隔离并不等于"统一"原来的黑白分校制度。最后还要由地方教育局制订消除隔离计划,区法院裁定是否可行。这等于把执行判决与否的权限交给了各个州,为变相地继续实行种族隔离大开绿灯。

　　然而就是对这样一个颇有问题的判决,美国的种族主义者也拒不接受。南部各州比较温和的种族主义者组织了一个白人公民委员会专门进行反布朗案判决的宣传,散发了数不清的小册子、书籍和信件,并且在公开场合和电视节目中发表演说,抨击布朗案判决违反宪法。他们还向各州施加压力,迫使南部的一些州通过抵制布朗案判决的法令。其中包括允许关闭学校以对抗取消种族隔离的法案。有的州政府甚至以种种借口拒不执行联邦的法令,对于种族主义者的违法行为予以纵容和鼓励。

　　亚拉巴马州一位黑人佃农的女儿奥赛琳·露西在亚拉巴马大学的遭遇就是一个典型的例子。她的入学申请是在全国有色人种协进会等社会团体的干预下才得到法院批准的。1956年2月1日,露西终于在亚拉巴马大学注册入学,但校方拒绝提供住宿。从入学开始就有上千名种族主义暴徒在校园闹事,威胁露西,企图把她赶走,校外白人暴徒甚至向她投掷石块和鸡蛋。校长借口"保护她的安全"勒令露西停学。为了求学深造和捍卫自己的权利,露西勇敢地向联邦法院提出申诉。法院随即责令校方于5天内为露西复学,但学校董事会置法院判决于不顾,寻找借口,开除了露西的学籍。

布朗案判决在哥伦比亚特区和边界州遇到的阻力比较小,那里学校里的种族隔离逐步被取消。1955年,州际商业委员会也下令铁路系统取消种族隔离的一切规定和惯例。但大多数南部州采取了消极抵制和阳奉阴违的对策。有的州为了拒绝黑人进入白人学校,允许学校暂时关闭。有的州只接受少数黑人入学,而且一再拖延。例如北卡罗来纳、田纳西、阿肯色和得克萨斯州直到1957年才实现了这种象征性的黑白同校。对于种族主义分子来说,联邦法院的判决是没有多大约束力的。联邦政府对待小石城事件的态度最能说明问题。

1957年,阿肯色州小石城地方法院根据布朗案判决,要求该市中心中学接纳黑人学生。当地种族主义者群起而攻之。州长奥瓦尔·E.福伯斯于9月2日借口"防止暴乱",调遣州国民警卫队200名在南中心中学周围组成警戒线,阻止9名黑人学生入学。9日,9名到校注册的黑人学生被种族主义分子赶出学校,而担负警戒任务的国民警卫队并未出面阻止。对于阿肯色州当局这种明目张胆的种族歧视行为,社会舆论大哗。但艾森豪威尔总统却无动于衷,并未打算采取行动来制止福伯斯的非法活动。当时他曾在记者招待会上说:"你不能只凭靠法律来改变人们的心态。"①9月20日,福伯斯在强大的社会舆论下不得不撤走国民警卫队,但却纵容白人种族主义暴徒闹事,任凭他们包围学校,殴打黑人学生,将已经入学的8名黑人学生赶出校门。暴徒们还在市内恣意横行,肆意袭击黑人,事态不断扩大,遭到全世界舆论的严厉谴责。在这种情况下,艾森豪威尔才不得不于9月24日下令将阿肯色州的国民警卫队"联邦化",由联邦军官统一指挥,并将101空降师的1100人开往小石城恢复秩序。但是,为了安抚南部各州,当晚艾森豪威尔在电视演说中说

---

① Mary Beth Norton et al., *A people and A Nation: A History of the United States*, Boston: Houghton Mifflin Company, 1986, p. 860.

明联邦政府是在国际舆论对美国不利的情况下才出兵干预的。第二天,南部各州州长在佐治亚聚会,要求总统立即撤兵。两天后,国防部长急忙发表声明,不久即将撤兵。

联邦军队进驻小石城,虽然使社会秩序得以恢复,但并不能保障黑人学生的安全。9名黑人学生在学校里仍然备受学校当局和种族主义分子的侮辱和迫害。州政府当局还拒不执行联邦法院的决定,于1958年和1959年关闭了4所公立中学,直到1960年才重新开放。总起来看南方各州在公立学校中取消种族隔离的进程是十分缓慢的。到1960年,全部300万黑人学生中只有18.1万人和白人学生一起进入公立学校,约占6%,而且大多集中在边界州。[①]

黑人民权运动也触及公共场所和公共交通工具中的种族隔离。1955年底在蒙哥马利城爆发了规模宏大而且旷日持久的抵制公共汽车运动。亚拉巴马州是种族歧视最严重的一个州,到处都可以看到种族隔离的标志。甚至在公共汽车站上也树立着栅栏把黑人同白人分开。在公共汽车上黑人只能坐后排座位。1955年12月1日,黑人女工罗莎·帕克斯在亚拉巴马州蒙哥马利城乘坐公共汽车时拒绝把座位让给白人男子,结果以"擅占白人专座"罪名被警察拘捕。几天后被法院判罚14美元或14天监禁。帕克斯夫人还因此被解雇。此事发生后,立即激起当地广大黑人的无比愤慨。当天晚上就有5000黑人集会,一致通过决议,拒绝乘坐公共汽车,并且成立"蒙哥马利市政改进协会"来领导这场轰轰烈烈的抵制运动。蒙哥马利市的95%以上的黑人居民都参加了这个运动。他们步行上工,而且引以为乐。一位上年纪的黑人妇女说:"我双脚疲劳了,但我的灵魂得到了休息。"[②]抵制运动的组织者还为那些必须乘

<hr />

① [美]阿瑟·林克、威廉·卡顿:《一九〇〇年以来的美国史》下册,刘绪怡等译,中国社会科学出版社,1983年,第50页。

② Mary Beth Norton et al., *A people and A Nation: A History of the United States*, Boston: Houghton Mifflin Company, 1986, p. 861.

车的黑人组成了一支拥有300辆汽车的车队，负责接送。抵制运动持续了一年，使蒙哥马利市公共汽车公司蒙受了重大的损失。1956年11月13日，美国最高法院不得不判决在公共汽车上实行种族隔离为违宪。从此在公共汽车上取消了种族隔离。已经就座的黑人再也不需要给白人让座了。年轻的黑人领袖小马丁·路德·金对这次运动评论说："这不是一场白人和黑人的战争，而是一场正义和非正义的较量。"①

蒙哥马利城抵制公共汽车运动的胜利推动了美国黑人反对种族隔离的斗争。北卡罗来纳州格材斯波罗城反对饮食部门的种族隔离事件掀起了静坐示威运动的高潮。1960年2月1日，该城的4名黑人学生在沃尔夫百货公司饮食部买咖啡喝，被白人服务员无理拒绝，并要把他们赶走。黑人学生当即坐在柜台前据理驳斥，开始静坐示威。之后他们每天都到这里静坐，参加的人越来越多，这种静坐示威成为当时广泛采用的一种斗争手段。在南卡罗来纳、弗吉尼亚、佛罗里达、田纳西等地广为流行。经常有成批的黑人青年闯入白人开设的饮食店要求给以同等的服务。南部的一些学校当局对参加静坐示威的学生采取压制手段。亚拉巴马学院竟然开除了曾参加静坐示威的学生。这一事件激起了黑人群众的义愤。2月23日，蒙哥马利市上千名黑人学生不顾当局的威胁走上街头举行示威游行，要求恢复3名学生的学籍。接着在田纳西州和其他地区不断发生支持静坐示威运动的游行。有的地方广大同情者抵制零售百货商店，并为静坐示威中被捕的学生募集捐款。在南部各州大约有20万人参加静坐示威运动，并且创造了种种新的示威形式，把运动推广到其他部门。例如，在剧院中的"静站"示威，公立图书馆中的"静读"示威等。

静坐示威运动的目的不仅限于取消某种公共场所的种族隔离，而是从根本上反对种族歧视。正如亚特兰大六所大学黑人学生声明中所说

---

① Mary Beth Norton et al., *A people and A Nation：A History of the United States*，Boston：Houghton Mifflin Company，1986，p. 861.

的:"我们要清楚地、毫不含糊地宣布,我们不能容忍,在一个宣称民主的国家内和在……所谓南部最进步的城市之——亚特兰大的黑人所遭受的歧视情况。"①

3.反对核试验和非暴力和平运动

美国的和平运动在经过冷战时期的低潮阶段以后于1957—1958年开始复苏。这次复苏以反对核试验行动为开端,随即进入了更为广泛的非暴力反对核武器运动阶段。1954年,美国在太平洋进行一系列氢弹试验以后、试验区附近的放射性尘埃使路经此地的23名日本渔民受害。这一事件轰动了全世界,也唤醒美国人考虑自身的安全问题。美国和平组织协调联盟全国委员会发出通告要求核大国立即停止氢弹试验,向全世界宣布:"任何国家均无权为了进行军事试验而使无辜的和无防御能力的人群受到这种威胁。"② 一些非和平主义者,例如刘易斯·芒福德·诺曼·托马斯也在通告上签了名。美国政府对于初露端倪的反核试验情绪颇为不安,立即由内务部门出面散发为氢弹试验辩解的小册子,掩盖试验带来的严重后果,以安抚美国人的惊恐心情。小册子居然欺骗人们说:"放射性尘埃不过是空气中物质的微尘而已",而且这"并不是什么新东西……整个地球都是放射性的"。③

氢弹试验造成的严重后果开始引起全世界科学界的关注。1957年4月1日,艾伯特·施韦策通过广播向全世界发表了50个国家的科学家联名签署的要求停止核试验的呼吁书。6月,莱纳斯·波林在纽约画报上发表了1.1万名科学家(其中有3000名美国科学家)签署的呼吁书,要求立即采取行动,迫使核国家签订禁止核武器试验的国际协定。科学家

①[美]歇莉·格雷姆:《美国黑人学生在前进》,《世界知识》,1960年,第10期,第17页。

②③ Lawrence S. Wittner, *Rebels Against War: The American Peace Movement, 1941-1960*, New York: Columbia University Press, 1969, p. 240.

们的行动使美国政府处境尴尬,也触怒了思想保守的政治活动家。他们担心和平运动的高潮将因此而到来。保守报纸的专栏作家和广播评论员小富尔顿·刘易斯为美国政府出谋划策,要求国会对波林和他的呼吁书进行调查。① 美国半官方人士和政府官员也出面为核试验辩护。兰德公司雇员爱德华·特勒、艾伯特·拉特发表文章,驳斥科学家的呼吁书,认为停止核试验将给自由世界带来灾难。原子能委员会主席刘易斯·施特劳斯指出,美国政府的立场是制造更多更好的炸弹,以免人类生存受到俄国的威胁。他对记者说:"我们可以选择经受由于试验而产生的微不足道的危险,或者去冒由于放弃我们自1945年以来即已对侵略势力进行遏制的核军备领先地位而可能产生的灾难性危险。"②

然而,美国政府的辩解和安抚都无济于事,美国的和平运动围绕反对核试验这一中心问题日益复苏起来。纽约的和平组织率先发难。1957年初,一部分和平主义者集会,成立制止核试验临时委员会,由劳伦斯·斯科特担任主席。6月21日,27名美国知名人士在纽约海外通讯社俱乐部集会商讨反对核试验的措施。美国教友服务委员会连续举行5小时的会议,发表声明,要求美国公民采取行动制止核试验,并成立制止核试验临时委员会。

在诸多和平组织中以争取合理核政策全国委员会的影响最大。这个组织于1957年11月15日在《纽约时报》发表声明,强调核试验的危险性,声称:"我们面对着不同于过去曾经存在过的任何危险。我们和俄国人都拥有足以毁灭人类和地球生命的核爆炸力。"③ 声明号召美国民众迅速掀起一场保卫人类生存权利的运动。声明发表后在全国各地引起

---

① Robert Gipling, *American Scientists and Nuclear Weapons Policy*, Princeton, NJ: Princeton University Press, 1962, pp. 155-156.

② Edward Teller and Albert Latter, "The Compelling Need for Nuclear Tests", *Life Magazine*, Feb. 10, 1958, p. 64, 66.

③ Lawrence S. Wittner, *Rebels Against War: The American Peace Movement, 1941-1960*, New York: Columbia University Press, 1969, p. 243.

了强烈的反映。在6个星期内,委员会的纽约分会收到了2500封信和1.2万美元捐款。各地分会和会员人数急剧增长到1958年夏天,大约拥有130个分会和2.5万名会员。

此外,非暴力行动委员会也产生过一定影响。该组织的前身是反核武器非暴力行动组织,成立于1957年6月。它的35名成员曾于1957年8月6日(广岛被炸纪念日)在原子能委员会所属内华达试验基地门前集会,并闯入军事区被捕。此一事件立即受到当时舆论界的注意,在美国民众心中造成了一定的影响。

1958年,和平运动逐渐进入高潮。一些和平主义者采取直接行动抗议核试验。1958年初,4名教友派和平主义者准备驾船驶向核试验海域以阻止试验的进行。1月,他们曾致函艾森豪威尔总统,表明不惜以自己的生命来阻止各大国的军备竞赛。但美国政府不赞成他们的行动。联邦法院采取措施阻止他们把船开进核试验区。有关部门在那里设置了警戒线。每当他们试图闯入核试验区都会立即被押送出去。最后一次时,全体船员被监禁6天,恰好错过了核试验日期。

1958年下半年,和平主义者把反对核试验的奋斗目标扩展为全面反对军备竞赛。争取合理核政策全国委员会于是年9月在纽约举行的全国代表会议上明确规定把争取全面裁军作为自己的行动计划。同时,这个委员会和非暴力行动所属组织派遣会员开展反对修建导弹基地的斗争。他们进入导弹基地,向建筑工人散发传单。上面写有"你对修建足以致成百万人死命的武器基地有何感想"等问题。他们一被地方政府阻止进入基地,就在通向基地的道路上静坐示威,一旦遭到警察逮捕拘禁,立刻就有新的示威者来替补他们。这种斗争方式虽然没有在群众中造成巨大影响,但毕竟是一个新的阶段的开端。1958年5月,非暴力行动派还发出了《向苏联人民和政府呼吁书》,希望苏联方面采取行动停止核军备竞赛。《呼吁书》说:"我们以人类的名义,将不断通过各种可能的渠道,不惜以任何代价,呼吁我们的政府单方面地、无条件地停止生产和试验核武器。"① 同时,《呼吁书》还希望苏联方面也采取同样的步骤。

争取合理核政策全国委员会的活动取得了极大的成功。1958 年以后,无论是这个和平组织的规模还是在民众中的影响都有迅速的增长。为促使日内瓦裁军和停止核试验取得进展,它征集了几千人的签名,并在纽约、克里夫兰、芝加哥、洛杉矶等城市举行了规模宏大的集会。它还于 1959 年组织游行示威支持参议院关于停止核试验的第九十六号决议案。1960 年 5 月,争取合理核政策全国委员会发起的麦迪逊广场集会使这个组织的威信和影响达到了顶峰。参加集会的人群挤满了广场,声势相当浩大。美国政府对和平运动的巨大影响惶恐不安,企图把运动同美国共产党事件联系起来,以便公开予以打击。在集会后不到一个星期,康涅狄格州的国会参议员托马斯·J. 多德在参议院发言说,麦迪逊广场集会的秘密组织者是有经验的共产党员,共产党人要对那次拥挤不堪的群众集会负责,并且要求争取合理核政策全国委员会"无情地清除他们队伍中的"共产党人。多德还在发言中挑拨争取合理核政策全国委员会和地方分会的关系,说什么,这个组织是由"一批道德和信仰都没有问题的永久公民领导的",但也有"证据"表明它的分会里"有强烈的共产党人的影响"。多德还在发言中透露说,争取合理核政策全国委员会领导人之一的诺蔓·卡曾斯曾经请求参议院国家安全委员会帮助他的组织摆脱共产党人的影响,并且表示愿意向安全委员会提供分会的会员名册,以及进行全面的合作。

但是,这个说法是不真实的,是美国政府的阴谋。其目的在于使争取合理核政策全国委员会带有半官方色彩,从而降低它在美国公众中的声誉,使运动受到打击。事实是卡曾斯是被迫同意国家安全委员会对他的组织进行调查,而且只进行了有限度的合作。他在得知麦迪逊广场集会的组织者亨利·艾布拉姆斯将受到国会调查时,立即通知艾布拉姆斯

---

① Lawrence S. Wittner, *Rebels Against War: The American Peace Movement, 1941–1960*, New York: Columbia University Press, 1969, p. 253.

本人,并且以私人的名义,要求艾布拉姆斯表明是否共产党人。卡曾斯在遭到拒绝后才取消了他在这个组织中的职务,同时对参议院的调查表示不满。他声明:"按照民主的原则和实践,我们反对国会的委员会干预一个一直按照所宣布原则行事的组织的事务。"① 不久以后,全国委员会的中央机构通过决议,不允许共产党人和任何极权组织的成员入会。

争取合理核政策全国委员会领导人对国会干预所采取的态度受到激进派的抨击。A.J.马斯特认为卡曾斯在对待参议员多德和他对全国委员会的攻击所采取的政策是极端错误的。罗伊·芬奇则认为"政府无权过问民间组织的活动",而作为"一个团体,却必须过问自己的行动",因此"艾布拉姆斯拒绝回答多德委员会的问题是正确的",但"拒绝回答诺蔓·卡曾斯则是不正确的"。他对于全国委员会的领导机构未能保护艾布拉姆斯不受国会调查表示不满。

国会对运动的干预虽然没有导致大批会员被捕,但仍然给运动带来严重打击。一方面使全国委员会在公众中的声誉显著下降,另一方面也引起了它的内部思想分歧,使它的领导机构举棋不定,无所作为,在和平运动中退居次要地位。代之而起的则是非暴力行动委员会。

1959年,非暴力行动委员会在内布拉斯加州奥马哈城以西采取行动,反对洲际弹道导弹基地。非暴力行动委员会发表的声明指出:"在奥马哈洲际导弹基地,以及所有进行核战争准备的地方,正在给美国和其他地区的男人、妇人和儿童造成巨大的痛苦和无法形容的灾难。我们不愿目睹我们的人民如此受折磨。我们不相信我们有权力以任何借口……使其他民族受如此折磨。"② 许多和平主义者在委员会的组织安排下,在导弹基地布置纠察线,进行一星期的轮班监视。在纠察线上,到

---

① Lawrence S. Wittner, *Rebels Against War: The American Peace Movement, 1941–1960*, New York: Columbia University Press, 1969, p. 259.

② Lawrence S. Wittner, *Rebels Against War: The American Peace Movement, 1941–1960*, New York: Columbia University Press, 1969, p. 262.

处都高举着标语牌,上面写道:"结束导弹竞赛,保障人类生存!"

对于非暴力行动委员会的行动,美国地方政府采取严厉的对策,禁止他们使用城市的公共场所举行集会,禁止他们同导弹基地工人谈话。政府还逮捕了翻越基地围墙的和平主义者。75岁高龄的马斯特也在被捕者之列。此后,每天都有一批人进入基地,其中被拘捕的大部分人被释放后立即又返回基地参加监视活动。

继奥马哈行动之后,1960年和平主义者又在波拉里斯采取行动反对潜艇装备核导弹。非暴力行动委员会和和平缔造者的一些成员在康涅狄格州新伦敦聚会,商定乘船穿越托马斯到格罗顿,并登上基地的潜水艇以示抗议。但是,最初几次行动都因为载有核导弹的潜艇巡弋海上而不得不中断。直至1960年底,示威者才有机会登上乔治·华盛顿号、帕特里克·亨利号和伊森·艾伦号。他们定期在市民、工人中散发传单,并且得到人们的支持。东西部地区高等学校的学生也逐渐卷入运动。学生中有人因为参加阻挠潜艇出海而被投入纽黑文监狱。但他们毫不惊慌。哥伦比亚学院二年级学生维克多·里奇曼告诉记者说:"我发现我已经达到了他们处罚我的极限。我知道我不再害怕政府当局了。"①

和平主义者还采取监视细菌武器生产的运动。1959年7月,和平主义者对迪特里克堡的细菌武器基地进行监视。历时两年,参加者多达几千人。他们轮流值班,每天上午7点钟以前在基地门前树立一块标语牌,上面写着"在迪特里克堡的警戒:停止细菌战的呼吁!"的标语。然后沉默地观察人们进出这个军事中心,一直到下午5点才离去。

在中西部地区学生中的和平主义者和社会主义者于1959年4月组成大学生和平联盟。1960年,联盟人数达到5000,联盟的刊物拥有1.2万家订户。大学生和平联盟的成员认为:"战争不再能够有效地解决国际争端了。无论是人类的自由还是人类的竞争都同充满着军国主义的

---

① "Who the Pacifists Are", *Newsweek*, Dec. 5, 1960, pp. 31–32.

世界格格不入。"①因此,他们要寻求"新的和卓有成效的方法以获得一
个自由和和平的社会。"1960年5月,大学生和平联盟还发起和平签名,
仅仅1个月内,在大学校园里就征得1万人的签名。在加州大学伯克利
分校有3000名学生进行宣传和平的系列演讲。1960年12月,哈佛大学
的1000名学生举行了争取和平与裁军的游行。

总起来看,1960年和平运动已经进入了一个新的阶段。越来越多
的和平主义者离开了会议厅和校园,走上街头进行示威游行。在5月
里,在麦迪逊广场集会之后又有5000人举行夜间游行。在旧金山参加
游行的达3000人。7月,洛杉矶3000名和平主义者举行了"裁军游行"。
和平运动的声势日益壮大。

4.围绕反劳工立法的斗争和工人运动的低落

《塔夫脱-哈特莱法》和《麦卡伦法》的通过给美国的劳工运动和美
国共产党造成了极大的危害。所有的进步工会,甚至劳联都要求取消这
两项法令,或者修改其中为害最大的一些条款。但是,美国的资产阶级
和立法机构却认为这两项法令还不能达到反共反劳工运动的全部目的,
主张采取更为强硬的政策。共和党人和民主党人在总统竞选过程中为
了拉拢工人选票都许诺在当选后取消这两项反对劳工运动的立法。艾
森豪威尔在竞选的时候也做了这样的许诺,但上台以后迫于大资产者的
压力很快就违背了自己的诺言。当时的劳工部长、劳联下属管子工人工
会的成员马丁·达金曾经给《塔夫脱-哈特莱法》提出了9项修正案,但由
于总统的阻挠未能向国会提出。根据劳联执委会的决定,达金向总统提
出辞职以示抗议。

在国会内部一些民主党议员对工会的立场表示理解和支持。宾夕

---

① Lawrence S. Wittner, *Rebels Against War: The American Peace Movement, 1941-1960*, New
York: Columbia University Press, 1969, p. 267.

法尼亚国会议员乔治·罗兹、马萨诸塞州国会议员托马斯·莱恩、肯塔基州国会议员卡尔·珀金斯、明尼苏达州国会议员罗伊·韦伊尔先后向国会提出了废除《塔夫脱-哈特莱法》的议案。罗兹曾发表声明说："正是那些为反对每个工人组织而战的公司的利益成为我们经济的决定性因素。他们也是我们国家的决定性力量。"[①] 然而,在国会两院中反对《塔夫脱-哈特莱法》的议员只占极少数。他们的呼声很快被一片反共反工会的声音所淹没。

垄断资本家和他们的代理人对《塔夫脱-哈特莱法》仍然感到不满意,希望国会采取更加强硬的措施来实现完全控制工会和彻底摧毁共产党的目的。他们要求国会给予各州更多的行动自由,以便对当地工会采取有效的措施。正如《华尔街杂志》所说的:"几乎在所有情况下各州关于工会的法令都比联邦法令严厉。企业主们希望让各州自由行事,以便给工会套上铁笼头。"[②] 有的共和党议员甚至要求国会宣布罢工为非法。如果公司和工会发生纠纷,双方又不能达成协议,就由法庭出面判决。此外,在资产阶级学者中还流行一种说法,似乎主要危险来自工会力量的增长。因此对工会应当实行严格的控制。例如,社会学家唐纳德·里奇伯格在《工会垄断:明显的和现实的危险》一书中写道:"当前,权力已经不在资本巨头手中。我们发现,更为集中的政治和经济权力掌握在不可调整的、不可批评的和不纳税的工会组织手中。"[③]

为了进一步控制和打击工会,1956年底美国参议院成立了一个以麦克莱伦为首的专门委员会,调查工会的贪污行为。参加这个委员会的还有威斯康星州参议员约瑟夫·麦卡锡、亚利桑那州参议员巴里·戈德华特,以及民主党参议员约翰·肯尼迪。麦克莱伦委员会调查了5个全国

---

① 俄文版《美国现代工人运动史》第2卷,莫斯科,1971年,第300页。

② *Wall Street Journal*, April 3, 1953.

③ Donald R. Richberg, *Labor Union Monopoly: A Clear and Present Danger*, Chicago: H.Regnery Co., 1957, p. 6.

性的工会组织和50个同工会有集体协议的公司。调查的本身是不公正的，其目的在于煽动工人反对工会。调查者很快就发现，公司方面的违法行为远比工会的贪污问题要严重得多。但他们故意加以回避。麦克莱伦委员会的法律顾问罗伯特·肯尼迪也不得不承认公司方面的问题没有认真揭露出来，但他把原因推到委员会没有足够的权力上面。他还承认诸如《纽约时报》《纽约镜报》之类的大报纸得到了公司方面的好处，专门登载破坏罢工的文章。①最后，麦克莱伦委员会以阻止贪污在工会内部蔓延为借口建议通过立法遏制工会的发展。与此同时，美国商会和全国企业家也都向国会施加压力，要求通过新的反对工会的立法。

1957年，各州协会和美国国会纷纷采取措施，禁止"工会车间"。"工会车间"是《塔夫脱-哈特莱法》保留给工会的一点权利，根据这个规定，工人在被雇用30天后即应参加工会。不过，《塔夫脱-哈特莱法》还给各州规定了取消这个权利的自由。到1955年，事实上已经有17个州取消了"工会车间"。全国范围内禁止"工会车间"就等于限制工会发展会员，其后果将是极其严重的。1957年，15个州的立法机构开始讨论取消"工会车间"的立法。民主党参议员麦克莱伦还在国会提出所谓的禁止"强制工会主义"的法案。不过这些法案都由于广大工人的抵制而未能通过。

1958年和1959年初，艾森豪威尔总统又两次在致国会咨文中提出要采取措施"保障工人的权利"。1959年6月27日，佐治亚州民主党众议员兰德勒姆和密歇根州众议员格里芬遵循艾森豪威尔的旨意向国会提出新的劳工法案。其主要内容有二：第一，所有企业的工人都有权决定是否参加工会；第二，凡未参加劳资冲突公民的利益将受到保护。这两点内容都是针对工会提出的。其目的是要鼓励工人脱离工会和工会组织的斗争。艾森豪威尔总统、全国企业主协会和美国商会对这个法案都表示满意。1959年8月7日，艾森豪威尔在广播讲话中表示，他两年来都坚持制定一个防止工会滥用权力的法案。国会参众两院经过激烈

---

① Robert F. Kennedy, *The Enemy Within*, New York: Harper & Brothers, 1960, p. 216.

辩论后,终于9月3日、4日两日以压倒多数的票数通过。

《兰德勒姆-格里芬法》的通过给美国工人运动带来了新的沉重的打击。从此给予了法庭干预工会内部事务的合法权利。工会的选举,会费的收取,领导机构的行动都置于法庭控制之下。法庭甚至有权根据工会会员的控诉,解除受指控工会领导人的职务。

美国最大的工会组织劳联-产联的领导人对艾森豪威尔政府一直抱有幻想,希望它能够履行诺言,废止或者修改《塔夫脱-哈特莱法》。他们对于《兰德勒姆-格里芬法》的通过感到意外。同时,他们又不愿意同政府决裂,以免影响他们在反共问题上的合作关系。劳联领导人米尼曾经在国会听证会上说:"自由世界卷入的反共斗争旷日持久,因此我们首先需要企业和工人的密切合作。""我们请求制定同时能够满足工人和企业主的法律。"《兰德勒姆-格里芬法》案显然不适合劳联-产联领导人的口味,但他们除去口头上向国会表示抗议以外别无选择。

资产阶级舆论对劳联-产联领导人所采取的消极退让的立场感到满意。1957年12月,《幸福》杂志载文表示:"如果劳联-产联应当对上帝有所感谢的话,那就是因为它拥有乔治·米尼主席。"[1] 美国商会的代表也认为:"当前,乔治·米尼领导的工会运动采取守势","政治活动家米尼在最近的将来将局限于保持这种防御立场"。[2]

由于劳联-产联领导人的和解政策,20世纪50年代后半期的工人运动比较消沉。大规模的罢工运动屈指可数。其中以1958年、1959年的三大汽车公司工人罢工、钢铁工人大罢工为最著。1959年钢铁工人罢工是一次捍卫就业权利的斗争,罢工人数达到54万人。罢工是由于资方拒绝工人提高工资的要求,并以有权改变劳动规章作为新一轮谈判的先决条件所引起的。罢工使美国的经济和军事设施计划受到影响,经艾森豪威尔政府出面干预后于1960年初胜利结束。公司方面放弃了改变劳动规章的要求,并同意增加每小时工资和假期津贴约41美分。

---

①② Fortune, Dec. 1957, p. 154.

然而,广大的工会会员、一部分工会领导人对这种沉闷的状况是不满意的。他们的情绪在工会内部形成一种强大的压力,使劳联-产联的领导人不得不承认工会所面临的严峻现实。米尼在1959年劳联-产联第三次代表大会上声称:"我们是大企业进攻的见证人,其目的在于企图削弱工会运动使它处于无所作为的状态,从而最终消灭工会运动。"①1959年3月,劳联-产联执委会圣胡安会议不顾米尼的反对通过了组织失业者进军华盛顿的决议。执委会曾就此问题发表声明说:"对当今美国存在贫困无任何辩解可言。我们为什么会有成百万的失业者?我们为什么让欣欣向荣的社会成为幽灵城市和萧条地区?工人运动应当经常提出这样的问题,并且对此得出建设性的回答。"②

　　1959年4月8日,由各地方工会指派的7000名工会会员由全国各地进军华盛顿,并在那里举行集会。另外,上千名自动参加进军的工人也按时到达。这在当时来说是一次声势颇为浩大的示威,本来有可能取得一些成果。然而,由于工会领导人的阻挠,示威群众只是一般地申诉失业者的困难处境,呼吁政府予以注意。这次虎头蛇尾的进军就此结束。

　　米尼的调和和退让的立场不仅招致普通会员的不满,而且在劳联-产联的上层领导人中也引起了争议。在1959年9月召开的第三次代表大会上,不断有人对米尼的政策提出质疑和表示不同的看法,甚至提出直截了当的批评。劳联-产联领导人之一赖特抱怨说,联合以后的劳联-产联在最重要的活动领域"处于守势","同10年前相比,今天有组织工人的比例只占少数"。③劳联-产联司库哈尼特明确指出:"我们曾努力满足立法机构的胃口,但遭到失败。我们也曾希望满足反动政客的胃口,但也遭到失败。"④许多代表甚至直接提出了加强工会的独立行动和

---

① *AFL-CIO Proceedings*,1959,p. 19.

② *Worker*,April 5,1959.

③ *AFL-CIO Proceedings*,1959,Vol. 2,p. 442.

④ *AFL-CIO Proceedings*,1959,Vol. 2,p. 461.

建立美国的工人政党的要求。

总的来说,20世纪50年代后半期是美国工人运动相对低落的时期。但是黑人工人却异军突起,展开了在工人运动内部争取,消除种族歧视的斗争。随着黑人工人人数的增加,产联和劳联的领导人都不得不正式提出在工会内部消除种族歧视的问题,以争取黑人工人的支持。双方领导人和代表在谈判两个组织合并时都同意把这个原则写进新章程。然而对于这一行动,在各个黑人工人组织中和他们的刊物上,有褒有贬,态度不一。伦道夫对合并声明表示满意,认为新的联合会"将在章程上承认所有工人在合并后的联合会内部,不分种族、不分信仰,不分原有国籍,享有工会组织的全部权利。合并后的联合会将尽快建立相应的内部机构以便有效地实现这一非种族歧视原则"①。但更多的人采取怀疑和批评的态度。因为无论是劳联,还是产联都早已把种族平等原则写在自己的旗帜上,但却一直纵容所属工会歧视黑人工人。

反应最强烈的是黑人工人全国委员会。该委员会散发了几千份《致劳联和产联的公开信》。信的结尾指出:"黑人工人全国委员会公开呼吁劳联和产联的领导人改正他们现有章程条款中关于会员权利平等问题的可悲错误。为了美国全体工人,包括白人工人和黑人工人的最高利益,我们敦促工人们刻不容缓地支持它的高度民主观点,在他们的新章程中取消'纯粹白人'工会和黑人附庸,取消工人运动中的'二等公民',保障黑人在各级工会中的领导职位,以及工会运动对黑人争取自由和平等斗争的全力支持。"②

各地的黑人工会组织,特别是中西部地区的黑人工人组织为了在即将成立的新联合会中加强自己的影响以实现真正的种族平等,掀起了一场广泛的运动,并且产生了自己的领导机构——黑人工会会员委委员会。委员会向劳联发出呼吁,要求在合并前"清除其内部非民主的,制造

---

① ② *Freedom*, Mar. 1995.

分裂的、种族歧视政策和行为"。① 此外还要求澄清章程中保障平等权利和非种族歧视的条款,并要求黑人工人进入执行委员会。经过不懈努力,黑人工人代表在合并大会上取得了两项成果。第一,他们把黑人工会活动家 A.菲利普·伦道夫、威拉德·S.汤森选为 27 名副主席中的两位。第二,使黑人工人詹姆斯·B.凯里被任命为劳联-产联的民权委员会主席。但是,劳联-产联新章程中关于种族问题的论述仍然同合并声明一样停留在原则问题上,没有进一步具体化。

事实上,在大部分劳联-产联领导人的头脑中种族歧视的观念并没有肃清,且在以后的行动中时有表现。最明显的是,他们对 1956 年蒙哥马利城黑人抵制公共汽车运动无动于衷。在劳联-产联总部工作的一位作家发表评论说,当黑人最需要帮助的时候,劳联-产联及其所属的工会几乎都在装聋作哑。② 但是,当地一些地方工会组织的领导人出于义愤,不顾劳联-产联领导人的态度,自发地带领会员参加和支持这场运动。其中最为突出的是卧车服务员兄弟会蒙哥马利城地方分会、美国食品加工工人协会第六十五地方分会等。这些组织不仅在经济上支持抵制者,而且直接参加了抵制运动。

此外,劳联-产联系统的一些工会还自动地为支持黑人的民权运动而进行不懈的努力。例如,美国食品加工工人协会和美国汽车、飞机、农业机械工人联合会的地方分会就曾同黑人民权组织一起向国会施加压力,要求通过《民权法案》。他们还组织自己的会员乘坐火车和公共汽车去首都华盛顿支持小马丁·路德·金等黑人领袖发起的进军运动。

1957 年,《民权法案》终于在黑人运动的强大压力下获得通过,但经过国会修正,扩大了陪审团的权力。规定未经陪审团审理的侵犯民权案

① Art Preis, *Labor's Giant Step: The First Twenty Years of the CIO*, New York: Pathfinder Press, 1972, p. 518.

② Shuber Morgan, "The Negro and the Union: A Dialogue", *American Socialist*, July - Aug., 1958, p. 38.

件判刑不得超过300美元罚金和45天监禁。这项修正等于把《民权法案》的执行权完全交到南部白人种族主义者手中。连劳联-产联的执行委员会也对此表示失望，并且声明："劳联-产联将在今后的年代继续要求不断改进(《民权法案》)，直到完备的民权对所有公民都得到保障为止。"① 这项声明很快在黑人报刊上转载出来，但同时也有人不以为然，向劳联-产联提出质疑，既然执行委员会要继续争取"完备的民权"，那么为什么不在劳联-产联内部率先予以实现呢？这个问题一针见血，具有强烈的讽刺意味，因为劳联-产联在合并的时候竟然允许一直实行种族隔离的铁路司炉工兄弟会、火车司机兄弟会、列车员兄弟会和铁路职员兄弟会等组织加入联合会。种族主义者，铁路职员兄弟会的主席乔治·M.哈里森还被选为联合会的副主席。就是这位主席被最高法院告知，他应当取消工会内的种族隔离。

普通黑人工人对于劳联-产联领导人在消除种族歧视上的无所作为越来越不耐烦，纷纷表示自己的意见，并且采取行动。1957年1月19日，《匹兹堡信使报》发表了美国钢铁公司霍姆斯特德工厂黑人工人起草的决议。上面抱怨说："白人工人不到1年的工作时间就从杂务工转到电气和机械车间，而黑人却不得不留在杂务工里干14到15年时间。"报纸还登载了黑人钢铁工人在匹兹堡地区成立了"钢铁工人公平分配团"的消息。他们要求对黑人工人实行公平分配、公平就业和公平福利。他们还向劳联-产联的领导人去信，说明自身的困难处境，希望联合会的领导能够主持公道。

钢铁工人的呼声虽然没有打动劳联-产联的领导人，却引起了全国有色人种协进会的注意。协进会认为，如果工人不能够通过清除就业上的种族歧视来改善他们的经济状况，那么国会内取得的民权胜利将会是"毫无意义的耻辱"。协进会希望劳联-产联在合并6个月后有可能集中力量来处理内部的种族问题。协进会的工人书记赫伯特·希尔还要求各

---

① *Monthly Labor Review*, Aug. 14, 1957.

地方分会同劳联–产联的民权委员会合作，抵制"反对黑人的工厂主"。

起初，全国有色人种协进会对劳联–产联的缓慢行动采取耐心容忍的态度，直到1957年6月协进会在底特律召开第四十八届年会的时候，两个组织的关系还是协调和好的。但是到1958年，协进会已经忍无可忍，对劳联–产联提出了公开的批评。协进会执行书记罗伊·威尔金斯在1958年5月21日举行的纽约食品工人大会上对劳联–产联的领导机构提出了公开批评，指责它不应当容忍铁路列车员兄弟会和铁路司炉、司机兄弟会在章程中保留排斥黑人的规定，不应当允许钢铁工人工会、造纸工人工会、石油化工工人工会所属地方分会在不同程度上推行种族歧视。他还尖锐指出："有这样一些工会在那里通过关于民权的决议，召开关于民权的会议，放映关于民权的电影，而在集体谈判桌前和在地方分会里就裹足不前了。"[①] 以后，协进会的领导人又不止一次地向劳联–产联的有关负责人提出在联合会内部消除种族歧视的问题，但都未能收到显著的效果。

50年代后半期，女工问题在工会运动中也占有一定的地位。1955年，劳联–产联合并前夕，女工们对未来的新联合满怀期望。因为劳联主席米尼曾经发表声明，要吸收那些由于种种歧视，其中包括性别歧视，而被排斥在工会外面的工人，并给予平等待遇。他说："那些由于种族隔离和任何其他种类的歧视而未参加组织的工人是对工会会员现状的威胁。任何低收入的、低于一般状况的人也是对工会会员现状的威胁……合并将意味着拥有更多的有效手段，在全国范围内取得实现公平就业的法令，以及在其他领域取得民权的保障。"[②] 劳联–产联成立后，开始注意在女工中发展会员，并起用女工会干部参加各级组织的领导机构。1957年，米尼颇为骄傲地指出，有200名妇女参加了工会的脱产行政工作，有上千名妇女担任了地方工会主席的职务。

---

① *New York Times*, May 22, 1958.

② *Freedom*, Mar. 1955.

南部工人结构的变化使女工问题在工会发展中占有特殊的地位。第二次世界大战后,在南部的工厂中非工会会员的女工人数占有很大比例。在迅速增长的白领工人和第三行业工人中女工人数很多。她们当中的绝大部分人都没有参加工会。劳联－产联的领导人越来越清楚地意识到,若不迅速将这部分工人组织起来,那么工会会员在工人当中将居于少数。他们开始向各所属分会说明妇女问题的重要性和应当把女工关心的问题列入工会的议事日程。然而由于传统偏见的阻挠,收效甚微。最后还是女工们自己行动起来,用事实验斥了妇女不能组织起来的说法。其中表现最突出的就是零售药店雇员联合会。这个分会在纽约市80多个非营利性的医院中发展会员,并且取得成功,使几千名护士和女工加入了工会,还在一些医院中发动罢工为会员取得福利和增加工资。在工人运动低落时期,这不能不算是一个引人瞩目的成就。

5.美国共产党内部的争论和党的分裂

艾森豪威尔总统任内,麦卡锡主义遭到破产,对美国共产党的迫害也有所放松。最高法院暂时中止了美共党员的"登记"。尽管美共所面对的形势仍然十分严峻,但毕竟赢得了喘息的时机。同时,50年代中期,国际形势也有所缓和。这就使得美共党内的一些领导人和活动家有可能冷静地分析形势和美共在第二次世界大战后所采取的基本政策。

以约瑟夫·克拉克和约瑟夫·斯塔罗宾为代表的一部分美共党员首先对形势提出了不同的看法。两人都是驻外记者。他们根据自己对国际事务的观察曾先后向美共中央提出书面报告,说明国际形势趋向缓和,不存在世界大战迫在眉睫的危险,同过去党关于国际形势的结论颇有出入,希望党中央能够根据形势的发展重新考虑党的斗争策略,把合法斗争放到重要地位。这种观点在1954年美共新纲领中也有所反映。尽管新纲领仍然提出世界大战的危险和法西斯的威胁,但已较为缓和,而且认识到必须根据多数人民的愿望,通过和平合法手段实现社会主义。美共领导人威廉·福斯特虽然对形势的估计仍然持原来的看法,但已意识到合法斗争的重要性,并对过去的宗派主义倾向提出批评。他认为美共"最主要的缺陷是左倾宗派主义的工作方法",它"已使党自我收缩起来,忽视了各条战线上的群众工作"①。美共的另一位领导人丹尼斯也在监狱中重新思考党的所有方针政策。1955年3月1日,他提前出狱后在党内外群众中进行深入的调查,全面检验过去10年间党的工作和所产生的后果。

在美共处于困难的时刻,确实有许多热爱党、忠于共产主义事业的美共党员在反动势力的围剿声中清醒过来,开始冷静地、认真地进行反思,实事求是地总结困难时期的经验教训。这是一个非常可喜的现象。但是,美共党内也有少数党员经不起考验,对前途丧失了信心,在白色恐怖面前惊慌失措。他们迫不及待地要求党放弃自己的斗争目标,向政府屈服,甚至想方设法瓦解党的组织,改变党的性质和名称,以迎合资产阶级的需要。这就使美共党内的反思复杂化。以约翰·盖茨为首的《工人日报》编辑部提出了一系列富有挑拨性的问题使党内的思想产生混乱。

更为严峻的是苏共二十大的召开和波兰、匈牙利事件相继发生。这一次又一次的剧烈震荡给美共造成了空前的强大冲击。3月16日,《纽约时报》等报纸刊登了赫鲁晓夫秘密报告的摘要片段。3月28日,苏联《真理报》公开批评斯大林。这在美共党内引起了轩然大波。党员的来信像雪片一样纷纷涌向《工人日报》编辑部和美共中央,提出了各式各样的问题,表示了焦虑不安的心情和对美共中央亲苏政策的强烈不满。美共领导人对这种突如其来的冲击缺乏思想准备,显得有点捉襟见肘,穷于应付。《工人日报》编辑部不加删节地发表党员来信。各种思想,各种问题,以及对美共中央的非难和指责都陈露在党员面前,更加使人辨不清是非,摸不准方向,甚至造成部分党员对党的信任危机和对社会主义的信仰危机,出现了成批人退党的现象。

---

① *Political Affairs*, No. 7, 1953, p. 26.

在这种形势下进行全党的反思是十分必要的,但又是十分困难的。反思的成功或者失败将直接影响美共的生存和发展。在这样的严峻关头,各种派别、各种力量都必然要抓紧时机登台表演。

反思活动是从1956年初开始的。丹尼斯和盖茨两人出狱后都在1月20日《工人日报》创刊32周年庆祝会上发表了"要对所有问题进行新的考察"的讲话。但他们都没有对具体问题进行更深入的论述,避开了彼此的分歧点。丹尼斯所说的共产党人在科学社会主义指导下"正在对所有问题进行新的考察,从我们在判断、策略和理论上的错误中吸取教训"①,无疑是正确的,是迫切需要解决的问题。美共在过去一段时间里确实存在过这样和那样的错误,特别是左的错误。如果不认真清理并加以纠正,将会使已经削弱的党进一步受到损害,甚至一蹶不振。

美国共产党面临的第一个问题就是如何正确评价斯大林的功过。这个问题十分敏感,牵动着每个共产党员的心。过去的偶像一日之间变成一个十分有争议的人物,这使许多人在思想上无法接受。有一部分人有上当受骗的感觉,产生了偏激情绪,发表了反对和全盘否定斯大林的言论。也有一部分人感到失望和悲伤,不断向《工人日报》去信诉说内心的痛苦。3月16日,福斯特在《工人日报》上发表文章,引导美共党员正确对待斯大林问题。他认为斯大林虽然有错误,但在国家工业化、反对法西斯战争和反对冷战过程中发挥了"重要的领导作用"。他相信,这个问题只有苏联人自己才能够解决好。美国共产党人没有必要为斯大林的错误辩护,但也不应当在政治上彻底抛弃斯大林,落入反苏"陷阱"。福斯特的这一立场基本上是正确的。党内的一部分人接受了福斯特的看法。但也有一部分人主张彻底追查斯大林的错误。4月2日《工人日报》发表了社论,专门谈论匈牙利伊拉克案件的责任问题,主张追查责任,公之于世。此外,也有人批评了美共党内存在的个人崇拜现象。

---

① Peggy Dennis, *The Autobiography of an American Communist*, Westport, Conn.: Lawrence Hill and Co., 1978, pp. 220–221.

1946年4月28日至5月1日，美共中央举行第一次中央扩大会议。由丹尼斯做以《共产党做出新的考察》为题的工作报告。丹尼斯在报告中回顾和肯定了美共10年来所取得的成就和所做出的贡献。他引以为自豪的是，党在反对战争、反对法西斯危险和支持罢工方面所采取的不屈不挠坚持斗争的态度是完全正确，并得到美共党员拥护和支持的。党在麦卡锡反动时期的坚定立场和大无畏英雄气概博得了社会舆论和进步人士的同情和赞扬。丹尼斯认为美共所面临的最大问题是"以往几年中党遭受了极为严重的组织损失，在许多战线和领域中的政治影响严重下降，党已处于空前孤立的地位"。而这种困境多半是由于党的政策失误造成的。错误之一是对形势的估计不正确，从新的世界大战"迫在眉睫"的估计出发缩小了统一战线的范围。错误之二是没有从普通工人的实际觉悟程度出发，忽略了经济因素，从而使党在许多问题上脱离了群众，甚至把过去的同盟者推到自己的对立面去。对进步改良团体采取排斥态度的事件时有发生。错误之三是过高估计了法西斯的危险，"低估了利用合法斗争手段捍卫自己的可能性和必要性"，1951年后"实际上抛弃了公开进行群众工作的合法地位"，对党员和党的干部采取了"不民主的措施"，使党遭受严重损失。这与党在统一战线工作中，"特别是在和平斗争、黑人斗争、民权斗争和工会运动中采取的多年积存下来的左倾宗派主义方法"有关。丹尼斯还批评了"长期以来党用教条主义的机械方式搬用其他党的经验和马克思主义原则的强烈倾向"。最后，丹尼斯总结说："非常明显，自从1945年以来我们党在绝大多数形势分析与斗争策略上所犯的错误主要具有左倾宗派主义的性质。"丹尼斯在谈到今后任务时，特别强调实行党内民主和纠正左倾错误两点。

中央扩大会议还传达了赫鲁晓夫秘密报告详细摘要，历时一个半小时。报告产生的效果是严重的，进一步加深了部分人的偏激情绪，使正常的反思活动难于控制，逐渐演变为党内的纷争。全会以40票赞成、3票弃权、1票反对的多数通过了丹尼斯的报告。盖茨曾提议应当将中央的分歧向全党公布，但遭到否决。

全会闭幕后,美共内部的分歧日益明朗化和尖锐化。6月5日,《纽约时报》全文刊载了赫鲁晓夫秘密报告,使美共所有党员又受到一次巨大的冲击。《工人日报》连篇累牍地发表文章,评论这次事件。美共中央也于6月25日发表声明。《工人日报》还转载了陶里亚蒂接见意共《团结报》的讲话全文。大多数人认为,斯大林的错误有着社会"民主结构"上的原因,并且要求揭穿和澄清战后迫害犹太人的问题。只有福斯特一人表示反对。丹尼斯表示应当检讨过去紧跟苏联的错误,同时反对那种追究苏联责任的做法。他指出:"衡量我们'政治独立'的不是我们对其他党提出多少'批评'或施加多大'压力'而在于我们自己创造性地从美国实际出发解决美国自己的问题。"

在对待匈牙利、波兰问题上也存在严重的分歧。美共中央发表声明,指出波匈事件是苏联和匈波党政领导人违反社会主义民主原则造成的,不赞成苏联出兵。福斯特再一次反对中央的声明。丹尼斯在表决时弃权,认为美共中央的声明减轻了波匈两党的直接责任。

不过,美共党内对待苏共二十大和波匈事件的分歧还不足以导致党的分裂。最为严重的、不可调和的分歧表现在党的性质、组织形式和名称上的分歧。丹尼斯在中央全会上所作的报告中就提出党应当积极争取"建立一个真正以马克思主义为基础的广泛的群众性社会主义政党",但却没有说明这个党同美共有什么关系。这就给人们留下了一个意义不明确、可以任意加以解释的概念,美共纽约州委以27票对1票通过了改变党的名称的决议。① 其理由是,可以更广泛地吸收其他社会主义团体共同斗争。还有人认为,应当解散党,重新建立一个新的社会主义政党。这个问题极为敏感,一旦触发就不可收拾。

1957年2月,美共举行了公开的第十六次党代表大会。当时的气氛非常紧张。资产阶级报刊预言美共已面临末日。他们派遣大批记者涌

---

① Joseph R. Starobin, *American Communism in Crisis, 1943–1957*, Cambridge, Mass: Harvard University Press, 1972, p. 309.

进大会会场,准备报道美共垮台的悲剧。然而他们高兴得太早了。在这次大会上争论虽然十分激烈,但仍然通过了基本上正确的决议,对背离马克思主义、取消党的论调给予了驳斥和批评。决议重申以马克思主义作为党的指导思想,同时强调必须把理论与美国工人阶级的具体经验结合起来,号召全党面对现实,独立地创造性地研究和发展马克思主义。决议批评主张将党改组为政治行动协会的某些修正主义观点,声明:"大会确认美国共产党的继续存在。我们主要的目的是巩固、改组和团结共产党,结束其独立状态。大会反对把党改变为政治的或者教育的团体。"①但决议并没有指责讨论中提出的一切改变党的名称和形式的观点,主张实事求是,分别对待。决议指出:"但如果把一切主张更改名称和形式都贴上修正主义的标签,那也是错误的。"

大会还对中央领导机构进行了变动,取消党中央主席和总书记的职位,确定中央委员为60名。其中20名由大会选举,并主持党中央各机构的日常工作。其余40名由地区或州委代表大会产生。福斯特、丹尼斯、盖茨都被选进新的中央委员会。美共的许多著名活动家伊丽莎白·弗林、格斯·霍尔、亨利·温斯顿等人均在狱中服刑,未能参加大会。他们当中多数人也被缺席选进中央委员会。

美共第十六次代表大会维护了党的存在和团结,具有重大的历史意义。但是这种团结只是各种力量妥协的结果。党内的分歧依然存在,而且不断激化。5月初,各地中央委员均已选出,举行了第一次美共中央全会。全会选出了17人组成的中央政治局,丹尼斯和盖茨当选,福斯特作为名誉主席进入政治局。6月3日,又由政治局选出7人组成的书记处。不幸的是,美共的新领导机构刚刚成立,在美共的高中级干部中就接连发生几次激烈的争论,不断有人退党。

1957年6月底,苏共中央全会解除莫洛托夫等4人职务的消息传来后,盖茨发表文章赞扬苏共这一措施有利于党内的民主化。克拉克则推

----

① 俄文版《美国共产党第十六次代表大会》,莫斯科,1958年,第123页。

而广之,指出莫洛托夫等人固然应当负责,"但如果认为赫鲁晓夫、米高扬"等人"从未参与30年代大镇压……也同样愚蠢"。[①] 美共中央对于克拉克这种不负责任,公开在党报上抨击苏共领导人的做法表示不满。7月中央全会通过了对克拉克提出批评的决议。9月初,克拉克自动退党。接着由于观点上的分歧,毕特尔曼等老党员也相继退党。此时盖茨与福斯特、丹尼斯的矛盾已达到了极点。最后,《工人日报》的停刊问题促使双方摊牌。由于经费困难,美共中央几次考虑停办《工人日报》,最后终于决定于1958年1月停刊。盖茨和编辑部人员坚决反对,并扬言要退出美共。美共中央随即于1958年初解除盖茨党内的一切职务。盖茨遂向党中央提出了退党报告。

2月23日,在美共中央全会上,根据福斯特的提议,又有10名政治局委员被解职。福斯特本人也由于年老多病未被全会选入政治局,只保留了名誉主席的头衔。调整后的政治局委员只有9人,比一年前少11人。接着又有100多名党的高中级干部退出美共。这时美共党员不过7000人。[②]

至此,美共党内的反思过程基本结束。认真总结党10年来的经验教训无疑是必要的和有益的。通过争论,党内多数人对左的教条主义错误及其危害性有所认识,批评了过于依赖苏共的倾向和脱离美国国内实际的错误。但是,反思的代价也是极其昂贵的,来自右面的取消党的过激行动和错误,以及分裂党的活动,都在党员群众中进一步造成思想混乱,导致大批党员退党。不过,美共这个组织毕竟是保留下来了。人数虽然锐减,但还在继续活动。从这个意义上说,美共是坚强的,有希望的。

1959年12月,美共在纽约召开了第十七次党代表大会,确定了党的新的领导班子和新的领导人。格斯·霍尔当选总书记。丹尼斯因患重病未能出席大会,但仍当选中央主席。由于积劳成疾,投药无效,丹尼斯终最终于1961年1月31日与世长辞。同年11月,福斯特也在苏联逝世。

---

① *Daily Worker*, July 10, 1957.

② *New York Times*, Jan.11, 1958.

四、20世纪60年代的风暴

1. "新边疆"和"伟大社会"

1960年,约翰·F.肯尼迪在大选中获胜,随即入主白宫,当时年仅43岁,为美国历史上最年轻的总统。然而肯尼迪面对的现实是相当严峻的。战后的经济繁荣已接近尾声,失业问题和通货膨胀不但没有减轻,而且越来越成为令美国政府决策人感到头痛的社会问题。战后的第四次经济危机还没有结束,相当多的迹象表明,更大的危机正在"孕育之中"。在国际上,美国的霸主地位也受到了严重的挑战。美国在战略核武器方面对苏联的优势已经丧失殆尽。U2飞机事件和苏联人造卫星发射成功意味着美国在空间竞赛中受到了沉重的一击。美国举国上下陷入了惊恐,产生了紧迫的危机感。不过,20世纪60年代国际共产主义运动的分裂总算给肯尼迪提供了一个可乘之机。他利用中苏对立,同苏联搞缓和,同时加紧遏制中国。

西欧和日本的形势也发生了不利于美国的变化。这些过去唯美国马首是瞻的盟国的经济实力迅速增长,已经消除了对美国的依赖,渴望取得经济、政治的独立发展。在军事上对美国的实力也产生了怀疑。在美国一手建成的盟国体系内出现了初步的但却是相当强烈的离心力。西欧国家要求联合起来对抗超级大国的趋势越来越明显。在日本也出现了反美情绪,甚至演变为示威游行。第三世界国家的崛起也逐步改变了美苏两霸主宰世界的格局,使美国的影响受到削弱。

肯尼迪在国内经济困难和美国霸权开始衰落的形势下不得不重新

制定自己的对内对外政策。他曾委任许多专门小组对国内外的形势做了充分的研究,然后在这个基础上提出了所谓的"新边疆"政策。肯尼迪使用"新边疆"这个名词的含意,在他接受民主党总统候选人提名的演说中讲得十分清楚,他说:"不论我们是不是在寻求'新边疆','新边疆'已是既成事实……未知的科学与空间领域,未解决的和平与战争问题,尚未征服的无知与偏见的孤立地带,尚无答案的贫困与过剩的课题。"①可见,肯尼迪是以一个开拓者自居的。应该说,肯尼迪的确是一位雄心勃勃的年轻美国总统。他的对内对外政策颇有特色和想象力,但从根本上说仍然是新政以来改革政策的继续,而且很多重要措施在他生前始终未能实现。

肯尼迪国内"新边疆"政策的主要内容包括改革农业、税收、贸易、工资价格政策,遏制通货膨胀,缓和失业问题,扩大社会福利、缓和种族矛盾、保障黑人民权等。在农业方面,肯尼迪于1961年8月8日签署了1961年农业法案,以减少大量剩余农产品,稳定农产品价格,保障农民得到公平的报酬。具体办法是:增加国内食品补贴的份额,增加农产品出口和减少小麦、饲料的种植面积。在税收方面实行减税政策以刺激投资和活跃市场,1962年,国会通过了"加速折旧法案""延期纳税法案"和"投资税优惠法案"使工业部门上缴的赋税减少25亿美元。第二年,肯尼迪进一步提出减少个人所得税110亿美元、公司税款35亿美元的建议。然而这项建议遇到了层层阻挠。后来虽经财政部部长修改,把减税额降低到106亿美元(个人所得税80亿美元、公司利润税20亿美元),仍未能在肯尼迪生前通过。在工资和物价方面,肯尼迪政府宣布了工资——物价指标,规定以生产率的增长为标准,工资、物价的增长均不能超过这个标准。此外,肯尼迪在扩大社会福利,培训人员以增加就业机会,增加高等教育拨款,解决城市住房问题等方面也取得了某些进展。肯尼迪在遇刺

---

① [美]西奥多·索伦森:《肯尼迪》,复旦大学世界经济研究所译,上海译文出版社,1981年,第58页。

前还通过总统经济顾问委员会着手制定"向贫穷宣战纲领"。

肯尼迪在竞选的时候曾经大言炎炎表示要在当选总统后立即提出新的民权建议为黑人呼吁。但他进入白宫后却迟迟不采取行动,只是象征性地要求增加黑人在国家仪仗队中的人数,并取消海岸警卫队学院"只接受白人"的规定。这使广大黑人选民大失所望。他们开始发动规模不同的反对种族隔离的示威运动。1962年,佐治亚的阿尔巴尼出现了黑人反对种族隔离、抵制乘坐公共汽车的阿尔巴尼运动。1962年9月又发生了密西西比州大学拒绝黑人詹姆斯·梅雷迪恩入学事件,并因此引起种族主义分子的骚乱。联邦军队不得不出面干涉。1963年春还爆发了规模宏大的伯明翰黑人示威运动,并遭到警察的镇压。因此招来了国际舆论对伯明翰警察暴行的谴责。

在这种咄咄逼人的形势下,肯尼迪终于在1963年6月11日向全国发表了著名的电视演说,呼吁人们从道义上抵制种族歧视。6月19日,肯尼迪向国会提出了新的民权法案。这个法案是第二次世界大战后美国政府提出的最广泛的、最自由主义化的民权法案,得到了民权运动领袖的支持,但始终未能在国会通过。

肯尼迪在任内的另一项重要措施是制订阿波罗登月计划。早在1961年初,肯尼迪就要求副总统约翰逊尽快组织力量制订一个先进的太空计划,以便赶上和超过苏联,并恢复水星计划进行载人太空飞行试验。5月初,韦伯和麦克纳马拉制订出详细的太空计划,预计耗资约200亿美元。5月25日,肯尼迪宣布:"我们国家应当努力在这10年结束以前,实现把一个人送上月球,再平安地返回地球这样一个目标。"①不过,这项庞大的阿波罗登月计划,在肯尼迪生前只完成了载人绕地球飞行的试验阶段。直到1969年7月,美国人才完成了人类征服月球的首次太空飞行。

在外交方面,肯尼迪的"新边疆"政策以争取世界霸权地位为出发

———————————

① [美]约翰·肯尼迪:《扭转颓势》,沙地译,生活·读书·新知三联书店,1976年,第74页。

点,根据美国实力下降的具体情况,在战略上做了某些调整和变动,但基本目标不变。肯尼迪首先否定了过去美国政府奉行的以核威胁力量为基础的大规模报复政策,认为这种政策缺乏灵活性,是一种死胡同政策,使得美国只能在"毁灭世界"或者"低头屈服"两者之间做出选择。他要求采取一种具有灵活性的军事战略,能够"制止所有的战争,全面战争或有限战争,核战争或常规战争,大战争或小战争"。这就是肯尼迪的灵活反应战略。这一新战略既注重常规军事力量的扩大,又重视战略核力量的发展,把海外的战线拉得很长。对苏联仍然采取遏制政策,但同时也谋求美苏"缓和"。在肯尼迪任内,由于美苏两国的对抗,先后出现过柏林危机和导弹危机,也出现过两国的妥协和"缓和",1963年7月,美苏英三方达成了有限禁止核试验的协议,并草签了部分禁止核试验条约。

为了同苏联争夺第三世界国家,肯尼迪加强了对这些国家的经济援助和渗透,同时对越南和古巴采取军事干涉。1961年4月,在美国的策划下发生了入侵古巴的猪湾事件。结果以美国的惨败而告终。肯尼迪在越南实行有限卷入的政策,增加军事顾问人数,将美国驻西贡的军事援助小组升级为司令部,增加军事援助,并且动用空中力量在南越狂轰滥炸。

在西欧,肯尼迪希望建立一个听命于美国的统一的欧洲,为此提出了实现欧洲统一的"宏伟计划"和建立名义上由北约控制的核打击力量,但由于遭到法国的坚决反对而无法实现。

肯尼迪遇刺后,副总统林登·约翰逊于1963年11月27日宣誓继任总统,随即表示要继续实现肯尼迪生前制定的对内对外政策。在约翰逊的努力下,肯尼迪提出的减税法案和民权法案先后得到通过。减税法规定,在1964和1965年两个年度将减免公司税25.5亿美元、个人所得税110亿美元。这对刺激私人投资和提高购买力起到了很重要的作用,成为美国20世纪60年代经济持续高涨的契机。民权法规定:禁止在公共场所实行种族隔离;建立公平就业委员会以消除就业方面的种族歧视;禁止在联邦选举中不公平地运用选民登记程序和进行文化测验。这项民权法的公布从法律上结束了美国南部的种族隔离制度。

约翰逊继任总统后的另一项重要措施是向贫困宣战,实现充分就业。为此,国会于1964年8月通过了《经济机会法》。规定,由联邦出资帮助贫困家庭的儿童和青少年获得求学的机会,向青年人提供职业训练和服务机会,为青年人,特别是贫困的黑人青年创造参与所在地社区活动的机会,使他们能够从中得到政治上和经济上的好处。

　　1965年初,约翰逊提出了"伟大社会"政纲,并在其后的两年内通过了一系列立法,完成了继新政之后的又一次重大的资产阶级自由主义改革。约翰逊试图通过改革消除美国社会的贫困,他扩大了教育计划和职业训练,帮助失业者就业,改善贫困地区的状况,并向贫困者提供免费的法律服务。扩大医疗保险范围,通过《医疗照顾法》和《医疗援助法》等一系列法令,也是"伟大社会"纲领的一个重要组成部分,受益范围相当广泛。大部分老年人得到了医疗照顾,不能享受医疗照顾的贫穷老人和无力负担医疗费用的家庭也都得到了补助金。此外,约翰逊还通过一系列法令来满足中等以下收入家庭的住房需要,以及改进城市交通、防止环境污染。

　　在外交方面,约翰逊政府基本上承袭了肯尼迪政府的政策。所不同的是,约翰逊已经意识到美国经济上的困难和世界各民族主义的兴起,企图通过建立由美国领导的地区性合作来减轻美国的负担,并改善美国霸权主义的形象。这个新的外交政策构想就是所谓的约翰逊主义。根据这个构想,美国的对外军事援助和经济援助都有所减少。然而,约翰逊政府错误地估计形势,频频对第三国家进行军事干涉,使得美国陷入困境,不能自拔。1964年初,美国政府出动军队镇压了巴拿马人民的反美斗争,1965年又出兵干涉多米尼加内政,引起了世界舆论的谴责。越南战争的升级消耗了美国的大量人力和物力。1964年8月,美国国会通过东京湾决议,授权总统"采取包括使用武力在内的一切必要的步骤,援助要求予以支持的东南亚集体防务条约任何成员国或协定签字国以捍卫其自由"①。1965年2月8日,约翰逊政府下令对北越进行持续轰炸。不久后两营美国海军陆战队进驻岘港,美国地面部队开始卷入越南战争。随后侵越美军人数急剧增长,战争迅速美国化。当年,在越美军增加到184384人,第二年为38.5万人,1969年2月达最高峰为54.2万人。②

然而,战争局势并未因为美国投入大量军队而有所改变,南越傀儡政权和美军的处境继续恶化。美军阵亡人数急剧增加:1966年为5047人,1968年为9463人,1968年达到19623人。③战争规模的日益扩大,也给美国的财政造成极大的负担。美国社会各阶层人士对政府的批评日益严厉。从大学校园开始不断出现反战示威游行。拒绝服兵役的青年人越来越多。甚至连国防部长麦克纳马拉也公开主张对越战采取现实态度,通过逐步降级,寻找体面结束战争的办法。

侵越战争是美国霸权主义者的一场噩梦,也是美国所经历的为时最长、失败最惨的一次战争。其影响是极其深远和极其严重的。战争使美国的国力和威望受到了空前的削弱和损害。美国的经济增长速度减慢,国际收支逆差增大,财政状况恶化,美元地位下降。军事力量的对比也发生了不利于美国的变化。苏联的洲际导弹在数量上赶过美国,海军差距也明显缩小。在国内,约翰逊推行的"伟大社会"计划也由于得不到必要的拨款而告吹。贫困、失业、通货膨胀仍然困扰着美国社会。各种社会问题日益尖锐,社会运动此起彼伏。所有这一切迫使美国政府的决策人不得不采取收缩的政策。这就是约翰逊留给下届总统的遗产。

---

① Frances Fitzgerald, *Fire in the Lake: The Vietnamese and the Americans in Vietnam*, Boston: Little, Brown and Co., 1972, p. 232.

② Thomas G.Paterson et al., *American Foreign Policy: A History, To 1914*, Vol. I, Lexington, MA: D. C. Heath & Company, 1989, p. 557.

③ *Statistical Abstract of the United States*, Washington D. C.: U. S. Government Printing Office, 1968, p. 324.

2.反战运动和美国工人的态度

20世纪60年代,在美国政治生活中最大的事件就是越南战争。战争使美国在道义上、精神上、经济上和军事上蒙受了巨大损失。从战争开始到1968年的短短几年内,卷入战争的美国军事人员已经达到大约5.3万人,有3.5万多人丧生,7.5万多人受伤,成百的人被关押在越南的战俘营中。财政开支达1000亿美元,被击落的飞机达5000架,价值50多亿美元。① 越南战争还直接影响到美国国内的经济生活,加重了纳税人的负担,造成了严重的通货膨胀。随着战争的升级,反战运动迅速兴起。美国工人也是这个运动中的一个方面军。

最先发起反战运动的是学生组织,新左派和反主流文化派。1964年5月2日,学生争取民主社会同盟、青年社会主义联盟、进步劳工党②和青年社会主义同盟联合发起反战示威游行。游行群众痛斥美国政府在越南推行的帝国主义政策,揭露了它"维持和扩大它在整个东南亚的经济霸权"的目的。1964年12月,学生争取民主社会同盟全国委员会决定于次年4月17日组织向华盛顿的反战进军,并且表示欢迎共产主义团体参加。1965年4月17日,2.5万人的队伍向华盛顿进军,并在白宫周围举行反对越南战争的示威。10月,争取结束越南战争全国委员会在全国范围内组织了8万人的反战示威游行。10月15日到16日,由各群众团体组成的《越南日委员会》发起了数以千万人计的全国性的反战活动。此后两年间,学生争取民主社会同盟下属分支,在纽约、旧金山等地组织了多次大规模的反战活动。1967年10万人向五角大楼的进军使约翰逊政府越来越感到学生运动、新左派运动,以及反主流文化运动对战争政

---

① [美]阿瑟·林克、威廉·卡顿:《一九○○年以来的美国史》下册,刘绪怡等译,中国社会科学出版社,1983年,第191页。

② 20世纪60年代初期从美国共产党分裂出来的组织。

策的严重威胁。

1966年春,约翰逊政府决定征召学生入伍,反战运动的规模迅速扩大。学生争取民主社会同盟发动学生展开反对征兵的斗争,阻止校方向选征兵役局报送学生成绩。加州大学伯克利分校学生反对海军在学校招募士兵。哈佛大学学生甚至围攻了国防部长麦克纳马拉。是年12月,学生争取民主社会同盟还通过了强硬的反征兵决议。在纽约和其他地方,出现了青年学生集体焚烧征兵卡的活动。1967年秋天,警察进入威斯康星大学校园,用催泪弹镇压学生的示威和罢课。学生也开始采取激烈行动,同警察发生冲突。

美国工人当中对待越南战争有两种不同的态度。劳联–产联的上层在开始的时候支持越南战争。劳联–产联的执行委员会曾公开宣布站在政府和总统方面。[①] 美国学者古尔登认为,劳联–产联领袖米尼等人采取这种态度并不奇怪,因为他们把美国在东南亚的侵略政策看成是防共、反共的重要步骤。他们甚至极力说服其他国家的工会支持美国的侵越政策。[②] 1965年12月,在劳联–产联第六次代表大会上通过了主张采取"打击共产主义侵略"措施的决议。这实际上等于告诉美国政府"可以继续在越南进行侵略战争升级,而不必担心工会方面的反对"[③]。1966年,当反战运动高涨的时候,米尼极力阻止运动的发展,对参加运动的工会会员进行威胁。在1967年的年会上,米尼又挑起对反战运动的争论,并指责反战派"帮助了美国的敌人"。

广大工会会员是坚决反对美国政府发动侵略战争的。1965年4月,码头工人和仓库工人工会召开了两年一度的大会。大会在代表们强烈的要求下首先通过了反对政府干涉越南的决议。决议强调指出:"越南

---

① *AFL-CIO News*, Mar.1, 1965.

② Joseph Goulden, *Meany: The Unchallenged Strong Man of American Labor*, New York: Atheneum, 1972, p. 337, 338.

③ Philip S. Foner, *American Labor and the Indo-China War: The Growth of Union Opposition*, New York: International Publishers, 1971, p. 33.

人有权选择他们自己的道路。"接着,美国汽车、飞机、农业机械工人联合会、卡车司机国际兄弟会,服装工人联合会等有影响的大工会相继通过了反对越南战争的决议。广大黑人工人也积极投入了反战运动。1965年5月,美国黑人工人委员会举行第五届年会,通过决议呼吁政府立即停止越南战争,开始和平谈判。

1965年夏天,在纽约州建立了一个工人争取和平的组织。这个组织很快就同全国的和平运动取得了联系。根据这个组织的倡议,1966年3月,在纽约举行了巨大的反战游行。在游行队伍中第一次出现了工人纵队。同年5月,纽约地区的30个地方工会举行会议,呼吁参战各方举行谈判,并发起成立争取明智核政策全国委员会。不久以后在全国许多大城市都建立了委员会的分会。同时,劳联-产联下属各工会的代表大会也不顾米尼等领导人的立场,纷纷公开表示反对美国侵略越南的战争。联合国秘书长吴丹还曾向出席缝纫业工会的代表大会,号召美国工会向政府施加压力,尽快停止越南战争。

1966年12月,在芝加哥举行了有400名工会领导人和活动家参加的大会。在这次大会上成立了争取明智核政策全国委员会芝加哥分会。分会的领导人公开声明说:"米尼和约翰逊不能代表全国人民的意见。"从此,芝加哥成了美国反战运动中心之一。1997年11月11日至12日,在芝加哥召开了全国工会领导人争取和平大会。这是反战运动中最具有重要意义的事件之一。参加这次大会的不仅有全国性工会的领导人,而且有地方工会的领导人。在代表中有30名国际工会副主席,11名和平主义者。参加大会的组织和代表十分踊跃,完全出乎大会组织者的预料。他们原估计最多只有350名代表出席大会,但实际到会人数达到550人。大会谴责了约翰逊政府的不断升级的战争政策,批判了会上层支持联邦政府推行侵略政策的立场,公开声明:"美国工会要在公平原则上尽快结束这场残酷的战争中发挥自己的作用,以便使我们能够运用我们的财富和能力同贫困、疾病、饥饿和偏见做斗争……"①

全国工会领导人争取和平大会引起了美国社会舆论的关注。其重要意义就在于它表明，即使在工会领导人中也有相当多的人是反对侵越战争的。正如著名的老左派史学家方纳所说，这次大会"粉碎了关于工人在支持印度支那战争方面铁板一块的印象"②。

另一个具有重要意义的事件是工人行动联合会的出现。最早的工人行动联合会成立于1965年5月。它得到一些美国最大的工会组织的支持，是一个比较激进的反战组织。它公开指责美国政府的侵越战争政策和劳联-产联执行委员会的错误立场，曾经组织过一系列的反战示威游行。1969年5月底，汽车制造业工会和货车司机工会联合举行自己的工会行动联合会成立大会，并对美国的侵越战争进行严厉的批评。同年又成立了制止越南战争行动委员会。1969年底发生的向华盛顿进军，旧金山、洛杉矶、底特律等城市的大规模游行示威都和工人行动联合会有直接的关系。

工会的反战行动很快得到其他和平组织的理解和支持。许多和平组织的成员认识到，只有吸收广大工人参加，运动才可具有群众性。学生反战组织甚至提出了"同工人建立联系！"的口号③，并且采取行动支持罢工工人。

以米尼为代表的美国劳联-产联少数领导人支持美国侵略越南的立场也遭到世界自由工会联盟其他成员的反对。在联盟1965年代表大会上，米尼企图强迫大会通过支持美国"印度支那政策决议"的计划遭到失败。1968年，在坚持反战立场的汽车制造业工会退出劳联-产联后，米尼立即擅自宣布该工会业已失去世界自由工会联盟会员的资格，并且

---

① *Political Affairs*, Jan., 1968; *Labor Voice for Peace*, Jan.16, 1968.

② Philip S. Foner, *American Labor and the Indo-China War: The Growth of Union Opposition*, New York: International Publishers, 1971, p. 52.

③ Philip S. Foner, *American Labor and the Indo-China War: The Growth of Union Opposition*, New York: International Publishers, 1971, p. 69.

企图迫使联盟的领导机构承认。起初,联盟的领导人不顾米尼的威胁,接受了美国汽车制造业工会关于恢复会员资格的申请。于是米尼及其同伙于1968年12月16日悍然宣布,如果世界自由工会联盟不驳回这项申请,美国劳联-产联将不参加大会的工作,并且拒绝缴纳每年的会费。[①] 在美国劳联-产联领导人的压力下,世界自由工会联盟的领导机构不得不于1969年2月11日拒绝美国汽车制造业工会加入联盟的申请,但没有批评这个工会的"分裂行动"。米尼对此极为不满,并于1969年2月20日在新闻发布会上宣布,劳联-产联已决定退出世界自由工会联盟。后来虽经其他国家工会领导人进行调解,但未奏效。

从表面上看,分裂似乎是由于美国汽车制造业工会的会员资格引起的,其实真正的原因在于世界自由工会联盟没有跟着米尼的指挥棒转,支持美国对外的侵略政策。

3. 工人运动的复苏

艾森豪威尔的政策曾使美国的劳动人民感到失望。劳联-产联的领袖决定支持肯尼迪。他们在大选前夕向民众呼吁说:"请不要忘记,我们在自己的国家里还没有摆脱贫困。我们还有700多万个家庭和个人的年收入少于2000美元,差不多有上百万个家庭的年收入不过1000美元。对于1960年的美国来说这是可耻的事情。"[②] 肯尼迪、约翰逊当政期间虽然采取了种种措施,但并没有、也不可能从根本上解决这些问题。在此期间,美国的经济形势确实出现了急剧的变化,但这种变化不利于劳苦大众。一方面资本进一步集中,垄断势力进一步加强,另一方面工人阶级相对贫困现象日益明显,侵越战争又加剧了这种趋势,使美国的社会矛盾进一步激化。美国工人运动也受到了刺激而进入复苏时期。

---

① *Daily World*, Dec.20, 1968.

② *AFL-CIO News*, July 9, 1960.

第二次世界大战结束时,美国大约有43个拥有资本10亿美元以上的公司,1962年增加到116个,1965年又增加到149个,1970年达到252个。[1] 1967年,美国约有14000家商业银行,共拥有财产4523亿美元。而其中最大的50家银行就占有1866亿美元。即是说,0.4%的银行拥有所有商业银行资产总数的40%。[2]

20世纪60年代美国垄断资本的发展是同美国经济的重新军事化密切联系在一起的。越南战争对军火军需品的大量需求,使得联邦政府的军费预算持续增长,也使得许多同军事工业有密切联系的大公司在美国的经济事务和政治生活中起着越来越重要的作用。在整个60年代,美国的直接国防支出持续增长。具体情况见附表。[3]

财政年度	直接国防支出(百万美元)
1961	47383
1962	51097
1963	52257
1964	53591
1965	49578
1966	56785
1967	70081
1968	80516
1969	81240
1970	29432

直接国防支出的增加给少数大军火商带来巨额的利润。差不多所有的大公司都得到了源源不断的军事订货。所获的利润一般都在30%

---

① *Fortune*, July, 1963, pp. 178-180; July, 1966, pp. 232-260; May 1971, pp. 172-201.

② *Fortune*, June, 1968, p. 208.

③ *Statistical Abstract of the United States*, 1970, Washington D. C.: U. S. Government Printing Office, 1970, p. 247.

以上，最高达到240%。①

大公司所获得的利润直接落入大资产者的手中。而战争的重担却转嫁到每一个纳税人的身上，收入不稳定的工人受害最重，往往超过了他们的承受力。然而资产阶级学者总是用所谓的"人民资本主义"理论来掩饰大公司垄断社会经济命脉，大资本家囊括巨额利润的事实。说什么工人和平民都由于拥有股票而成为大公司的股东，分享着巨额利润带来的一切好处。但事实并非如此，因为他们拥有股票的份额微不足道，所能分享的股息极其有限，犹如杯水车薪，不足以帮助工人摆脱困境。据统计，60年代初，美国的股票持有者虽然达到1700万，但其中98.4%的人只拥有20%的股票。而1.6%的股票持有者却控制着80%的股票，约为3200亿美元。② 再说，持有股票的工人毕竟是少数。对于大多数工人来说，工资是他们唯一的经济来源。因此失业和通货膨胀都将对他们的生活构成严重的威胁，甚至有可能把他们推进贫困的深渊。而60年代正好是联邦政府预算由于侵越战争出现巨大赤字、货币贬值、物价飞涨的时期，同时也是技术革新和自动化程度提高造成失业问题日益严重的时期。美国工人的经济状况有所恶化，社会动荡不安的因素有所滋长。

据统计，失业人数1960年为390万，以后不断增加。冶炼业和传统制造业的失业情况最为严重。例如，钢铁业1955年有工人62.5万人，1962年减少到48.6万人。③ 物价上涨的情况也是严重的。1967年上涨2.8%，1968年上涨4.2%，1969年上涨5.4%，1970年上涨6%。④ 物价上涨和失业人数增加使得生活在美国官方确认的贫困线以下的个人和家庭占相当大的比重。1965年，美国卫生部、教育部和社会福利部共同确

---

① *New York Times*, Mar. 18, 1971.

②《国际卡车司机》，1964年12月，第30页。

③ *Political Affairs*, May, 1968, pp. 18-19.

④《美国联邦派》，1971年3月，第7页。

定的贫困线是:单身生活在农庄的成年人年收入1000美元,七口之家年收入5000美元,四口之家年收入3130美元。按照这个标准计算,生活在贫困线以下的人大约为1/5。[1]其中一部分人得到了社会救济,估计约有1400万。另一部分人却由于种种原因没有得到救济。根据《劳工评论月刊》的估计,1976年有2900万以上的穷人既没有从联邦政府,也没有从州政府或其他机构得到任何救济。[2]

所有这一切都促成了美国工人运动的复苏。60年代罢工的次数和参加的人数都呈上升的趋势。具体情况见附表:[3]

年代	罢工次数	参加人数(千人)	损失劳动日数(千日)
1961	3367	1450	16300
1964	3655	1600	22900
1966	4405	1960	25000
1967	4595	2870	42100
1968	5040	2649	49018
1970	5600	3300	62000

由于越南战争的需要和国内社会矛盾的激化,肯尼迪和约翰逊两届政府都把调整劳资关系、保持国内平静作为制定劳工政策的出发点。为此,他们采取了"调解加大棒"的政策来控制工人运动。一方面扩大社会福利事业,使一部分工人的生活得到某种程度的保障,从而缓和他们的敌对情绪,另一方面又通过法律或其他手段强制工人接受政府的调解和裁决,直至动用武力,驱散罢工工人。1961年,八十七届国会通过和颁布了新《住宅法》,授权联邦政府拨款50亿美元进行为期4年的城市更新计划,为年收入低于6000美元的家庭解决住房困难。同年,国会还通过了提高最低工资标准的法案,决定从1961年9月起在两年内将每小时最

---

① *Nation*, July 7, 1965, pp. 609–610.

② *Monthly Labor Review*, Feb., 1969, p. 34.

③ *Monthly Labor Review*, June, 1971, p. 135.

低工资限额从1美元提高到1.25美元,使大约2700万服务性行业和零售业工人,以及其他行业的低工资工人的收入有所提高。[①] 1966年,约翰逊政府又把大约3000万工人的工资最低限额提高到每小时1.60美元,从1968年开始生效。[②]

毫无疑问,这种点滴的改善是不可能满足广大工人的迫切需要的,充其量只能起到缓冲的作用。肯尼迪和约翰逊政府所采取的另一种办法就是设置调解机构和掌握利用已经存在的调解组织。其中最有影响的机构是1961年初成立的19人组成的总统劳资政策顾问委员会。委员会包括7名企业界代表(其中有汽车大王亨利·福特和国际商用机械公司经理托马斯·瓦松),7名工会代表和5名劳资关系专家。这个委员会管辖的范围很广泛,不仅调解和处理劳资纠纷,而且还进行技术进步、经济发展和失业等问题的研究。1947年建立的联邦仲裁调解局的权力在肯尼迪任内有所扩大。总统常常根据该局的建议,在劳资谈判过程中指定成立处理紧急纠纷委员会,并赋予委员会做出带有强制性决定的权力。此外,1963年5月,还成立了一个非官方12人全国劳资关系小组。由工会代表和资方代表各6人组成。其职能是协调资方和工会的关系,并随时提出避免劳资冲突的建议和确定调解冲突应当采取的形式。

肯尼迪和约翰逊政府还利用法律手段对罢工进行干预。1963年8月29日,参议院以90票对2票,众议院以286票对66票通过一个紧急法案,决定对长达4年的铁路公司和铁路工会的争端进行强制性仲裁。这无异于向铁路工人发布了禁止罢工的命令。同年2月,参议员麦克里南提出了一个反罢工法案:禁止一个以上的地方工会联合发起交通运输工人罢工;禁止进行危害各州间商业交往和对外贸易利益的交通运输工人

① [美]阿瑟·林克、威廉·卡顿:《一九〇〇年以来的美国史》下册,刘绪怡等译,中国社会科学出版社,1983年,第127页。

② [美]阿瑟·林克、威廉·卡顿:《一九〇〇年以来的美国史》下册,刘绪怡等译,中国社会科学出版社,1983年,第166页。

罢工。对于违反法令的工会处以5万美元罚款,对于违反法令的工会领导人则判处一年监禁。麦克里南还曾提出另一个禁止在导弹基地和防御设施内举行罢工的法案。就在这一年,戈德华特提出的法案赋予了联邦政府更多阻止罢工的权力。根据这个法案,政府可以宣布"封闭性工厂"①为非法,并且禁止工会将基金用于集体合同规定以外的目的。

约翰逊政府还利用越南战争,以保障国家安全为借口来反对罢工。1966年10月,约翰逊宣布,通用电气公司所属工厂工人的罢工将给政府造成困难,威胁到国家的安全,应当予以禁止。1966年11月,印第安纳钢铁工人罢工,以及1967年3月13个西海岸港口工人的罢工都因此被禁止。肯尼迪和约翰逊政府的劳工政策,只能为工会领导人和一些上层人物所接受,广大工人是不满意的。它实质上是要求工人接受政府或公司规定的低标准工资和劳动条件。1961年初,几万名海员和六大航空公司的7.4万名雇员相继举行罢工,要求提高工资,使太平洋沿岸和海湾地区的300个港口和44个州的航运、空运受到不同程度的影响。1961年10月到11月,又有通用汽车公司的23.9万名雇员和福特汽车公司的11.6万名雇员举行罢工,声势相当浩大。此外,这一年还发生了多次大规模的罢工。

肯尼迪政府对于日益高涨的罢工运动极为不安,立即采取预防性措施,横加干预。1962年,美国钢铁公司同工会所签订的集体合同期限届满。肯尼迪唯恐炼钢工人举行罢工,立即建议劳资双方举行新的谈判,要求工会方面不要提出"过高"的增加工资的要求,而公司要保证不提高钢的售价。在谈判过程中,由于政府不断施加压力,钢铁工人工会的代表麦克唐纳步步退让,基本上接受了政府的条件,而公司方面却有恃无恐,擅自提高了钢铁的价格。

这次不利于钢铁工人的谈判结果使得其他行业的工人对政府提高了警惕。1962年接连发生了几起规模宏大的罢工运动。这一年10月,

---

① 指只允许雇用工会会员的工厂。

东海岸的7万码头工人宣布罢工,要求解决由于港口设备机械化而引起的失业问题。罢工者散发的传单上写道:"自动化是各个生产部门多次罢工的原因,也是我们这个部门罢工的原因。为什么许多工人,特别是我们码头工人害怕自动化? 难道说它不应当给整个社会带来好处吗?"回答是肯定的,但现在"不要实现自动化"[1],因为失业问题没有办法解决。罢工使大西洋沿岸和墨西哥湾港口陷于瘫痪。肯尼迪政府立即利用《塔夫脱-哈特莱法》要求工人复工,并在80天的"冷却期"内,同资方进行谈判。12月23日"冷却期"结束,码头工人再度罢工。肯尼迪政府恐怕事态扩大,给政府的财政造成困难,不得不出面干涉,并向公司方面施加压力。总统立即任命一个三人委员会来处理这次罢工。委员会建议资方在两年内不要减少码头工人的班组;增加每小时工资39美分;增加养老金额。公司方面和码头工人都接受了委员会的建议,1963年1月25日罢工宣告结束。

1962年12月7日爆发的纽约印刷工人罢工是时间最长、影响巨大的一次罢工。参加的人数虽然不多,但却使纽约各大报纸和刊物停刊114天。1963年3月31日,罢工终于以印刷工人的胜利而宣告结束。公司方面同意将工作周缩短为35小时,每周工资增加8美元,限制使用自动化装置,以保障印刷工人的就业机会。

为了缓和局势,肯尼迪政府向工人保证要控制物价,按比例增加工资,提出了所谓的"反通货膨胀方针"。按照肯尼迪的说法,"'反通货膨胀方针'的目的在于使每一个部门的工资(包括附加工资)的增长速度同整个经济的劳动生产率的增长速度相等"。[2] 最初规定工人工资的年增长率为3%,随后提高到3.2%。实际上这个限额远远低于通货膨胀的速度,也低于劳动生产率增长的速度。因此,争取突破工资增长限额就成

---

① *Worker*, Jan.20, 1963.

② *Economic Report of the President*, Washington D. C. : U. S. Government Printing Office, 1963, p. 189.

为此后美国工人运动的中心问题之一。1964年下半年,美国汽车、飞机、农业机械工人联合会接连发动几次罢工,并且取得一定成效。1964年秋天汽车工人罢工迫使通用汽车公司接受了工会的条件:增加带工资的休假一周和另外两天休息日,提高养老金数额和增加其他福利待遇。年底,联合会的地方分会所领导的8万福特汽车公司工人罢工也取得了胜利。在这个基础上,联合会和通用汽车公司、福特汽车公司、克莱斯勒汽车公司签订了工资年增长率为4.8%到5%的合同。第二年上半年大约有120万工人获得了4%以上的年工资增长,突破了政府规定的工资限额。

约翰逊政府为了控制工人工资的增长,曾由总统经济顾问委员会于1965年和1966年两次重申工资的年增长率不得超过3.2%。但引起了广大工人的强烈反对。连劳联-产联的执行委员会都拒绝承认这个限额,约翰逊总统不得不亲自出面干涉。8月25日,他向工会发出警告,如果工会不能把工人提高工资的要求纳入"合理限额"以内,联邦政府就将"采取其他措施"。[1]但是,工人们根本不理睬约翰逊的威胁。1966年夏天机械工人和航天工人国际协会的35400名会员进行了长达43天的罢工,迫使5家大航空公司签订了确认年工资增长率为5%的新合同。在这以后,要求突破工资增长限额的罢工越来越多,规模也越来越大。约翰逊政府不得不把工资年增长率提高到5%。这是美国60年代工人运动取得的一次重大胜利。

1966年是美国工人运动较前更为高涨的一年。罢工运动不仅规模宏大,而且波及城市公共事业的雇员。由于这些雇员属于市政系统,按照《康登-沃德林法》的规定,一直被禁止参与罢工。但是,1966年1月,纽约市3.3万市政交通系统雇员不顾禁令举行了为期12天的罢工。在罢工期间,纽约市的公共汽车、地下铁路陷于停顿,全市的经济生活受到严重影响。于是市政当局援引《康登-沃德林法》下令逮捕美国交通工

① New York Times, Aug.25, 1966.

人工会主席迈克尔·奎尔和其他5名工会领导人，并且每罢工一天向工会罚款32.2万美元。但是，罢工领导人并没有屈服。奎尔说："一代又一代善良的美国人走上了这条道路。如果他们不走这条道路，那么我们当中会有一半人被解雇回家。"[①] 工会领导人的坚决态度使罢工工人受到鼓舞。罢工终于以胜利告终。交通系统工人的工资得到提高，工会罢工罚款取消，所有罢工者都不受惩罚和追究。

纽约市政交通工人罢工的胜利鼓舞了其他城市和其他部门市政工人。类似的罢工曾相继发生在堪萨斯城、亚特兰大、俄亥俄、密歇根等地。

1967年的罢工运动也具有自己的特色。这一年大约有300万工人的集体合同满期，而且涉及汽车、飞机、橡胶、纺织和建筑等工人比较集中的部门。劳资双方围绕签订新合同展开了激烈的斗争。1967年春季，13.7万铁路工人由于同资方的谈判破裂，宣告了罢工的最后期限，并且不顾政府和资方的压力，于7月16日举行罢工。罢工使全国95%的铁路运输受到影响。约翰逊政府出于侵越战争的需要曾多次进行干涉。国务卿腊斯克和国防部长麦克纳马拉曾向总统递交备忘录，认为越战所需的军需品国内主要是依靠铁路运输，因此铁路部门必须全力以赴以保障侵越美军的供应，要求总统禁止铁路部门的罢工运动。7月16日，国会通过法令禁止铁路工人罢工，并对劳资双方实行强制性仲裁。罢工工人被迫复工并基本上接受了雇主提出的条件。事后，机器工人国际协会副主席约瑟夫·拉姆齐抱怨说："当国会成为全国头号罢工破坏代理机构的时候，对于美国工人来说，那是一个可悲的日子。"[②]

9月10日，汽车制造业的劳资冲突又达到十分尖锐的程度。冲突产生在福特汽车公司劳资谈判过程中。公司方面拒绝满足工会关于提高工资、改善劳动条件的要求。工会方面遂于9月7日宣布在福特公司下

① *Worker*, Feb.20, 1968.

② *The Montreal Star*, July 18, 1967.

属的26个州的94家工厂举行罢工。罢工人数达到16万人,声势极为浩大。公司方面被迫接受工会的要求。这一次冲突以工人的胜利而告终。

60年代的最后两年罢工势头仍未衰减。值得一提的有1968年的25万电话电报工人大罢工和1969年的通用电气公司15万工人罢工等。可以说,整个60年代都是罢工运动高涨的年代。这是美国工人运动经过长期沉寂后开始复苏的重要标志。

4.工会内部矛盾的激化

随着劳资矛盾的加剧和罢工运动的复苏,工会内部越来越多的人起来反对少数领导人的调和政策。1963年,劳联-产联主席米尼对国会众议员们说:"我如同此间室内所有的人一样,相信资本主义制度。我们这个国家的经济是资本主义经济,而工会运动则是这个经济的一部分,但我对构成这个经济的一部分并不感到遗憾。"① 米尼的这种态度引起了劳联-产联中激进领导人和广大会员的不满,并且纷纷起来反对他。连劳联-产联的副主席,美国汽车、飞机、农业机械工人联合会主席沃尔特·鲁瑟也对米尼等人的政策提出了批评。1966年夏天,鲁瑟对米尼拒绝出席在日内瓦召开的有社会主义国家工会代表参加的国际工人组织会议表示不满。同年8月,当劳联-产联执委会声明全盘支持约翰逊政府侵越政策的时候,鲁瑟立即批评说,这个声明是"狂妄的、歇斯底里的、侵略性的,是同自由工人运动的声明不相称的"②。1967年初,鲁瑟宣布辞去劳联-产联副主席和执行委员的职务,并向美国飞机、汽车、农业机械工人联合会各个分会发出公开信,严肃地批评了劳联-产联上层所推行的错误政策,认为他们的行动已经背离了美国工人运动的基本目标。这封信有美国飞机、汽车、农业机械工人联合会几位副主席的签名,在广

---

① *The Advance*, April 1, 1983.

② *World Marxist Review*, Mar., 1967, p. 21.

大会员中引起强烈的反响。1967年12月,联合会做出决定,拒绝参加劳联-产联的第七次代表大会。

联合会领导人和劳联-产联上层的冲突在1968年初达到十分激烈的程度。是年3月,鲁瑟等人向乔治·米尼去信,要求召开劳联-产联的特别大会来彻底检讨劳联-产联的政策和行动。两个月后,联合会的大西洋城会议决定,在劳联-产联未召开特别大会以前,暂时停交会费。米尼等人对联合会的行动极为不满,并且担心这种情绪可能传播到其他工会,遂于5月6日宣布将美国飞机、汽车、农业机械工人联合会开除出劳联-产联。但是,联合会是一个拥有160万名成员的大工会,影响很大。它的被开除对美国工人运动力量的重新组合产生了直接的影响,使一些不满意劳联-产联上层人物决策的工会采取更为激进的行动,甚至公开同联合会站在一起,反对米尼等人的行为。

1968年7月,卡车、货车、仓库工人和帮工国际兄弟会(非劳联-产联工会,有会员200万),同美国飞机、汽车、农业机械工人联合会联合成立一个新的工人联合组织,叫作工人行动联盟,并发表一项由鲁瑟和国际兄弟会副主席签署的正式声明。声明宣布联盟的目标在于恢复美国工人运动的战斗传统,努力满足被劳联-产联领导人忽略了的工人的迫切要求。联盟还提出要把尚未参加工会的广大工人组织起来,帮助失业工人和穷困者,加强工会进行集体谈判的实力,并计划建立支持罢工工人的基金。联盟还表示要修复同自由知识分子、学术团体和青年的关系,以便建立"新的进步力量的联盟"。

工人行动联盟的主张,对于激进的工会组织颇有号召力。国际石油、化学和原子能工人工会不顾劳联-产联的禁令毅然宣布加入新联盟。以后还陆续有全国性工会步这个工会的后尘,成为新联盟的成员。

广大工会会员对于保守的工会领袖极为不满。他们联合起来拒绝选举原来的工会领袖,使他们失去在工会内的统治地位。这种情况在美国工会运动史上是极为罕见的。1964年,在相当数量的工会中都出现了这种趋势。例如,炼钢工人工会主席戴维·麦克唐纳在连任12年之后落选,国际电气、无线电和机械工人工会主席詹姆斯·凯里被他手下的执行委员保罗·詹宁斯击败,等等。当然,各个工会领袖落选的原因和情况不尽相同,但总的来看,大多数是由于普通会员不满造成的。正如《华盛顿邮报》所说的:"在当代,那些庞大的国际工会的领导很少像今天这样如临大敌,严阵以待。但威胁来自内部——来自他们自身的会员——而不是来自外部。"① 1964年,在美国州、县和市政雇员联合会选举中,广大会员转而支持能够坚持同纽约市政官员做斗争的杰里·沃夫当选主席,使1932年建会以来一直担任主席的阿诺德·赞德落选。美国教师联合会主席卡尔·梅格尔也由于追随劳联-产联领袖而不得不让位于富于斗争性的查尔斯·科根。《每周新闻》曾发表评论说,科根的胜利是一次"战斗性的胜利"②。随后在美国纺织工人工会、机械工人国际协会、美国橡胶工人工会等全国性工会都发生了类似事件。

更有趣的是,1968年夏天在零售店员国际协会里发生了强制协会主席詹姆斯·A.萨弗里奇退休的事件。萨弗里奇是米尼的得力助手,可能还是颇有希望的继承人。他和他的最亲密的9名助手被指责滥用协会基金,把100万美元花费在同协会需要无关的项目上,并因此被要求退休。

在联合矿工工会中,保守派和激进派争夺领导职位的斗争尤为激烈。1964年联合矿工工会主席W.A.博伊尔遭到史蒂夫·科基斯的抨击,遇到了40年来罕见的严重挑战。科基斯曾经参加那一年青年矿工举行的反对工会同矿山主签订的合同条款的"野猫罢工"。他指责工会的官僚机构不关心会员的利益,破坏工会内部的民主制度。后来,当反对派在联合矿工工会大会上批评工会领导人的时候,竟然遭到毒打。博伊尔等人为了对付普通会员的反抗,保住自己的职位,不惜采取作弊的办法使自己再一次当选。但是,这种可耻的做法很快就被揭露出来。12月,

---

① *Washington Post*, Nov.27, 1964.

② *Newsweek*, Aug.31, 1964, p. 58.

在工会领导机构宣布博伊尔获得多数选票,连任联合矿工工会主席的时候,报界立即公布了博伊尔等人选举舞弊的丑闻。这一事件进一步激发了普通矿工的义愤,工会内部反对派的队伍迅速壮大。

1969年下半年,爆发了新的反对博伊尔的斗争。这次领头的人是西宾夕法尼亚地区工会领导人约瑟夫·雅布隆斯基。阿巴拉契亚煤矿区的几万工人组成了一个支持雅布隆斯基竞选联合矿工工会主席的团体。雅布隆斯基指责以博伊尔为首的领导层同9家矿山主合作,贪污和滥用工会的经费和破坏民主制度,并且呼吁召开特别会议,加强工会的民主程序,确定工会官员退休年龄为65岁。但是在选举过程中,雅布隆斯基被博伊尔等人雇用的打手打得晕死过去。博伊尔等人再一次通过选举舞弊获得多数选票。事后,雅布隆斯基坚持斗争,要求检查选举结果和追究工会领导人的贪污行为。由于他的行动触到了博伊尔等人的要害,第二年1月5日,他和妻女被人枪杀在宾夕法尼亚克拉克斯维尔家中。

工会领导人的更迭只反映了普通会员反对保守工会领导人的一个方面。在更多的情况下是普通工人直接出面干预工会领导人的错误政策,特别是领导人所签订的不利于工人的集体合同。越来越多的工人认为,工会领导人所推行的政策是同资本家和解的政策,缺乏战斗性,因此对他们所签订的集体合同予以拒绝。根据《民族》周刊所刊载的材料可以看出,普通工人拒绝接受集体合同事件的比例相当可观。具体情况如下:

年代	遭到拒绝的集体[1]合同所占百分比
1964	8.7%
1965	10%
1966	11.7%
1967	14.2%
1968	11.9%
1969	12.3%

---

[1] *Nation*, June 21, 1971, p. 782.

普通工人经常用以反对工会上层的另一种方法是要求规定工会领导人的退休年龄。这是一种非常有效的方法,因为劳联-产联上层人物的平均年龄超过63岁,而一些大权在握的有影响的工会领导人的年龄则在70岁以上,有的甚至超过了80岁。1964年,炼钢工人工会大会上就有人提出了限定工会领导人最高年龄的要求。一系列全国性的大工会都先后接受了普通会员的要求规定了年龄限制。例如纸浆和造纸工人国际兄弟会、联合汽车工人工会、铁路和航空雇员兄弟会等组织都修改了工会章程,确定工会高层人物的退休年龄为65岁。

劳联-产联的领导层为了巩固自己的地位,加强自己的权力,立即采取措施来对付普通会员的反抗行动。他们到处制造舆论,说明工会内部的民主并不重要,说什么:"在有些情况下,民主程度较小的工会能够维护更稳定的劳工关系。"[1]1965年3月,米尼在麦克唐纳落选后,向劳联-产联系统的工会建议取消许多工会一贯实行的会员投票选举工会领导人的制度,代之以代表大会选举制。他宣称:"工会的代表大会是进行选举的最佳场所。"[2]美国政府对于工会会员的反抗行动也深感不安,担心工会由于更换领导人而趋于激进化,决定对工会的选举进行干预。美国中央情报局曾经扮演过干涉者的角色。它阻挠过中西部石油工人工会的选举,资助过右翼工会领导人的竞选。一个不大的全国性工会的领导人就是在得到中央情报局的支持后再度当选的。事情真相暴露以后,美国舆论界为之哗然。在报刊上出现了许多报道,说"他的竞选活动得到了看不见的政府的资助"[3]。

普通会员反对右翼工会领导人的斗争起初是分散的、无组织的,往往容易被工会领导人击败。后来,随着形势的发展和斗争的激化,越来越多的会员自发地组织起来在炼钢工人、矿山工人等大会内部建立了自

---

[1] *The Christian Science Monitor*, Feb. 15, 1965.

[2] *Business Weekly*, Mar. 18, 1965.

[3] *World Journal Tribune*, Feb. 18, 1967.

己的组织。1970年6月27日至28日,在芝加哥举行了全国普通会员代表大会。出席大会的有来自25个州的900名代表。大会发表了一项公开声明。声明指出:"我们是工人运动中的运动。我们之所以成立是为了帮助建设、加强和联合工人运动;帮助工人运动免遭尼克松或任何反工人政府以及大企业的打击,通过排除一切形式的种族主义和支持普通会员最大限度地控制工会事务来实现工会民主化……"从这个意义上说,"普通会员就是工人运动。如果没有工会会员的最大程度的参与就不可能有工会的活力"①。

美国共产党对工会内部普通会员反对右翼工会领导人的斗争给予了高度评价。在美共第十八次代表大会上专门通过了"关于劳工和工会问题的决议"。"决议"指出,普通会员运动促成工会上层人员的更新。一部分反动领导人的失势和被新的富有战斗性领导人所取代使得劳资之间的斗争进一步扩大和加深。

5.民权运动和工会

黑人的民权运动是美国20世纪60年代社会运动的主体,不仅声势浩大,而且从非暴力行动发展到直接行动和城市造反,对于当时的学生运动、妇女运动和工人运动都产生了重大的影响,起到了互相促进,互相声援的作用。

黑人民权运动的高涨绝不是偶然的。随着美国经济的发展,50年代大批黑人流入大城市,聚居在肮脏破烂的黑人区。聚居使他们感到自己力量的壮大,同时又感到种族歧视的难以忍受。他们强烈要求在政治上、经济上的平等,并为此展开了不屈不挠的斗争,使整个60年代变成了黑人民权运动不断高涨的年代。1964年7月,由于警察无故杀死一名黑人青年引起的哈雷姆区黑人青年暴动揭开了城市斗争的序幕。1965

---

① A. Mkrtchian, *U. S. Labor Unions Today:Basic Problems and Trends*, Moscow, 1973, p. 154.

年洛杉矶瓦茨区的黑人暴动已经颇具规模。警察和暴动者交战的结果,死34人,伤1032人,还有上千人被捕,造成了4000万美元的财产损失。以后几年,黑人暴动频繁,而且规模越来越大,1967年达到高潮,有128个大城市被卷入。其中以底特律市的暴动规模最大。美国政府为了镇压这次暴动,使用了万名空降兵、国民警卫队的警察。在双方激烈的冲突中,有38人丧生,价值约5亿美元的财产被毁坏。1968年4月,由于著名的黑人运动领袖马丁·路德·金在田纳西州孟菲斯遇刺而引起的大规模黑人暴动波及首都华盛顿,在白宫附近地区也发生了暴力行动。其后,黑人暴动的余波一直延续到70年代初。

在民权运动日益高涨的过程中还出现了与之相应的主张和思想。越来越多的人对马丁·路德·金的非暴力行动主张感到不满,希望得到更为激进的思想的指导。于是,黑人穆斯林教长马尔科姆·爱克斯所主张的黑人民族主义开始流行。他主张由黑人控制黑人社区,并最终改变美国社会制度,以彻底消除种族歧视。他不但主张使用暴力,而且认为"革命只能立足于流血的战斗"[1]。

另一种颇有影响的思想是学生非暴力协调委员会主席托克利·卡迈克尔提出的"黑人权力"的主张。他认为,在政治上,黑人应当推选自己的代表以捍卫自己的利益,在经济上,应当建立黑人的独立的自给自足的经济制度。他并不是革命暴力论者,但并不反对黑人为了保卫自己的利益而使用武力,认为黑人"同样需要枪支"。

随着民权运动中激进思想的传播,日益众多的黑人对于全国有色人种协进会的温和立场感到失望,日益转向曾经领导过"自由乘客运动"的种族平等大会,并推动这个民族组织向激进化方向发展。1966年又出现了一个新的激进组织黑豹党。这个组织成立于加利福尼亚州奥克兰,是由两个黑人学生休伊·牛顿和博比·西尔发起创立的。黑豹党的斗争

---

[1] [美]罗伯特·L.艾伦:《美国黑人在觉醒中》,上海市五·七干校六连翻译组译,上海人民出版社,1976年,第35页。

144

目标是实现黑人的自由和自决,以及就业、居住、教育等方面的完全平等,并且主张暴力革命。黑豹党拥有自己的武装巡逻队,而且多次同警察交火,因此引起美国政府的恐惧和敌视,被宣布为颠覆性组织。许多黑豹党领导人被投入监狱,这个组织也渐趋瓦解。

在工人运动内部也出现了激进的民权运动活动家。他们对于劳联-产联内部存在的种族歧视十分不满,并且开始采取行动来消除这种弊端。1961年1月3日,有色人种协进会提出了关于劳联-产联合并5年来仍然存在种族歧视的报告。协进会虽然不是工人组织,但它的批评意见在劳联-产联内部引起了强烈的反响。著名的工会活动家A.菲利普·伦道夫曾经在1959年劳联-产联大会上公开批评米尼等人的种族主义政策,呼吁成立一个全国性黑人工人委员会,以便督促劳联-产联制定和执行民权纲领。其具体要求是:"保障黑人工人取得工会的会员资格、就业机会和工会内部职务的升迁,以及参加执行委员会、行政机构和工会本部工作的权利。"[1] 这次大会后,根据伦道夫的倡议,75名黑人工会活动家于1959年7月18日到19日在纽约聚会,商讨成立全国性黑人工人委员会问题,并决定于1960年5月召开成立大会。

成立大会于1960年5月如期召开,美国黑人工人委员会宣告诞生。伦道夫当选主席,克利夫兰·鲁滨孙当选副主席。伦道夫在大会上发言说:"当美国黑人工人委员会拒绝把黑人民族主义作为种族分离的理论并付诸实践的时候,已然认识到历史已经把一项基本任务放在,而且是唯独放在黑人肩上,那就是要通过保持民权运动中燃起的自由火花来完成未竟的内战革命。"[2] 美国黑人工人委员会虽然是由各个工会中的黑人干部组成,但明确宣布自己是一个独立的行动机构,其任务是在劳

---

① Philip Foner, *Organized Labor and the Black Workers, 1699–1973*, New York: International Publishers, 1972, p. 334.

② F. Ray Marshall, "Unions and the Negro Community", *Industrial and Labor Relations Review*, Jan., 1964, p. 85.

联－产联内部为彻底废除种族主义而斗争。该组织的一位创始人说："尽管劳联－产联的领导人对反对种族歧视信誓旦旦,有良好的愿望和漂亮的声明,还是不能期待他们会自愿地、认真地采取积极和坚决的行动去消除它,除非他们受到来自内部和外部的推动、刺激和压迫。"[1] 伦道夫曾经向劳联－产联领导人建议,勒令那些仍然实行种族歧视的工会立即予以废止,否则就将他们开除出去。但是,劳联－产联的领导人对这一建议置之不理。

1961年10月,在劳联－产联年会上,米尼等人公开驳斥了来自美国黑人工人委员会的批评,指责伦道夫同战斗性很强的团体交往,破坏了工人和黑人社团的接近。随后,劳联－产联的领导人还向报刊提供了一份20页的分委员会报告,专门批评伦道夫,斥责他卷入了同劳联－产联对立的美国黑人工人委员会、全国有色人种协进会等组织。分委员会主要是由那些偏袒种族主义分子的工会领导人组成的。分委员会的主席乔治·M.哈里森就是一贯实行种族歧视的铁路职员兄弟会的主席。可见米尼等人是倾向于种族歧视的,至少是对种族歧视采取纵容态度。

1961年11月10日至12日,在芝加哥召开了美国黑人工人委员会的第二届年会。代表们在会上表示了对劳联－产联领导人无视黑人权利的无比愤怒。伦道夫提出了一份反驳分委员会指责的重要报告。报告从历史分析入手,列举了黑人工人和白人工人不平等的事实,以及黑人工人和白人工人之间的长期纷争,指出这种纷争破坏了工人的团结,为资本统治劳动创造了有利的条件。报告还批评了劳联－产联领导人没有采取有效措施来消除黑人工人同白人工人的差别和维护工人的团结。报告指出,黑人工会会员人数已经从30年代的150万人增长到60年代的200万人。但是,"黑人群众在今天仍然处在他们在大萧条年代所处的低下的经济地位"。事实上,"黑人和白人平均收入的差距已经

---

① Philip Foner, *Organized Labor and the Black Workers, 1699—1973*, New York: International Publishers, 1972, p. 334.

扩大"①。

劳联-产联领导人对于美国黑工人委员会第二次年会的反应是十分强烈和极端愤恨的。他们认为伦道夫不怀好意,故意危言耸听,利用美国黑人工人委员会搞"双重工会制"来反对劳联-产联。在劳联-产联领导机构的极力反对下,美国黑人工人委员会的会员从1960年的1万人减少到1962年的4000人。不过,委员会仍然在积极活动,其战斗力并未受到明显削弱。这个委员会在历次民权运动和马丁·路德·金组织的向华盛顿进军中都起到了非常重要的作用。

1963年是黑人工人运动高涨的一年。据统计从5月到8月15日,在36个州的209个城市发生了978次争取民权的游行示威。每一次示威都有黑人工会会员参加。②1963年6月,纽约的黑人建筑工人派出纠察队,阻止价值2300万美元的哈列姆医院工程施工,迫使建筑业委员会主席接受妥善安排黑人技术工人的要求,并且请求市长罗伯特·F.瓦格纳任命一个"行动小组"来研究增加黑人在建筑部门就业机会的问题。在费城等地也发生了类似的事件。1963年6月23日,联合汽车工人工会在底特律举行15万—20万人的游行来支持南方蓬勃兴起的民权运动。

具有特别重要意义的是马丁·路德·金发起的向华盛顿进军。马丁·路德·金在最初发起的时候曾经同美国黑人工人委员会的领导人伦道夫和鲁滨孙磋商,并得到他们的支持。6月,在宣布向华盛顿进军前4个星期,由黑人工人委员会聘请贝亚德·拉斯廷制订进军计划,并由克里夫兰·鲁滨孙担任进军的司库。在最后选出的10名进军领导人中,有美国黑人工人委员会的主席伦道夫和劳联-产联的副主席沃尔特·鲁瑟。8月28日进军开始的时候,大约有4万名工会会员参加了进军的行列,约

---

① Philip Foner, *Organized Labor and the Black Workers, 1699–1973*, New York: International Publishers, 1972, p. 339.

② Philip Foner, *Organized Labor and the Black Workers, 1699–1973*, New York: International Publishers, 1972, p. 346.

占进军总人数的1/5。①

　　1964年，美国的一些激进的工会又为督促美国国会通过民权法案而进行不屈不挠的斗争。7月7日，在克里夫兰举行的美国黑人工人委员会第四届年会曾经向全国工人发出呼吁，如果参议院拒绝通过民权法案，就将于8月28日举行一次全国性罢工来纪念伟大的华盛顿进军一周年。但由于国会参议院于8月通过了民权法案，这次罢工未予举行。1965年，美国工人卷入了争取黑人选举权法案的斗争。曾经发生了亚拉巴马赛尔马流血事件和赛尔马蒙哥马利大游行。最后约翰逊总统不得不提出1965年选举权法案，并在国会得到通过。约翰逊曾在两院联合会议上发言说："这次斗争的真正英雄是美国黑人。他们的行动和抗议，他们甘冒人身安全和生命危险的勇气唤醒了这个民族的良心。"②

　　在争取民权立法过程中，美国黑人和工人之间逐渐形成了联盟关系。但在国会通过1964年和1965年两个民权法案以后，联盟的基础已经显得不够了。马丁·路德·金曾经以芝加哥为试点，研究美国黑人和工人进一步加强联合的途径。他在芝加哥和各个行业工会的领导人广泛接触。1966年2月，金在同78位芝加哥工会领导人共进午餐的时候发表讲话，指出民权运动没有给黑人区居民带来任何东西，呼吁工人们加入在芝加哥反对贫困的斗争。他认为，黑人和工人的联合在对付贫困、就业和自动化方面仍然能够发挥作用。

　　会晤结束后，工会方面保证在道义上和财政上支持芝加哥自由运动，并建立工会的指导委员会同芝加哥自由运动共同工作。自此，黑人民权运动和工人运动结合得更加紧密。1966年3月，在一次欢迎马丁·路德·金的盛会上，当地许多大工会的领导人都纷纷出席。金在他的发

---

① Philip Foner, *Organized Labor and the Black Workers, 1699-1973*, New York: International Publishers, 1972, p. 349.

② Albert P.Blaustein and Robert L.Zangrando(eds.), *Civil Rights and the American Negro: A Documentary History*, New York: Trident Press, 1968, p. 566.

言中高兴地说,过去从未有这样多的有组织的工人加入改造黑人居住区的斗争。"我绝对相信,这个晚上将作为美国民权运动中最重要的事件之一载入史册。"①

在20世纪60年代后半期曾经发生过多次反对种族歧视的游行和罢工,其中以孟菲斯和查尔斯顿事件最引人注目。这两次事件均以黑人和工人的胜利而告终,充分显示了美国黑人和工人联合行动的巨大力量。孟菲斯清洁工人罢工发生在1969年2月12日,孟菲斯是一个南部城市,那里的种族歧视和阶级压迫十分严重。城市的清洁工人工资低、地位卑下、劳动条件恶劣,一贯由黑人担任。他们每小时的工资只有1.60美元,最高不超过1.80美元,而且没有养老金,没有升迁的机会,甚至被看成是非正式的政府雇员,而被列入另册。因此,罢工者最关心的是提高工资和改善工作条件。但是当地政府官员对他们不屑一顾,高傲而蛮横地向罢工者宣布,根据国家法律罢工者应当立即复工,否则将被投进监狱。市长亨利·洛布在罢工者集会上宣称,孟菲斯不是纽约市,那里的清洁工人工会曾经使罢工取得胜利,但在孟菲斯"采取破坏我们法律的手段就什么也得不到"。但是,罢工者不顾政府当局的威胁,继续举行大会,并且通过决议向政府提出下列要求:①承认工会是代表工人进行集体谈判的机构;②结束对黑人工人在职业上的歧视;③由市政府提供医院服务、人寿保险和养老金;④增加病假时间和假期;⑤规定加班工资和支付夜班补助费每小时10美分;⑥不论气候条件如何均保证完整的工作周时;⑦把工资增加到每小时0.35美元;⑧签订书面合同。

政府当局预料,清洁工人缺少罢工基金,而且平时手头拮据,罢工不可能持久,因此对他们的要求置之不理,继续保持强硬态度。如果没有其他工会或者社会团体的及时支持,这次罢工很可能就此夭折了。但幸运的是,孟菲斯清洁工人的罢工很快得到了全国有色人种协进会和其他社会团体的支持。黑人牧师们出面为罢工者募捐,向他们的家属提供衣

---

① *Chicago Sun-Times*, Mar.8, 1966.

服和食品。捐款的数字相当可观,完全可以使罢工者坚持下去,而不必担心家中的生活。单是黑人社区就募集了10万美元。鉴于此,市政当局又征召罢工破坏者来迫使清洁工人结束罢工,但未达到目的。以后又动用军警逮捕罢工和游行的领导人。3月18日,马丁·路德·金抵达孟菲斯,开始组织各方面的人来支持罢工。罢工运动的规模越来越大,已经超出了一个市的范围。4月4日晚,马丁·路德·金遇刺身亡。在全国几百个城市里发生了追悼马丁·路德·金的活动和集会。

1968年4月16日,市政当局接受了罢工工人的部分要求,为期65天的孟菲斯清洁工人罢工胜利结束。市政当局同意取消对黑人工人歧视,不追究任何罢工者,从5月1日起将每小时工资提高10美分,从9月1日起再提高5美分,承认工会等。

1968年到1969年,查尔斯顿的医院工人罢工也是在黑人社区和工会组织紧密配合下取得胜利的。那里的医院工人多半是黑人,原来每小时工资只有1.30美元,远远低于平均工资数。经过长时间罢工,医院方面接受了罢工者的部分要求,把工资底数定为每小时1.60美元,根据具体情况还可以增加30到70美分,同时不开除任何参加罢工的工人。罢工工人对于工会的支持非常感谢。1969年10月,当劳联-产联在大西洋城举行年会的时候,查尔斯顿黑人医院工人工会主席玛丽·安·莫尔特里专程到大会表示谢意。

然而,从总的来说,劳联-产联系统工会内部的种族歧视仍然存在。绝大多数工会的领导职务都掌握在白人手中。例如,劳联-产联下属交通运输混合工会第241地方分会有60%的会员是黑人,而且还有不断增长的趋势,但在高级干部和22名执行委员中却没有黑人。随着民权运动的高涨,工会内部也出现了反对白人垄断职位的运动。芝加哥一位黑人工会活动家曾经这样说:"这同旧的种植园制度没有什么区别。你可以看到拥有65%—79%黑人的工会,其领导职位完全掌握在白人手中。

你想,我们能对此忍耐多久?"①

通过一系列的斗争和活动,反对白人垄断领导职位的斗争取得了某些成就。例如交通运输混合工会241地方工会的领导机构终于接受黑人担任第二副主席、司库助理和4名执行委员。不过,就大多数工会来说,还不能做到这一点。真正在工会内部消除种族歧视,实行民主化,还有很长一段距离需要跨越。

6.冲破孤立,重新取得合法地位

20世纪60年代初,美国政府在国内继续执行反共政策,通过50年代的反共立法对美国共产党进行控制和迫害。1961年6月5日,美国最高法院以多数票通过,宣布1950年《麦卡伦法》符合宪法。根据这项判决,美国共产党必须作为外国在美国的代表机构向司法部登记,并提供全体成员名单,对于主张用暴力推翻政府的激进成员则处以徒刑。美国最高法院的决定,不仅是对美共的不公正的迫害,而且是对民主权利的粗暴侵犯,理所当然地引起美共的反对和进步社会舆论的不满。美共领导人立即就此项决定提出申诉,在遭到驳回后,坚决拒绝向司法部登记。于是,司法部门以此为借口对美共领导人进行迫害,限定他们的登记时间,逾期不登记则判以5000美元罚款和10年徒刑。一些州的议会甚至通过法令禁止共产党存在,剥夺共产党员的选举权。

美国最高法院迫害共产党,破坏民主权利的行为激起了进步人士的义愤。1961年9月23日有155名社会活动家在纽约举行了为期两天的捍卫民主权利的会议以抗议政府的暴行。是年10月10日,300多名教授、律师、医生、记者在致总统的信中斥责了迫害共产党人的错误行为,并且指出最高法院的决定提供了镇压一切反对派的借口。此外,全国争取民主权利协会,争取宪法自由公民委员会和进步学生组织也都纷纷起

---

① Noel Ignatin, "Wildcats in Chicago", *The Movement*, Sept., 1968, p. 16.

来谴责美国政府迫害美共的政策。

然而,耐人寻味的是,绝大多数工会对美国最高法院的决定保持沉默。只有汽车部门和服装部门的少数工会敢于站出来捍卫美国共产党的合法权利。

另一方面,社会上的反动势力也加入了美国政府的反共大合唱。他们破坏格斯·霍尔在威斯康星、加利福尼亚、华盛顿、俄勒冈等大学的演讲,而且对共产党人的人身安全进行威胁。格斯·霍尔曾经回忆说:"我受到炸弹的威胁,他们又曾经两次对我执行模拟绞刑,一次在波特兰,另一次在洛杉矶。"[1]

美国共产党人面对十分严峻的形势并没有惊惶失措。他们充分利用法律和社会舆论来捍卫自己的合法权益。1962年12月11日,华盛顿州地区法院以共产党拒绝登记、违犯《麦卡伦法》的罪名判处美共12万美元的罚款,美共立即据理上诉。1963年12月17日,华盛顿上诉法庭判决罚款无效,因为这项判决违反了宪法第五条修正案的条款。法庭在判决中还指出,司法部只能要求美共在自愿原则上进行登记。1964年6月8日,最高法院也被迫承认,强制登记是非法的。这样,美共就在反对《麦卡伦法》和反对政府利用这项法律迫害美共的斗争中取得了重大的胜利。美共领导人之一弗林认为:"共产党在反对已经实行14年的《麦卡伦法》的斗争中取得了重大胜利。"[2] 1964年6月2日,最高法院又承认《麦卡伦法》关于禁止发给美共活动家出国护照的条款是违宪的。

美国法庭还不得不重新考虑《兰德勒姆-格里芬法》禁止共产党人担任工会领导职务规定的合法性。1962年2月,联邦法院追究共产党人A.布雷恩当选码头搬运工人地方工会执行委员事件,并判处他6个月监禁。布雷恩立即上诉。1963年10月,上诉法庭同意重审此案。1964年6月,上诉法庭宣布联邦法院的判决违宪,取消对布雷恩的惩罚。

---

① *Political Affairs*, April, 1962, p. 8.

② *Political Affairs*, July, 1964, p. 16.

形势的好转使美共有可能腾出手来医治沉痛的创伤并整顿思想和组织。为了确定新形势下的方针和政策,美共在60年代陆续发表了几项重要文件:1962年12月的纲领性文件《美国工人的前途》、1964年5月的《党的经济纲领》、1966年6月第十八次党代表大会前夕提交全党广泛讨论的《党纲草案》等。

美共在《美国工人阶级的前途》中指出:"我们共产党以主张工人阶级的领导作用及其消灭剥削的历史使命的观点为基础。这就是为什么我们首先是工人阶级的党,'穷人和受压迫人民的党'。这就是为什么我们要特别强调工人阶级问题和它在我们国家中的决定性作用。这就是我们为什么要誓死反对任何低估我们美国工人阶级领导作用的趋势。"[1]

美共还从实际出发,对美国工会运动的作用和所取得的成就表明了自己的看法,认为工会运动是工人阶级手中最有效的武器。工人阶级应当利用它来解决日常的经济和政治问题。美共曾经宣布:"我们共产党人对这一运动的健康发展唯有予以兄弟般的关怀。无论形势好坏,它都应当得到我们最热烈的支持。"[2] 事实上,许多工会和工会的要求都曾经得到美共的支持。例如,美共对35小时工作周的要求就曾经给予很高的评价,认为这一运动是"30年代以来的第一次重大的捍卫工人劳动权利的行动"[3]。

但是,美共并不仅仅停留在支持工会这一点上,而是提出了自己的更符合工人阶级利益的要求。他们主张在不减少工资的情况下实行30小时工作周,每年增加工资,实行支付工资的假期,并加强工会对劳动生产的控制。他们还要求把那些从政府部门得到巨额资助的工业部门以及长期开工不足的企业变为国营企业,并让这些企业生产住房、学校、医

---

[1] *Political Affairs*, Dec., 1962, p. 11.

[2] "Unite for Peace, Negro Freedom, Labor's Advance, Socialism", *Resolutions of the 18th National Convention of the Communist Party*, U.S.A., 1967, pp. 9–10.

[3] *Political Affairs*, June, 1952, p. 42.

院建筑和其他工程所需的材料。同时在这些企业里必须建立工会对企业活动的民主控制。美国政府有责任在私人企业不能提供就业机会的时候保障工人的就业。此外，美共要求对黑人工人取消一切形式的种族歧视，为他们提供同等的就业机会、必要的职业训练。

1964年，当约翰逊总统宣布"向贫穷开战"，其后又宣布"伟大社会"计划的时候，美共改变了过去单纯批判和抵制的态度，一方面支持其合理的、有积极意义的内容，另一方面又指出其弱点和局限性，并且提出了自己的经济纲领。他们在1964年5月3日发表的经济纲领中对"向贫穷开战"明确表示："我们准备全面地无保留地参加这场战争。但如果这是一场真正的'无保留的战争'，我们必须远远超过约翰逊总统提出的极其有限的计划。"① 因为这个计划只能半途而废，不可能真正消除贫困。从根本上说，失业和贫困的真正原因"既不是自动化，也不是失业者个人的缺点或者不幸。恰恰相反，其根源是只是最大限度满足私人利益而不是最大限度满足社会福利的那个经济制度。那就是物价飞涨，工资下降，每年花费几亿美元军费……而不能满足紧迫的社会需要，使几百万人陷于饥饿和失业，本身富裕而却又导致贫困和匮乏的经济制度。简而言之，今天贫穷的根源就是垄断统治的资本主义，而反对贫穷的战争就是反对垄断贪婪的战争"②。

美共在自己的经济纲领中还提出几点具体要求：为所有愿意就业而又有劳动能力的人提供职位；废除种族隔离和种族歧视；消除黑人区；帮助小农场主和农业工人；保障工会的权利；由政府控制自动化，以及限制垄断组织的权力等。

在提交第十八次代表大会讨论的美共新纲领中，结合美国的客观实际突出了三个问题：人民的经济福利、和平和自由。新党纲强调指出："最紧急的事情是阻止美帝国主义者的侵略和反对国家的军国主义化。同时采取措施反对种族压迫、剥削和侮辱黑人。争取和平与自由的战斗

---

①② *Worker*, May 3, 1964.

顺理成章地成为重新分配国家资源的战争,它可以优先处理贫民窟、黑人居住区、贫困、城市危机和公共服务恶化问题。"①在强调当前任务的同时,美共在纲领中着重指出:"社会危机只有通过社会主义取代资本主义才能够得到根本解决。"②"对于我们来说,社会主义是最高目标,是争取改善生活的民主斗争的最终成就。"③

上述文件系统地表明了美共在新时期对社会主义前途、党的当前任务等重要问题的看法,对于澄清党内的思想,加强党的组织建设无疑起到了重要作用。与此同时美共还开展了一系列活动,使党的组织和党员重新加入社会运动的行列。1961年,美共投入了反对美国侵略古巴的斗争,号召各阶层人士为保卫加勒比海地区的和平而战。1961年10月27日,两千多人在白宫外面请愿,要求肯尼迪政府和平解决古巴问题。以后又同黑人的民权运动、反战运动发生了越来越多的联系,在社会上的影响逐步恢复。1965年11月,哥伦比亚地区法庭在华盛顿对美共提起诉讼,企图削弱美共的影响。由于当时形势已经发生了变化,这个企图遭到了失败。1966年6月22日至26日,美共在纽约召开了自己的第十八次代表大会。这是近20年来美共的第一次公开的合法会议。它的召开标志着美共反对政府迫害的斗争取得了重大的胜利。

第十八次党代表大会着重讨论了加强党在群众中的影响问题和统一战线问题。党回顾了在反对侵越战争中所建立的同工会、黑人组织、妇女、青年组织的广泛联系,并且论证了在此基础上建立国内民主力量统一战线的可能性。大会特别强调坚持马克思主义方向在建立统一战线工作中的重要性。格斯·霍尔在报告中着重指出,必须同任何偏离马克思主义的倾向做斗争。

大会通过了美共的新党章。党章再一次明确规定,共产党是工人阶

---

① *New Program of the communist Party*,USA,New York:Political Affairs Publishers,1970,p. 85.

② *New Program of the communist Party*,USA,New York:Political Affairs Publishers,1970,p. 88.

③ *New Program of the communist Party*,USA,New York:Political Affairs Publishers,1970,p. 94.

级的政治组织,以科学社会主义为指导思想。党的基本任务是为捍卫工人、农民、黑人和其他劳动人民的利益而斗争。党章还规定,必须通过社会改造来消灭剥削、贫困、战争、种族主义等弊端。

大会还通过了关于越南战争和拉丁美洲形势的决定,表明美共将一如既往坚决反对美国政府侵略越南,并且团结一切反战力量来阻止美国政府的侵略行动,反对美国武装干涉多米尼加共和国和其他美洲国家,谴责美国政府对古巴的挑衅行为,要求取消关塔那摩基地。

代表大会充分研究了各级党组织在讨论新党纲中提出的种种意见,并决定经过修改后提交下一次党代表大会审议通过。

代表大会选举了大约由90人组成的新中央委员会。其中有1/3的成员是不久前加入美共的青年党员。亨利·温斯顿被选为中央委员会主席。格斯·霍尔再次当选美共总书记。美共的人数虽然有所减少,但又重新成为一个团结的、有战斗力的组织。格斯·霍尔指出:"美共已经冲破了自己在政治上的孤立处境。党的队伍开始壮大,党的影响也在增强……在国内的每一次群众运动中,我们已经成为左翼的固定的组成部分。党所提出的总的政策和策略路线是正确的。"[1] 温斯顿也认为,第十八次党代表大会是党和国家的历史转折点。

美共的第十八次党代表大会是一次号召美共党员采取积极行动的动员大会。代表大会结束后,分布在各地的美共党员都纷纷投入反战运动、民权运动和其他社会运动。60年代后半期社会运动的高涨是同美共的积极活动分不开的。反战运动的声势一浪高过一浪。1966年仅黑人争取种族平等的斗争就席卷了120个城市。以后又陆续出现了大规模的游行示威。

美共十八大闭幕后,围绕新党章的争论仍然在继续进行。在这场争论中暴露了许多非马克思主义的观点。有人认为在美国进行社会主义

---

① Gus Hall, *For a Radical Change: The Communist View*, New York: New Outlook Publishers, 1966, p. 66.

革命不需要经过反对垄断资本的阶段。有人认为，随着技术进步和工人阶级结构的变化，工人阶级正在消失，工人阶级的"革命性"也在淡化。也有人认为，工人阶级越来越富有，逐渐成为资产阶级的一部分，并且加入帝国主义掠夺，还有人认为"新的工人阶级"已经失去了肩负历史使命的能力。凡此等等，不一而足。

为了澄清党内的思想，美共于1968年6月4日至7日在纽约召开了党的非常代表大会。大会对种种错误观点进行了驳斥。格斯·霍尔在会上发言指出："反垄断运动的基础是阶级，其属性是同垄断相对立的。那种似乎没有工人阶级的积极参加，反对垄断资本的斗争也能取得胜利的观点是完全错误的。"① 大会充分肯定了在新形势下工人阶级的重要作用，同时通过决议，禁止党内的一切派别活动。大会还决定提出自己的候选人参加总统大选。

在竞选过程中，美共的候选人虽然受到种种刁难，只在华盛顿州、明尼苏达州和哥伦比亚特区获准登记，竞选虽然失败，但美共领导人仍然给予高度的重视，认为美共能够参加竞选这个事实本身就具有极其重大的意义。格斯·霍尔说："美共的竞选宣告了以往孤立状态的结束。不论它(选举)出现什么缺点，它仍然是具有头等重要意义的事件。它暴露了捍卫党及其独立作用斗争中的某些基本缺点。争取共产党候选人当选的斗争应当继续，而且应当同反对反共选举法的合法的群众斗争结合起来。我们奠定了争取我们党选举权斗争的开端，而且我们已经把这种斗争同争取实现当前要求的群众斗争结合起来。"②

1969年4月30日到5月4日，中美共在纽约召开了第十九次代表大会。大会的中心议题是加强党在群众中的影响和通过党的新纲领。大

---

① Gus Hall, *The Path to Revolution : The Communist Program*, New York : New Outlook Publishers, 1966, p. 66.

② Gus Hall, *On Course : The Revolutionary Process*, New York : New Outlook Publishers, 1969, p. 70.

会注意到工会中普通会员日益活跃,不断起来开展捍卫自身权益,反对保守领导人的斗争,并对这种变化给予极大的关注。霍尔在报告中对于普通工会会员的运动给予了很高的评价,认为它"使工会运动民主化,并得以复苏,使它成为劳工反对垄断的战斗武器,并推出取消阶级调和政策,为实现基本要求而斗争的领导"①。

大会还赞扬黑人工人的积极行动和反对种族歧视的斗争,要求白人工人和黑人工人团结一致为消除种族歧视和实现工人的共同要求而斗争。

美共主席亨利·温斯顿在大会上做了组织问题的报告。他强调指出,党在新的形势下应当采用新的领导体制。"领导应当同国家的具体地区建立密切的日常联系,并且应当优先同工业集中的地区建立这种联系。"②大会还根据温斯顿的提议向全党发出一封公开信,号召会体党员积极参加各项社会活动,并在工业部门建立党的基层组织,要求党员反对种族主义,团结白人和黑人工人,加强党在工会中和民众运动中的影响。

大会通过了新党纲,并选出了71人组成的中央委员会。格斯·霍尔、亨利·温斯顿再度当选总书记和主席。第十九次代表大会结束后,美共党员根据大会的决定在反战运动和民权运动中积极活动,使美国共产党在群众中的影响日益加强。

7.新左派运动和反正统文化运动

20世纪60年代的风暴也席卷了美国的大学校园和知识界,新左派

---

① Gus Hall, *On Course: The Revolutionary Process*, New York: New Outlook Publishers, 1969, p. 39.

② Henry Winston, *Build the Communist Party: The Party of the Working Class*, New York: New Outlook Publishers, 1970, p. 10.

运动随之蓬勃兴起。这一运动在20世纪50年代中期起源于英国。一批英国学者在苏共二十大后对苏联的"正统"社会主义感到失望,遂倡导一种奠基于"对人的同情和关心"的"新社会主义",并自称"新左派"以区别于传统的"老左派"。美国新左派运动的兴起同黑人的民族运动有直接的关系,因此它的早期目标和活动就是争取种族平等。

1960年4月,为了支持北卡罗来纳州农业技术学院4名黑人学生的反种族隔离行动,在亚特兰大大学召开了学生代表会议,会上成立了"学生非暴力协调委员会"。可以说这是新左派的第一个组织。这个组织受小马丁·路德·金的影响,主张非暴力行动,不断支持南方黑人反对种族隔离的斗争,还参加了帮助黑人参加选举的工作。这个组织曾经派人到种族歧视极为严重的密西西比州进行选民登记和社区组织工作。并且于1963年在北部组织了一次向华盛顿的进军。这次进军组织得非常成功,纪律良好,"学生非暴力协调委员会"的主席约翰·刘易斯还受到总统的接见。

另一个重要的新左派组织是"学生争取民主社会同盟"。它的前身是1905年成立的工业民主联盟的一个学生组织,30年代更名为"工业民主学生联盟",1959年改用现名。主席是罗伯特·哈伯。他对黑人的民权运动也深表同情,并且把争取种族平等作为同盟的重要目标。同盟的另一位领袖托马斯·海登同南部的民权运动,以及"学生非暴力协调委员会"都有直接联系。1961年11月,他和哈伯在《密歇根周报》上发表文章,呼吁北方大学生赶快行动起来支持黑人的民权运动,"如果不是现在,那又是什么时候呢?"①文章还要求学生们走出校园,了解社会上的种种问题。

1961年12月29日,全美45名大学生和行动主义者在密歇根大学集会,委托海登起草一份"左派政治宣言",作为各地新左派学生的共同行动纲领。海登所起草的宣言受到C.赖特米尔斯和阿诺德·考夫曼的思

---

① James Miller, *Democracy is in the Streets*, New York: Simon and Schester, 1987, p. 73.

想影响,对美国社会提出了新的看法。宣言揭示这个世界上最富有的国家却在允许"贫困和剥夺继续作为几百万人不可变更的生活方式"①。在美国"人人生而平等"的神话也由于黑人民权运动的兴起而遭到破灭。爱好和平的形象则为军事-工业综合体的冷战政策和军备扩张所破坏。在对内政策方面,宣言提出用分享民主制来代替"没有公众政治"的民主制,并且希望工人能够成为民权运动和各种社会运动的领导者。在对外政策方面,宣言主张结束冷战,实行单方面裁军,承认中华人民共和国在联合国的席位。宣言还要求在大学实施改革,改变大学教育纯粹为经济服务的非人道的制度。

宣言把声援民权运动、争取和平和改革大学教育制度作为同盟的直接行动目标。1962年夏天,同盟在密歇根州休伦港举行全国代表大会,通过了海登起草的宣言,并选举海登为主席。宣言因而被称为《休伦港宣言》。《休伦港宣言》是新左派的第一个政治纲领,为同盟的主张与活动定下了基调,标志着美国全国性的新左派组织的诞生。

然而,《休伦港宣言》发表后,大学生们在校园里的活动没有取得显著的进展。1963年6月,在争取民主社会同盟全国大会上通过了以"美国与新时代"为题的报告。报告批评了肯尼迪的"新边疆"政策,认为这项政策不能解决公正分配财富、消除种族平等和裁军等十分急迫的问题。报告同时也批评了自由主义者空谈社会丰裕而不正视贫困、种族歧视等种种社会问题,呼吁人们进行"新暴动"(即"下层革命")来创建一个新社会环境。在这以后,新左派的大学生们走向大城市的贫民窟和落后的地区。1964年秋天,加州大学伯克利分校还爆发了自由言论运动,运动一直持续到年底,校方被迫同意不干涉学生的言论自由,并保证不惩罚言论自由运动的学生领油。继加州大学之后,科罗拉多大学、哥伦比亚大学、耶鲁大学爆发了类似的运动。

---

① Edward Bacciocco Jr., *The New Left in America*, Stanford: Hoover Instifution Press, 1974, p. 119.

随着美国侵略越南战争的升级,战争问题引起了美国社会舆论的极大关注。新左派运动也把反对越南战争作为自己的最重要、最紧迫的任务。1964年5月2日,新左派大学生在纽约和其他一些城市举行了反战示威游行,后来人们称之为"五二运动"。"五二运动"的刊物《自由学生》抨击美国政府的对越政策是帝国主义政策,其目的在于"维持和扩大它在整个东南亚的经济霸权"①。

1965年,学生争取民主社会同盟领导了向华盛顿的反战进军和"全国结束越战周"活动。4月17日,有2.5万人进入首都华盛顿,包围白宫,并有人发表了谴责美国侵略越南的演讲。声势之浩大,使许多和平组织大为吃惊。此后一些青年公开撕毁征兵卡,拒绝服役。还有的教徒在五角大楼和联合国门前引火自焚,以表示对战争的抗议。

1967年,新左派的反战活动达到高潮。4月15日,在纽约举行反战进军的队伍达到30万人,175名学生当众撕毁了征兵卡,同年10月10万反战游行者冲向五角大楼,同军警发生了冲突。

在反战的过程中,新左派学生提出了学生权力论和新工人阶级论。学生权力论主张学校是技术社会的权力之源,应当通过对学校的改造来改变整个社会。新工人阶级论认为在美国这样的高度工业化的社会里,新工人阶级已经出现。它不同于传统意义上的工人阶级,应当包括技术性人员、工程师、在制造业和研究领域里不同于蓝领工人的高级工人、教师、律师、医生、艺术家和大学生。而大学生又是新工人阶级的中坚。他们担负的任务是变革整个社会。

1968年4月4日,民权运动领袖马丁·路德·金遇刺,激起了新左派大学生的愤慨。其中的激进分子转而采用暴力,并与黑豹党建立联系。此后发生了一系列炸毁校园建筑,占领校长办公室的事件。8月,在芝加哥召开的民主党全国代表大会期间,警察和示威群众曾几度发生冲突,示威群众中有425人受伤,668人被捕。1969年,暴力事件成倍增加。

---

① *Free Students*, Vol.1, 1965, No.2, p.14.

不幸的是,在运动高潮中,新左派发生了分裂,以革命共产党人自称的伯纳丁·多恩和迈克尔·克朗斯基带领激进分子,形成所谓的"革命青年运动派"。他们认为,革命的中心问题是美帝国主义和民族解放运动之间的斗争,美国的青年应当支持黑人、越南人民和第三世界人民的解放运动,发扬世界共产主义消灭帝国主义,并且公开宣布:"如果你不相信枪支和暴力,你就不是革命者。"[1] 1969年6月,在学生争取民主社会同盟芝加哥全国代表大会后,革命青年运动派又发生了分裂。其中一派叫作"气象预报员派",成为一个激进的暴力团体,另一派则趋于消亡。

美国政府对新左派的暴力行动采取严厉镇压的政策。1970年5月4日,国民警卫队向俄亥俄肯特州立大学在广场集会的学生开枪射击,打死4人,伤9人。暴力镇压致命地打击了新左派运动,不久以后运动就销声匿迹了。

新左派运动成分复杂,组织涣散,本来就不是一个坚强的组织。而他们的目标又带有空想的色彩,既反对美国正统的资产阶级自由主义,又不满于美国老左派的主张和苏联的社会主义现实。他们在迷惘中向往的是一个充满人性、没有发达工业社会一切弊端的理想社会。而这样的社会根本不可能存在,因此他们的目标是注定不能达到的。当他们历经挫折回到现实生活以后才终于发现美国社会是严酷无情的。为了生活下去,年轻的学生们不得不无限怅惘地脱离运动,寻找职业。

新左派对工人阶级的认识也是不正确的,他们认为美国工人阶级同其他发达国家的工人阶级一样都已经失去革命性,所以把他们排斥在运动之外,而寄希望于新的"革命行动主体"——学生、黑人、穷人和第三世界国家人民。其中,青年学生又是中坚力量和运动的组织者。诚然,青年学生具有理想和热情,但他们毕竟是少数,而且是一个变化不定的阶层,不断有人离开学校走向社会。运动得不到社会的广泛支持,很容易

---

① Milton Viorst, *Fire in the Streets: American in the 1960's*, New York: Simon and Schester, 1979, p. 450.

走向衰落。特别是在美国政府采取镇压手段以后,运动的领导力量立即暴露了它的软弱性。

尽管新左派运动存在种种局限和缺点,但其作用是十分重大的。它揭穿了美国"丰裕社会"的内幕,提出了反对种族主义、反对战争、反对帝国主义、反对贫困等问题,具有一定的进步意义。

同新左派运动同时兴起的是反正统文化运动。这一运动是对美国现实不满情绪在文化上的表现形式。它最初出现于20世纪50年代,叫作"垮掉的一代"。参加运动的主要是中产阶级家庭的子弟。他们生活优裕、精神空虚,对美国社会物质丰裕而精神贫乏的生活极度不满,并且用颓废、玩世不恭的手段向正统文化提出挑战。他们打破旧有的价值观念反其道而行之,过着不拘形迹、放荡而颓废的生活,吸毒、留长发,蔑视一切制度。60年代,发展为嬉皮士运动。参加这场运动的有大学生、流浪汉、作家、爵士音乐家、艺术家等。吸毒更加普遍,成为嬉皮士反对正统文化和寻求精神刺激的重要手段。他们常常沉浸在短暂的药品毒效幻化出来的幸福天国之中。群居生活也成为嬉皮士的一种主要活动方式。他们放弃文明的舒适生活,或者到大城市的贫民区,或者到穷乡僻壤租赁廉价的住房,从事手工劳动,过着自食其力的群居生活,以表示对工业社会的对抗。

他们的群居公社实际上是一个类似无政府主义的放任自由的团体。吸毒、摇滚乐、脱衣舞,应有尽有。最有名的群居公社是海特-阿希伯利公社。社址设在旧金山的一个工人居住区,参加群居者达数百人。1967年达到高峰,成群结队的青少年从四面八方拥向这个公社。但公社的犯罪率开始上升,遭到当地警察的干涉。公社渐趋解体。同年,在纽约和旧金山两地都出现了嬉皮士的大聚会。数万名青年男女在草地上游乐,使嬉皮士运动达到高潮。1969年"德斯托克"节大聚会是嬉皮士的最后一次重大行动。将近30万人在纽约州白湖集会,狂欢三天三夜。但在狂欢的阴影后面充满着迷惘和颓废。在此以后以嬉皮士为代表的反正统文化运动宣告结束。

反正统文化运动作为一种社会运动当然有它的积极意义,但运动所采取的"自我毁灭"的反抗形式却留下了消极颓废的不健康影响。

新左派运动和反正统文化运动都没有同工人运动和美国共产党发生联系。虽然美共中分裂出来的进步劳工党曾经参加新左派运动,但并没有起到重要作用。

8. "走出舒适的集中营"

"走出舒适的集中营",是女权运动活动家贝蒂·弗里丹在《女性的奥秘》一书中写下的一句名言。她受到20世纪60年代革命风暴的影响,向美国传统文化提出新的挑战,不仅要求妇女在政治上、经济上的平等,而且要求在感情上、观念上进行革新。她认为,美国社会的许多部门都在为妇女铸造使之"心满意足的由卧室、厨房、性、孩子和家庭组成的世界"[1]。结果造成美国妇女自愿接受被奴役的地位。弗里丹号召妇女摆脱家庭的束缚走向社会。

1966年6月28日,在首都华盛顿举行了各州妇女状况委员会的全国会议。会后弗里丹、联合汽车工会妇女部主任卡罗琳·戴维斯、会员多萝西·亨勒等代表在弗里丹下榻的旅馆内商定立即成立一个新的全国性的妇女组织。这个组织叫作"全国妇女组织",缩写为NOW。其宗旨是"推动妇女全部投入当前美国社会生活的主流,享受一切权利和承担一切义务因而成为男性的完全平等的同伴"[2]。第二天,全国妇女组织正式宣告成立,标志着美国妇女运动新阶段的开始。该组织的要求集中反映在1967年全国代表大会通过的权利法案中。法案要求国会通过平等权利宪法修正案,保证妇女获得平等就业的机会,禁止就业中的一切性

---

[1] Betty Friedan, "N.O.W.: How it Began", *Women Speaking*, April, 1967, p. 4.

[2] Mary Beth Norton et al., *A people and A Nation: A History of the United States*, Boston: Houghton Mifflin Company, 1986, p. 958.

别歧视,妇女有权控制自身的生育能力、保证妇女有享受产假的权利,建托儿所减轻妇女的家庭负担,等等。

权利法案中的诸多要求一般都能得到社会的同情,唯有改革堕胎法的要求引起了激烈的争论。政治保守主义者和宗教界的原教旨主义者和社会上的一些人持反对态度,认为堕胎违背人道主义,严格说是一种谋杀,应当受到谴责和非难。经过不断斗争以后,一些州已经改革了有关堕胎的立法,1973年联邦最高法院的判决确认了堕胎权,使堕胎率迅速上升。但这只是一个案例,围绕堕胎问题至今仍在进行激烈的争论。

同全国妇女组织并肩战斗的还有追求妇女解放的激进派。这个派别的成员大多是学生运动、反战运动和民权运动的积极分子。她们主张通过社会革命来彻底消除性别歧视,从另一角度唤起美国社会对妇女问题的注意,并向政府施加一定的压力。

由于60年代妇女运动的再度兴起,美国政府不得不对妇女问题予以充分的考虑。1963年6月10日,肯尼迪总统签署了同等酬劳法案。这是联邦禁止性别歧视的第一个法案,是对1938年6月25日通过的《公平劳动标准法》的修正,规定男女同工同酬。1964年,在民权法案第七款关于在职业上消除种族歧视的辩论中,弗吉尼亚的民主党众议员霍华德·史密斯要求增加消除性别歧视的内容,但他并非同情妇女运动,而是企图借此阻碍法案的通过。然而,法案还是以多数票在参众两院获得通过。根据这项法令,工会和雇主均不得在提供就业机会时实行种族、肤色、宗教和性别歧视。为了监督这项法案的执行,总统还委任了由5人组成的就业机会均等委员会。委员会有权受理有关就业问题的申诉,并进行调查、调解。如果调解无效,即可诉诸法庭。但是,如果确因性别不同而产生职业上的限制,则允许雇主按性别区别对待。①

平等权利法案通过后在社会上引起了强烈的反响。最先起来支持法案的是联合汽车工人工会。这个工会过去是各州保护法规的支持者。

---

① *New York Times*, Mar. 14, 17, 18, 1964.

但是经过该工会妇女部对法案第七条和州的保护法规进行仔细研究后改变了态度。他们发现那些所谓的州的保护法规实际上是歧视妇女的法规，认为平等权利法案第七款应当取代州的保护法规。该工会的妇女部主任戴维斯在1965年白宫召开的关于就业机会平等会议上特别强调了这一点。1976年，该工会的首席律师斯蒂芬·施洛斯伯格在就业机会平等委员会的听证会上，要求严格执行平等权利法案第七款的规定。

1970年又提出对平等权利法案的正式修正案，规定"在性别方面法定的平等权利，联邦和州均不得否定和抵制"。此修正案在众议院获得通过，但被参议院否决。遗憾的是以劳联－产联为代表的一些工会领导人对平等权利法案的修正案持反对态度。劳联－产联的法律代表肯尼斯·A.米克尔约翰在参议院宪法权利委员会听证会上表示反对平等权利法案。同时，美国通讯工人工会、服装工人混合工会和国际旅馆工人、餐厅工人、售货员工会的妇女代表也表示了同样的意见。她们的理由是："平等权利法案的就业机会平等条款没有包括那些成千的不能加班工作的妇女的权利，同时那些认为加班是一种惩罚而不是一种特权的妇女也应当受到保护"，而"平等权利法案不可能实现这一点"。[1]

不过，多数工会代表对劳联－产联领导人所持的态度是不满意的。联合汽车工人工会副主席奥尔加·M.马德在听证会上表示对平等权利法案的支持，并且声明说，她的工会的20万女会员在全国代表大会上对法案表示支持。她还表示，她之所以来出席听证会就是要驳斥那种关于所有工会会员都反对平等权利法案的谣传。在随后召开的听证会上，畜力车工人工会主席、美国教师联合会的首脑、美国女工同盟的代表相继发言支持平等权利法案。全国妇女组织的奠基人弗里丹指责那些反对平等权利法案的工会领导人严重地忽视和无视女工。[2]在众多工会活动家的抗议下，劳联－产联在1973年年会上改变了态度。大会以绝对大

---

[1] *Daily World*, May 7, 1970.

[2] *New York Times*, June 12, 15, 1970.

多数通过了支持平等权利法案的决议。

　　总的来说,20世纪60年代美国的妇女运动在整个革命形势的鼓舞下取得了一定的成就,不仅在立法方面有明显进展,就业人数也有显著增长。第二次世界大战结束后,由于军队大批复员,妇女就业机会减少。直到1963年妇女就业人数才回升到1993万,大致同1945年就业人数相等,约占劳动力总数的29.1%。60年代末,妇女就业人数的比例上升到40%。70年代还在继续增长。不过,60年代的妇女运动仅仅是开始,新的高潮发生在70年代。正如一位女权主义者所说的,"如果60年代是属于黑人的,那么70年代是属于我们的"[①]。1971年,美国政府发起"妇女年"运动。这说明妇女问题在政治生活中的分量已经大为增加。妇女问题、妇女史在科学研究和高等学校的教学中也都成了热门课题。

　　20世纪60年代的妇女平权运动,就其性质来说,是资产阶级改良运动,但在当时的历史条件下仍然是有进步意义的。但是美国共产党对运动所取得的成果平等权利法案一直持否定态度,直到1978年才有所改变。

---

　　① Mary Beth Norton et al., *A people and A Nation: A History of the United States*, Boston: Houghton Mifflin Company, 1986, p. 962.

五、经济衰退和战略收缩时期

1.尼克松和卡特的经济政策

侵越战争使美国在经济上、政治上受到难以估量的损失。巨大的军费开支使美国的国力受到严重削弱,经济发展、技术进步都受到严重的阻碍。美国的经济开始衰退,并且已"丧失了它在工业世界中很大一部分占压倒优势的经济力量",美国的声誉也一落千丈。詹姆斯·富布赖特在所著《跛足巨人》一书中做了如下估计:"我们已经付出的代价是5.5万多人死亡,30多万人残废和远远超过1500亿美元。"① 尼克松曾在1973年致国会的咨文中不无感慨地说:"越南战争牵制了我们的国外政策。滋长了国内的意见分歧和自我怀疑。无论结束战争也好,无论结束我们的卷入也好,都看不到前途。"②

美国国内的形势也相当严峻。1939年到1969年美国历史上的第二个经济高速发展时期已经结束。美国经济进入了低速增长和结构性危机相交替的时期。其特点是生产停滞、通货膨胀、物价上涨,形成"滞胀"经济。同时社会运动频繁,整个社会动荡不定。理查德·尼克松就是在这种形势下当选总统的。尼克松认为联邦政府过于集权,机构臃肿,指挥不灵,造成了民众对政府能力的信任危机,再加上日益严重的社会危机和城市危机,形势是严重而紧迫的,因此必须进行政府改革。他认为

---

① [美]威廉·富布赖特:《跛足巨人》,伍协力译,上海人民出版社,1976年,第87页。
② 《尼克松1973年对外政策报告》,上海人民出版社,1973年,第6页。

改革的关键是分权于州、分权于民,实行所谓的新联邦主义。1969年1月20日,尼克松在总统就职演说中正式提出了这个主张。1969年8月8日,尼克松在电视讲话中又使用了新联邦主义这个口号。他说:"在权力从人民和各州流向华盛顿达1/3世纪之后,让权力、资金、责任从华盛顿流向各州和人民,实行新联邦主义的时候到了。"①

新联邦主义大致有如下主要内容:

第一,缩减或取消约翰逊伟大社会计划。尼克松对济贫计划持否定态度,主张让"所有美国人""有较高质量的生活",并且认为约翰逊的济贫计划毫无效果。他在回忆录中指出:"我们终于提出要改组、缩减或取消'伟大的社会'残余的那些庞大的计划——它们在帮助穷人方面什么事也没有干。"②尼克松所缩减或取消的主要项目是约翰逊时期采取的联邦公共福利、反贫困和教育方面的计划。他把由此节省出来的资金用来支持自己的新联邦主义政策。

第二,实行税收分享计划。尼克松在1969年8月8日电视讲话中就已经提出税收分享计划,并且把这个计划叫作通向新联邦主义的第一步。1971年1月25日,尼克松在国情咨文中提出六大政策目标,而税收分享则列在六大目标之首。以后又向国会陆续提出一般税收分享咨文和特殊税收分享咨文,并企图对各州实行整笔拨款,以加强州和地方的主动权。1972年,美国国会终于通过州与地方财政援助法,规定5年内,州与地方可分享联邦税收302亿美元。尼克松曾引以为骄傲,认为"它是40年来联邦政府发展方向上的一大转变——也就是我们所说的一场新的美国革命"③。

---

① *Public Papers of the Presidents of the United States:Richard Nixon*,Washington D. C.:U. S. Government Printing Office,1972,Vol. 1,p.638.

②[美]理查德·尼克松:《尼克松回忆录》中册,马克生、翟一我、杨德译,商务印书馆,1979年,第8页。

③[美]理查德·尼克松:《尼克松回忆录》中册,马克生、翟一我、杨德译,商务印书馆,1979年,第10页。

第三,推行"家庭援助计划"。这是尼克松改革20世纪60年代形成的庞大的联邦社会福利体制的计划。约翰逊政府留下来的福利制度已经引起相当多的纳税人的不满。他们抱怨赋税过重,不愿意负担救济懒汉的义务。尼克松的家庭援助计划的目的就是要以现金支付代替庞大的让会福利官僚机构,统一各州的援助标准,并创造受援家庭主要成员就业的条件和机会。其具体内容是:年收入低于3920美元有未成年孩子需要抚养的四口之家,每年可从联邦政府获得1600美元的援助,受援家庭的成年人必须登记接受职业训练。不久以后援助标准又从1600美元提高到2400美元。但是,家庭援助计划在国会受到抵制,只有接受职业训练的规定和保证老年人、残疾人收入部分得到批准。1973年,可以领退休金的人员扩大到7700万人。

从总的来说,尼克松的联邦社会福利改革是不成功的。福利开支不仅没有缩小,反而大幅度上升,在国民生产总值中的比重,从8.1%上升到10.1%,超过了国防开支的比重。此外,尼克松还精简和改组了联邦行政机构,采取了某些环境保护措施。

然而,由于尼克松任职以后,美国经济不景气,通货膨胀尤为严重,失业率也呈上升趋势,他的新联邦主义政策遇到困难,收效甚微。于是,他不得不集中注意力对付经济问题,采取了所谓的新经济政策,以控制通货膨胀和减少失业人数。尼克松就任总统伊始就采取了减少货币供应,紧缩财政的政策以遏制通货膨胀。但结果适得其反。联邦收支虽然取得平衡,但触发了第二次世界大战后美国的第五次经济危机。从1969年11月至1970年11月,美国国民生产总值降低1.1%,失业率达到6%,通货膨胀率达到4.5%。更为严重的是,1971年由于美国国内经济困难和英法要求把30多亿美元兑换成黄金而触发的美元危机。美元连续下跌,美国黄金储备减少,无法满足英法的要求,结果使得美元的地位严重削弱。尼克松一筹莫展。他曾回忆说:"我们接受或者拒绝这个要求,其后果都很危险。如果我们给予英国人以他们所要的黄金,其他国家可能也会争相提出这种要求。如果我们拒绝,这意味着承认我们担心无法满足所有可能提出的兑换黄金的要求。"① 所有这些不利因素结合在一起使美国经济陷入"滞胀"状态。尼克松政府不得不及时做出反应,于1971年8月15日宣布实施新经济政策。暂时停止美元和黄金的兑换,对进口商品增收10%的附加税,削减对外经济援助10%,向国会提出削减联邦支出47亿美元的建议,冻结工资、物价、房租90天。1971年11月冻结期满后改为对工资、物价进行管制,规定年通货膨胀率不得超过2%—3%,工资增长率不得超过5.5%。

总的来说,尼克松的新经济政策是不成功的。失业和通货膨胀都未能控制住,美元危机一再出现,曾两次宣布贬值。资本主义世界各国先后采取对美元的浮动汇率,以美元为中心的资本主义世界货币体系宣告解体。尼克松曾不无感慨地回忆说:"后果是很不愉快的。""管制完全结束3年以后,失业率和通货膨胀率都徘徊于7%左右,人们甚至怀念起1971年以前的好光景,因为那时前者只有6%,后者只有4%。"②

在尼克松任内,工资增长的速度明显下降,赶不上物价上涨的速度。以制造业、采矿业和建筑业为例,1970年年工资增长率分别为6%、10.2%、14.9%,1973年下降为4.9%、5.5%、5.2%。③这样就出现了相当大部分工人实际工资下降的趋势。美共总书记格斯·霍尔在第二十二次党代表大会上发言说:"实际工资的持续下降是我们今天的新现象。与此同时,工人阶级的血汗和沉重的劳动却使垄断组织的巨额利润得到增加。"④美国工人和劳动人民对于这种状况是极为不满的。尼克松政府为了控制局势,尽量想办法拉拢工会上层。相继成立了一些受政府直接

---

① [美]理查德·尼克松:《尼克松回忆录》中册,马充生、翟一我、杨德译,商务印书馆,1979年,第196页。

② [美]理查德·尼克松:《尼克松回忆录》中册,马充生、翟一我、杨德译,商务印书馆,1979年,第199页。

③ *Monthly Labor Review*, April, 1974, p. 19.

④ Gus Hall, *Labor up Front in the People's Fight Against the Crisis*, New York: International Publishers, 1979, p. 8.

控制的机构。其中有生活费用委员会、工资和物价委员会等。这些委员会的成员中有工会的领导人。其任务就是调和政府和工人的矛盾。然而,一些激进的工会领袖看透了政府的意图,起来反对尼克松的政策。伍德科克发表声明说:"政府企图同工会开战。"①

1974年8月8日,尼克松由于水门事件的困扰宣布辞职。他留下来的是一个陷入滞胀状态的、不景气的美国社会。福特继任后没有采取重大的变革措施,美国经济状况仍然没有起色。越来越多的选民对共和党政府失去信任,1976年大选中民主党总统候选人吉米·卡特击败福特当选美国第三十九位总统。在卡特任内,美国正处于多事之秋。通货膨胀、失业率上升、美元危机不但没有缓和,反而变本加厉,能源危机也日趋严重。失业率在1976年底达到7.9%,通货膨胀率1977年为7%,1978年初已接近10%。1973年中东石油战使美国进口石油的价格在一年中上涨三倍,使能源危机加剧。卡特上台后,形势更为严峻,连续3年出现能源短缺。1977年4月18日,卡特就任不久,就在向全国发表能源问题演说大声疾呼:"除了防止战争以外,能源问题已经成为我国今后世代面临的最严峻的挑战。"②

卡特就任以后立即同他的顾问班子磋商,采取反危机的措施。

措施之一是通过减税免税刺激经济增长。1978年1月,卡特提出减税250亿美元,其中减免的个人所得税为178亿美元,同时还要求增收资本收益税,以缓和贫富不均的矛盾。但卡特的提案在国会讨论时经过重大修改,1978年国会最后通过的岁入法规定减税190亿美元。其中,企业和年收入在3万美元以上的纳税者减免的税占总额的60%。结果使分配不均的现象更加严重。

措施之二是公布物价、工资指标,要求私营部门自愿遵守。1978年

① *New York Times*, Aug.19,1971.

② [美]西奥多·怀特:《美国的自我探索:总统的诞生(1956—1980)》,中国对外出版翻译公司,1985年,第234页。

4月,卡特宣布冻结白宫高级官员和联邦官员工资。10月,卡特又公布了非强制性工资、物价指标,要求工资年增长率不超过7%,物价上涨不超过5.75%,并许诺遵守工资指标的纳税者在物价上涨超过7%的情况下,可以少交所得税。但是,卡特反通货膨胀措施没有得到国会、工会、制造商协会、商会的支持,没有收到任何效果。1979年通货膨胀率达到13.4%。[①]

措施之三是采取开源节流的办法来缓和能源危机。能源危机在尼克松任内就已开始,在卡特当政的时候发展到相当严重的程度,使卡特政府受到极大的困扰而无法摆脱。1978年8月,成立能源部以加强对能源的管理和开发。同年10月,国会通过能源法案,规定新发现的天然气价格每年可上涨10%,以鼓励能源的探测和开发,同时提倡节约石油和天然气,对于节约能源的企业和家庭实行奖励,对耗油量大的汽车实行征税,禁止新建电厂使用石油或天然气,要求现有的电厂逐步改用煤或其他燃料。随后,卡特还下令限定联邦政府机构办公室的温度,并授权各州实施"单双日石油配给制"。卡特还向国会提出向石油企业征收暴利税,将所得大部分资金用来做开发太阳能、原子能、合成燃料的基金。但这一要求遭到各个石油公司的激烈反对。一直到1980年3月27日,国会才通过了《原油暴利税法案》,经卡特于4月2日签署生效。法案规定向石油公司征收50%的石油暴利税。5月21日国会又通过发展合成燃料法,计划到1987年建成10座日产5万桶合成燃料的工厂。

从长远来说,卡特的能源政策是有积极意义的,但是由于所节约的石油数量有限,在短期内看不出明显效果。能源危机持续了相当长的时间。

进入70年代以后,美国已经度过了它的顶峰时期开始下降。国家实力、国内状况、国际力量的对比都发生了不利于美国的变化,不允许它

---

① Mary Beth Norton et al., *A people and A Nation:A History of the United States*, Boston: Houghton Mifflin Company,1986,p. 982.

继续推行过于庞大的野心勃勃的扩张计划,必须实行战略上的收缩和退却。尼克松上台的时候侵越美军达到54万人,海外基地有2000多个,海外驻军超过100万人。如此沉重的负担完全是杜鲁门以来的历届前任美国总统推行全球扩张战略造成的,已经给美国的政治经济带来了无法估量的损失,使它在国际竞争中处于不利地位。前车之鉴也促使尼克松认真估计形势,采取对策。

尼克松在当选总统以前,就曾经在《外交季刊》上发表的文章中和竞选总统的演说中提出"美国必须重新估量它在世界上的作用和责任"的主张。他在就任总统后,先后发表的1967年7月25日的关岛讲话和1970年的对外政策年度报告进一步阐明了自己的战略思想,构成了所谓的尼克松主义。尼克松主义起初只涉及亚洲国家。尼克松的目的是要从亚洲事务中脱身,同时又维持美国的影响,避免重蹈越南战争的覆辙。他在关岛讲话中强调,只要不存在核大国的威胁,美国期望亚洲国家能够解决自身的防卫和安全问题。以后尼克松又把这种思想加以引申,用以处理同其他盟国的关系,提出以"伙伴关系、实力和谈判"为基础的新的和平战略。在军事方面尼克松提出以"充足的军事力量"来代替过去的"核优势",以"一个半战争"来代替过去的"两个半战争",同时要求自己的盟国承担所在地区的地区性战争的义务。在外交方面则推行多极均势政策。尼克松曾公开声明,世界已进入一个"多极外交的时代",并且把美国、苏联、西欧、日本、中国看成是五大权力中心。基于上述考虑,尼克松把从越南脱身,求得体面和平作为自己入主白宫以后的首要任务。

尼克松上台后立即明确表示必须结束越南战争,否则他本人就会陷于进退维谷的处境。他说:"我可不愿落得个约翰逊那样的下场,躲在白宫内,怕到街上去见人。我要结束这场战争。"[1]然而,尼克松的困难在于必须保住美国的脸面,实现"体面的和平"。而这一点,在当时越南战

---

① [美]H.R.霍尔德曼:《权力的尽头》,商务印书馆,唐笙、李森等译,1979年,第94页。

174

争形势对美国侵略军极为不利的形势下是很难如愿以偿的。

尼克松最初提出的停战条件,要价过高,要求北越部队和美军同时撤出南越,并对北越军队在柬埔寨境内的补给基地实行空中打击,以迫使北越军队撤退。结果这个建议遭到北越方面的严正拒绝。于是,尼克松加紧实行战争越南化计划,以便从越南战争中抽身。尼克松政府向越南提供大量军援和经援,用大量现代化军事装备武装南越军队,使南越军队增加到110万人。1970年4月,美军进入柬埔寨的鹦鹉嘴和鱼钓地区袭击北越的补给基地,随后又支持南越军队侵入老挝境内"胡志明小道"北端地区。但这一军事行动遭到北越军队的全面反击。1971年3月中旬,南越军队全线崩溃。尼克松政府为了挽回颓势,加强谈判的实力地位曾两次采取大规模军事行动,并加紧对北越的空袭,但未能奏效。1973年1月27日,美国被迫同北越在巴黎签订和平协定。从而终于摆脱了长达12年的越南战争。

尼克松上台后的第二件大事就是调整同中华人民共和国的关系,改变了多年来一贯奉行的孤立和遏制中国的基本政策。尼克松在中苏冲突不断加剧的过程中得出结论,如果中国在中苏战争中被击败,世界均势将受到破坏,美国的利益因而也将受到损害。这种将美国国家利益同中国失利与否联系在一起的看法是美国对华政策理论的根本性改变。难怪亨利·基辛格要用"革命性的理论"来形容这种看法。他在《白宫岁月》一书中强调指出这是"美国外交政策中的一件大事",因为"一个美国总统宣称一个共产主义大国……的生存,对我们具有战略利益"。①

1969年下半年,美国政府通过巴基斯坦总统叶·海亚·汗、罗马尼亚总统齐奥塞斯库向中国方面表示改善中美关系的意愿,同时通过美国驻波兰大使沃尔特、斯托塞尔同中国外交人员接触。1970年2月,尼克松在世情咨文中公开表示:"我们采取力所能及的步骤来改善同北京的实

---

① [美]亨利·基辛格:《白宫岁月——基辛格回忆录》第一册,陈瑶华等译,世界知识出版社,1980年,第231页。

际上的关系，这肯定是对我们有益的，同时也有利于亚洲和世界的和平与稳定。"①

经过美中双方的秘密接触和努力，1971年7月亨利·基辛格秘密访问北京，同周恩来总理会谈，达成协议，随即发表公告，宣布尼克松总统将于1972年5月以前访问北京，并且指出："中美两国领导人的会晤，是为了谋求两国关系的正常化，并就双方关心的问题交换意见。"②1972年2月21日至28日，尼克松访问中国。中美双方在上海发表联合公报。中断20多年的美中关系宣告恢复。这是尼克松外交政策的一项重大成就，使他在国内外赢得了崇高的声誉。毫无疑问，中美关系的正常化是完全符合中美两国人民和世界人民利益的。

尼克松对苏联也实行缓和政策，逐步从对抗走向谈判。尼克松任内美苏首脑先后举行了3次会谈。1971年9月3日，美、英、法同苏联签订了西柏林协定，使德国问题上的争端基本得到解决。同时，美苏双方还开展了限制战略武器谈判。

除此以外，美国还强调与西欧和日本的伙伴关系，力图迫使北约组织成员国分担防务费用以减轻美国的负荷，对其他地区的事务也尽可能采取收缩的政策，或者缩小干预的规模。

尼克松的收缩政策引起美国政府内强硬派的不满。他们要求新当选总统卡特改弦更张，对苏联采取强硬态度。他们不断上书向卡特说明，苏联军事实力不断扩张的严酷事实，以及由此带来的危险。然而要恢复五六十年代的全球扩张战略，美国已是力不从心。于是，卡特的人权外交应运而生。卡特批评尼克松、基辛格的均势外交政策，公开声明："我们的道义感决定了我们明白无误地偏向于那些和我们一样坚持尊重

---

① [美]理查德·尼克松：《尼克松回忆录》中册，马兖生、翟一我、杨德译，商务印书馆，1979年，第230页。

②《人民日报》，1971年7月16日。

个人人权的社会。"①"对于人权所负有的义务"是"美国对外政策中的基本信条"②。所谓的人权外交,实际上就是在意识形态方面对苏联展开的一种攻势。卡特上任以后公开支持和赞扬苏联持不同政见者安德烈·萨哈罗夫教授等人,指责苏联政府违背"人权原则"。卡特的人权攻势带有相当大的鼓动性,使得苏联和东欧国家内部持不同政见者顿时活跃起来,造成了一定的声势。其实,人权问题在美国国内就没有得到彻底解决。美国政府和种族主义者侵犯黑人和其他少数民族的事件时有发生。理所当然地要受到苏联官方和舆论界的反击。苏联政府领导人曾愤怒地指责卡特政府"企图干涉苏联内政"。美苏关系趋于紧张,事态最后发展到双方相互驱逐对方记者,并有意阻碍贸易和交易活动的进展。

卡特政府咄咄逼人的人权攻势曾经博得西方国家和部分美国政客和人民的喝彩,特别是在1977年10月在贝尔格莱德举行的欧安会上大出风头,使苏联代表处于被动地位。但也有人认为人权外交虚有其表,不能阻止苏联的扩张。诚然,卡特的人权外交在当时所起的作用是极其有限的,但从长远看问题,其影响是相当深刻的。它为苏联和东欧国家埋下了长期动乱的根子。就某种意义上说,其影响超过了实力外交政策所取得的成果。

卡特政府的另一项重要战略措施是扭转军事力量对比有利于苏联的发展趋势。为了达到这一目的,它一方面加强军备,另一方面同苏联进行第二阶段限制战略武器会谈。在卡特任内军事预算不仅没有削减而且有较大幅度增加,在研制新武器方面也采取了种种措施。卡特曾经决定生产中子弹,仅仅由于欧洲盟国的反对而不得不无限期推迟生产。卡特政府还决定研制MX大型机动陆基分导多弹头洲际弹道导弹,以同苏联相抗衡,同时还进一步恢复征兵制。卡特还说服北约国家,加强防务和通过长期防务计划。最后,北约理事会通过了一个耗资600亿——

---

① *Vital Speeches of the Day*, Vol. 43, No. 9, p. 259.

② *Vital Speeches of the Day*, Vol. 43, No. 9, p. 515.

800亿美元的长期防务计划。北约防务计划委员会会议还决定从1979年到1985年间的防务开支每年增加3%。后来,美国在制订1981年财政年度军事预算的时候,又把军事开支的实际年增长率提高到5%。

由于伊朗巴列维国王倒台而形成的对美国不利的波斯湾局势又因为苏联大举入侵阿富汗而更加复杂化。卡特政府对中东局势表示了极大的关注和强硬的立场,提出了不惜诉诸武力以确保美国在波斯湾利益的思想,后来被称为卡特主义。卡特在1980年1月23日致国会的国情咨文中指出:"任何外来力量企图控制波斯湾的尝试,将被视为对美国重大利益的侵犯,这种侵犯将遭到包括军事力量在内的一切必要手段的回击。"卡特主义的出现表明美国政府开始走向依靠军事力量改变不利地位,逐步放弃对苏缓和政策的道路。

在纷繁紧张的国际事务中,卡特政府逐步认识到中美关系正常化的重要性。总统国家安全事务助理布热津斯基奉命访华,在访华期间,通过谈判,就终止美国同台湾之间的官方关系,从台湾撤出美国军事人员和设施,以及取消美蒋安全条约三个问题同中国政府达成协议,消除了中美关系正常化的三大障碍。1978年12月15日,中美终于正式建交,由双方政府同时发表中美建交公报。

尽管卡特政府力图挽回战略上的颓势,但从整个70年代来看,美国政府基本上是采取收缩退却的方针。

2.美国工会和美国政府的关系及普通工会会员的活动

20世纪60年代后半期,劳联-产联的领导人逐渐离开民主党,转而同共和党政府接近。其原因在于民主党内部民主力量的加强和党内分歧的激化。劳联-产联领导人公开表示,工会将采取比民主党更温和的立场。米尼在答《纽约时报》记者问时声称:"民主党已经分裂。它已不是几年前那个自由主义的党。它几乎成为一个极端分子的党。所谓的新左派,或者随便把他们叫作什么,控制了民主党。工会会员现在代表中等阶级,并且关心法律和秩序。"①以米尼为首的劳联-产联领导人与尼克松政府的关系非同一般。正如古尔登所说,尼克松和米尼之间建立了"即使不是真诚的,那也是十分正式的关系"②。为了拉拢米尼,尼克松总统不仅经常邀请他共同进餐、打高尔夫球,而且同他商讨国家大事。米尼则对尼克松的政策和行动给予最大限度的支持。1970年5月,当尼克松下令入侵柬埔寨时,美国国内舆论大哗,各阶层进步人士和社会团体纷纷抗议和反对。唯独米尼竟然冒天下之大不韪,对尼克松的命令表示祝贺和支持。他声言:"总司令的这一行动出于捍卫美国利益的需要,是完全正确的。尼克松确实勇敢而果断,这个行动——向柬埔寨派兵——应当得到全体美国人民的支持。"③

在控制罢工运动方面,尼克松政府也得到了劳联-产联领导人的支持。尼克松政府曾于1970、1971和1973年几次利用国会通过的限制罢工的法令来制止铁路工人罢工。1972年还以强制仲裁法反对西海岸码头工人罢工。1970年至1972年间罢工运动出现了日益缓和的趋势。据统计,1970年为5716次,1971年为5138次,1972年为5010次。④尼克松政府还依靠联邦调解局来调解在签订集体合同中出现的争端和冲突。这个机构虽然没有禁止罢工的权力,但在工会领导人的协助下曾经阻止和瓦解过多次罢工。仅1970年这一年就调解劳资冲突2848起。⑤在尼克松任内,联邦调解局经常采取预防措施,往往在集体合同届满以前就召集劳资双方代表洽谈。工会领导人则利用职权,迎合政府的需要,签订一些不完全符合广大工会会员要求的合同。其结果往往引起工会会员集体拒绝接受工会代表签订的集体合同。劳联-产联领导人为此大

① *New York Times*, Sept. 2, 1970.

②③ Joseph Goulden, *Meany: The Unchallenged Strong Man of American Labor*, New York: Atheneum, 1972, pp. 404–405.

④ *Analysis of Work Stoppages*, Washington D. C.: U. S. Government Printing Office, 1977, p. 78.

⑤ *Monthly Labor Review*, Nov., 1972, p. 16.

发雷霆,要求取消工会会员通过合同的程序。乔治·米尼在1970年2月劳联-产联执委会上声言:"工人领袖和经理签订的合同应当是最终的,不需要由工会成员批准。"①

然而,米尼等人同尼克松的接近是不得人心的,因而也是不能持久的。在广大工会会员的强大压力下,米尼等人不得不同尼克松疏远,甚至公开表示不支持他再度竞选总统。1972年初,米尼在接受《美国新闻和世界报道》记者采访时声称:"尽管我个人同尼克松总统有着良好的关系,但我们同他在经济问题上有重大分歧。因此我们但愿,他在下一任期不会当选。"②

福特总统当政时期,由于继续执行反对劳工的政策,同工会、甚至同苏联-产联领导人的关系日益疏远。1976年大选期间绝大多数工会都转而支持民主党总统候选人吉米·卡特。他们派出418名代表出席民主党的代表大会。汽车和航空航天工业部门工会领导人L.伍德科克亲自出面为卡特的竞选组织各方面的力量,成为总统竞选活动中的活跃人物。

然而,卡特当选以后,美国的经济状况更加恶化,卡特在竞选中向工会做出的允诺大都未能实现。卡特政府为了缩小预算赤字所采取的抑制经济发展政策,使失业人数增加,同时缩小和平事业用费,增加军费开支,使社会福利事业受到影响,更加引起广大工人不满。卡特的税收改革和能源政策也不得人心,甚至受到左派自由主义杂志的批评。《进步》曾经载文评论说:"第九十五届国会最近一次会议通过的关于能源和税收的法案是政府经济战略的重大转变,是右翼力量操纵的有利于富翁们的重大转变。"③米尼在工会中下层人员的压力下不得不同卡特政府保持距离,并且公开指责卡特背叛了工会,卡特政府是柯立芝以来的最保

---

① Mkrtchian, *U. S. Labor Unions Today*, p. 147.

② *U. S. News and World Report*, Mar.21, 1972.

③ *Progressive*, Dec.1978, p. 7.

180

守的政府。

激进的工会和大多数工会会员采取了完全不同于工会上层领导人的立场。他们一开始就反对越南战争,要求尼克松尽快结束这场战争,同时要求尼克松政府采取措施制止通货膨胀,减少失业人数,提高工人工资。1970年9月15日,在通用汽车公司所属各厂举行了规模宏大的罢工,并迫使公司方面接受提高工资和养老金的要求。同年30万铁路工人罢工也取得了类似的成果。此后两年,由于劳联–产联领导人的干预,罢工次数和参加的人数都有所减少。但1973年后又开始回升,在卡特任内达到了高峰,1972年为5010次罢工,罢工人数为171.4万人,1976年则上升到5648次、242万人。[1]在1976年的罢工中,以橡胶工人和矿山工人的罢工最突出。橡胶工人罢工人数达到6.5万人,集中反对古德伊尔、古德里奇等四大橡胶公司,罢工持续147天,是这个行业最长的一次罢工。1976年煤矿工人罢工规模很大,约占当年罢工总人数的21.3%。[2]

1977年至1978年间,在一些重要工业部门发生了规模巨大、持续时间较长的罢工,引起了美国政府和大企业的惊恐。例如,在飞机制造业,从1977年底到1978年陆续发生了洛克希德、波音、麦克唐纳–道格拉斯飞机公司工人罢工,有的长达两个月之久,严重地影响了飞机的生产。最后公司方面不得不接受工人增加工资的要求。1977年12月至1978年3月煤矿工人的罢工给人们造成的印象更为深刻。参加罢工的有16万人,罢工持续了110天。全国有250个工会表示支持和声援,并提供物质上的援助。[3]格斯·霍尔认为这是在"反对垄断资本争取工人阶级权利的斗争中坚韧和勇敢范例的表现"[4]。

---

① *Analysis of Work Stoppages*, Washington D. C. : U. S. Government Printing Office, 1977, p. 78.

② *Analysis of Work Stoppages*, Washington D. C. : U. S. Government Printing Office, 1977, p. 76.

③《美国:社会矛盾的尖锐化和群众运动》,莫斯科,1980年,第26页。

④ *Daily World*, June 22, 1978.

在争取提高工资的运动中,工会采取的另一种更为普遍的形式是集体谈判。在这方面,工会会员对非工会会员拥有明显的优势,两者所取得的成果相差颇大。据统计,1971年,在私营企业的工会会员所得到的增加工资要比非工会会员高25%—30%,在国营企业则高出10%—20%。[1]这种差距在70年代还有不断扩大的趋势。1974年为平均28.7%,1979年扩大到35%。[2]

由于70年代通货膨胀长期不能控制,下半期更高达两位数。消费品价格平均每年上涨9.3%,[3]美国工人争取提高工资的斗争成果往往化为乌有。他们必须扩大工资增长的幅度,或者在集体合同中增加由于物价上涨而保留上浮工资权利的条款,才能保障实际工资有所增加,否则就会减少。1973年1月至1975年12月,各个工业部门的实际工资都有所下降,甚至工会力量很强的工业部门也不例外。例如,电气工人的实际工资下降7%,橡胶工人的实际工资下降10%。[4]1976年以后,基本工业部门工会在签订集体合同的时候,也只能取得保持原有实际工资的成果。只有少数工会力量和影响十分强大的工业部门的工人在集体合同中签订了根据物价上涨情况自动调整工资的条款(即所谓的"浮动工资标准")。据统计。到1978年,只有650万工会会员享受这种待遇,仅占工会会员总数的1/3。非工会会员中则只有12万人享有这种待遇。[5]就大多数工人来说,虽然名义工资增长幅度相当大,但被通货膨胀抵销以后实际工资的增长是微不足道的,甚至出现负增长的情况。以通用汽车公司为例,从1948年到1976年,按照公司副经理莫里斯公布的数字,汽车工人的平均工资增加了384%,如果再加上社会福利开支,总共增加了606%。但是,该公司的工会领导人伍德科克认为:"384%这个数字

---

[1] *Monthly Labor Review*, Dec., 1974, p. 3.

[2] *Monthly Labor Review*, Aug., 1975, p. 22; Aug., 1979, p. 37.

[3] *Monthly Labor Review*, Feb., 1975, p. 135; April, 1978, p. 4.

[4] *Daily World*, May 5, 1976; May 20, 1976.

[5] *Monthly Labor Review*, Dec., 1974, p. 3.

看起来给人以相当深刻的印象,但如果考虑到通货膨胀,那么这一时期工人实际工资的年增长率不超过2.5%"①。

20世纪70年代美国工人面对的另一个困难是大批企业解雇工人,失业威胁日益严重。这种情况是由于技术进步和国际上日益激烈的竞争造成的。美国工会为了能够最大限度地保障会员的职业,曾竭力争取在集体合同中加列这方面的条款,但收效不大。只有少数集体合同注明企业将对解雇工人发放补助费。一些基层工会和普通工人则采取游行、集会、罢工等更为激烈的手段来反对企业解雇工人,并为已被解雇的工人争取新的就业机会和更多的补助金。例如,1973年8月,克莱斯勒汽车公司所属工厂中有200名工人占领了厂房,以反对厂方解雇工人。②以后又陆续在其他工厂中发生了类似的事件。1974年,新泽西中央铁路公司的工人要求公司方面取消暂时关闭铁路的计划,否则立即停止工作使公司所属铁路全部瘫痪。1979年11月,匹兹堡"美国钢铁公司"工人占领了公司总部的办公大楼,要求公司取消关闭部分工厂,解雇1.3万名工人的决定。③所有这些活动都曾经取得一定的成果,暂时阻止了企业方面解雇工人计划的实施。

更为严重的是,一些经济实力雄厚的大企业,往往采取转移资金,向国外投资开办工厂,或者把工厂迁移到国内其他地区的办法来实现大批解雇工人的计划。据工会方面统计,从1966年到1976年的10年间,由于工厂迁移而失去的职位达到200万个之多。其中损失最多的是1974年到1976年这段时间。仅仅3年内就损失100万个职位。④工会和普通工人都不得不集中相当力量开展制止大公司迁移工厂,转移资金的斗争。经过广大工人的努力,1979年7月,终于在众议院提出了保障职业

---

① *Daily World*, Aug.4, 1976.

② Jeremy Brecher and Tim Costello, *Common Sense for Hard Times*, New York: Two Continents, 1976, pp. 74–75.

③ *Daily World*, Dec. 1, 1979.

④ *Daily World*, Sept. 13, 1977.

法案,确定了某些限制和预防企业外迁的措施。根据这项法案,企业方面必须在新设置的或重新开工的工厂内安置被解雇的工人。否则就应当向被解雇的工人支付相当于其年工资85%的遣散费。联邦政府则应当在财政上对这笔款项的支付予以保证,并为被解雇的工人提供职业培训。此外,公司方面在关闭工厂之前必须预先通知工会和工人。①尽管这些措施所起的作用是极其有限的,但仍然遭到大企业的激烈反对。

随着失业问题的日益严重,越来越多的美国工会投入了保障职业的斗争。1977年,在底特律召开的美国各大工会代表大会上成立了争取缩短工作周全国工会委员会。委员会的斗争目标是要求国会通过35小时工作周立法,在维持原工资的前提下缩短工时。据计算,每周缩短1小时工作时间就可以解决150万人的就业问题。

一些进步的工会活动家认为,保障就业的更为有效的手段是削减军费,发展民用工业,应当把它和争取和平的运动联系起来。在这种思想影响下,到20世纪70年代末,汽车工人工会、机械工人工会、化学制品工人工会,等有影响的工会组织以及政府雇员都曾积极支持议员 P.米切尔提出的削减军费100亿美元的议案。②

除去就业问题以外,越来越多的基层工会和工人关心工人在企业中的各种权利,要求扩大工人对工厂的控制和监督。他们向企业方面提出了一些所谓的"非物质性"的要求。例如,减轻劳动强度,改善卫生条件,完善安全技术、消除种族和性别歧视,改进听取工人意见的制度,等等。而这些要求在集体谈判中很难为企业方面所接受,工人们往往不得不诉诸罢工。据估计,1976年这一年此类罢工竟然占当年罢工总数的25%。③其中有不少是未经中央工会同意,完全是由基层工会和工人发起的所谓的"野蛮"罢工。1972年初,在俄亥俄一家通用汽车公司下属

① *Daily World*, Dec.13, 1979.

② *Political Affairs*, April, 1979, p. 5.

③ *Analysis of Work Stoppages*, Washington D.C.: U.S.Government Printing Office, 1976.

工厂发生的万名青年工人罢工就很具有代表性。罢工是从下面自发产生的,年轻工人要求减轻劳动强度,并且采取更激烈的形式,被称为年轻工人的"暴动"。经过长期的激烈斗争以后,到70年代下半期,一些地方的工人部分地实现了自己的要求。企业方面同意减轻劳动强度、放慢生产线的速度、改善劳动环境和改进听取工人意见的制度。

更加值得注意的是,越来越多的工人和基层工会组织由于不满劳联-产联和其他一些工会领导人的妥协政策,要求尽快建立一个全国性的独立的工人政党。这个要求早在60年代初就已经提出。当时,在匹兹堡成立了各个工会代表组成的委员会,专门筹建独立的工人政党,并且声明同民主党决裂。1967年,又在芝加哥举行了伊利诺伊州工会代表会议,有来自该州各地的130名代表出席了会议。会议强调了建立独立工人政党的重要性,并成立一个政治机构——伊利诺伊州联合会,以便进一步开展筹备工作。不过,60年代争取建立独立工人政党的活动是地方性的,规模不大,没有对工人运动产生明显的影响。

70年代的情况有所不同,争取独立的政治行动的活动越来越频繁,出现了一些独立的工人政治组织。它们逐渐摆脱了资产阶级政党的影响。1970年举行的普通会员全国会议就是一个很好的例子。根据会议的决定建立了一系列政治组织,其中包括由黑人、墨西哥裔工人、波多黎各工人组成的政治组织。例如,争取释放安杰拉·戴维斯[1]工人委员会、争取和平委员会、反对不公平税收工人委员会等。所有这些组织的活动汇成了独立的工人的政治运动,而且拥有自己的机关刊物《今日工人》。他们在反对通货膨胀、反对失业的共同斗争中,特别强调开展独立的政治活动。[2]

他们这里所说的独立的政治活动是指彻底脱离民主党的影响按照

---

① 安杰拉·戴维斯,美国共产党领导人。政府以莫须有罪名将他逮捕入狱,曾引起美国社会舆论的谴责。

② *Labor Today*, Oct./Nov., 1973, p. 3.

工人自己的利益和要求开展的活动,并不排斥工人运动以外的一切政治运动。恰恰相反,他们非常重视民主运动和民权运动,并且力图同这些运动结合在一起。例如,煤矿工人联合会主席 A. 米勒就曾经强调说:"如果工会运动同民主运动相结合,那么我们就有可能从劳动人民中间选出国家总统。"①在这种思想指导下,1974年到1975年间,在全国各大城市几乎都发生了规模巨大的集会和游行示威,抗议联邦政府的经济政策,要求采取措施制止通货膨胀和减少失业。单是在首都华盛顿的集会游行就有10万人参加。值得注意的是,随着独立政治运动的开展,一些颇有影响的工会开始认识到劳联-产联所采取的排斥共产党人政策的错误,要求取消这项规定。例如,1977年初,汽车工业工会代表大会就曾通过决议,宣布禁止共产党人担任工会领导职务的规定无效。②同时,越来越多的工会表示必须同民主党决裂,并建立自己的党。例如,化学、石油和原子工业工会主席 E. 格罗斯皮龙认为:"我们不能依靠这个政党,我们应当建立自己的党。"③1978年9月,在第四十三届电气、无线电和机器制造业工会联合代表大会决议中也曾明确指出:"只要我们还没有建立联合工人、黑人、讲西班牙语的工人、其他少数民族工人的代表、争取妇女平等权利和老年人权利运动的参加者、农民、消费者和对我们现行经济、政治不满的其他美国人的工人党,我们就不可能从现在所走的政治道路上解脱出来。"④

  然而,应当看到,在美国这样一个社会,要建立一个不受资产阶级政党影响的独立的工人政党是一件很不容易的事情。尽管70年代在普通工会会员和少数工会领导人中出现了强烈的愿望和要求,但由于缺乏稳定的核心和明确的纲领,这种要求注定是无法实现的。即使能够成立一

---

① *Labor Today*, Sept. ,1973,p. 4.

② *Daily World*, Feb. 17,1977.

③ *Political Affairs*, Nov. ,1977,p. 2.

④ *Daily World*, Oct. 18,1978.

些独立的政治组织,但距离一个独立的工人政党还很远。

总起来看,70年代美国工人运动虽然没有脱离劳联–产联的影响,但基层工会和普通工会会员的活动有所加强,并且开始反对工会上层领导,而且提出了建立独立工人政党的要求,这是值得加以肯定的。

3.美国社会民主党的成立和党内的分歧

美国社会民主党的前身是美国社会党和社会民主联盟。1919年,美国社会党发生分裂以后遭到严重削弱,从此一蹶不振。到20世纪50年代初,党员不过4000,[①]在美国的各种社会运动中几乎没有什么影响。1956年,该党主席诺曼·托马斯曾作为候选人参加该党的最后一次总统竞选。结果只获得2121张选票,遭到惨败。[②]此后,该党完全退出了竞选运动。诺曼·托马斯为首的中央机构,非常重视工会的作用,并且尽量同劳联–产联靠拢。不过,他对劳联–产联当时的状况并不满意,希望它能够民主化。托马斯曾表示:"我总是企求同工会合作,而且总是感觉到它具有巨大潜力。我们希望建立的社会主义将建筑在民主工会所实行的经济监督的基础上。"[③]

从1956年竞选失败到70年代初,美国社会党逐步同社会民主联盟接近,党内出现进一步分歧。右翼分子控制了党的中央机构,一些思想偏左的党员或者被开除,或者退党。诺曼·托马斯去世后,美国社会党和社会民主联盟实行合并。合并后的第一任主席是M.哈林顿。他的观点比较激进,因此在中央委员会内部引起了一场激烈的争论。哈林顿不同意中央委员会多数人所持的反对民主党人竞选总统的立场。他说:"我

---

① [美]威廉·福斯特:《美国共产党史》,梅豪士译,世界知识出版社,1957年,第178页。

② *Western Socialist*, No. 1, 1973, p. 18.

③ Betty Peterson and Anastasia Toufexis (eds.), *What are the Answers? Norman Thomas Speaks to Youth*, New York: Washburn, 1970, p. 45.

希望社会主义者能够把左翼民主党人的力量团结在自己周围,从而在1972年的选举中成为重要的力量。但要中央委员会反对把约翰·麦戈文作为总统候选人,反对同自由派团体'新政策'合作。"① 在对外政策方面哈林顿也反对中央委员会一味附和美国政府的态度。他批评说:"美国社会党-社会民主联盟中央委员会支持美国政府的所有外交政策,包括美国政府支持希腊和西班牙法西斯制度的政策在内。中央委员会忽视了在争取和平和防止战争斗争中采取积极行动的必要性,它拒绝支持美国军队尽快撤出越南的要求。"② 由于意见不合,哈林顿于1972年10月23日不得不辞去主席的职务。此后,美国社会党和社会民主联盟进一步融合,几乎完全丧失了自己的独立性。

社会民主联盟是1936年从社会党分离出来的政治团体。其观点更加接近资产阶级政党。1973年12月,在美国社会党-社会民主联盟代表大会上以72票对34票的多数通过了更名为美国社会民主党的决议。更改名称并不仅是一个形式上的变化,而是社会党完全并入社会民主联盟的标志。更名后的党无论在观点上还是在组织上都深深打上了社会民主联盟的烙印。以M.哈林顿和S.弗里德曼为首的少数派反对这次改组,认为这将"导致社会主义者放弃自己的传统和哲学"③。大会选举B.罗斯滕和C.齐默尔曼为主席,并以《新美国》为党的机关报。

社会党国际对这次改组非常满意,认为这是美国社会民主运动的必然结果,并且希望在美国开展更为广泛的社会民主运动,以便同美国的共产主义相抗衡。④ 根据美国社会民主党领导人的说法,美国社会民主运动的目标是要在美国建立"民主社会主义社会",其方法是依靠民主党政府进行社会改革。他们曾经声言:"我们的组织不提出国家的总统候选人。现在我们支持多数党即民主党的候选人。他们必定会担负起进

---

①②*Nation*,Sept.13,1972,p. 455.

③ *Western Socialist*,No. 1,1973,p. 18.

④ *Socialist Affairs*,No. 1,1973,p. 23.

行实质上是实现社会民主改造的社会改革任务。"① 由此可见,美国社会民主党已经成为民主党在工人运动中的附庸。

由于美国社会民主党还打着社会主义和工人组织的招牌,它就必须同工人运动有所结合,也就自然地选择了劳联-产联这个更为倾向调和路线的最大的工会组织。美国社会民主党的成立大会公开把同劳联-产联建立紧密联系作为美国"民主社会主义"能否取得成就的重要条件之一。《世界日报》曾载文评论说:"右翼社会民主党人的这种立场是掩盖米尼及其同伙政策的反动实质的遮羞布。"②

美国社会民主党于1974年9月召开的代表大会进一步表明了党和劳联-产联密切结合的倾向。大会要求美国社会民主党在组织上和实际行动上都必须同劳联-产联结合在一起,以便共同开展反对共产主义的斗争。大会完全同意和支持劳联-产联领导人在国际上反共反苏,在国内不支持群众性民主运动的立场。右翼社会民主党人甚至认为米尼等人所领导的保守的工人运动就是"美国社会中的社会民主运动",他们的纲领和政策,"就其内容来说,就是社会民主的纲领政策"。他们还声称:"我们应当帮助联合会制订政治战略,并通过工会培养新一代社会民主党人。"③

乔治·米尼对右翼社会民主党人的颂词心领神会。从根本上说,他对这种民主社会主义是完全赞成的。他曾经这样说道:"我虽然读了很多社会主义的书籍,但不知道什么是社会主义。如果社会主义就是建立民主制度和共和制政府,那么我们已经有了社会主义。如果所指的是在现有经济制度不断发展下对工人和农民的公平保障,那么我是对这种社会主义感兴趣的。"④ 米尼和社会民主党的领导层取得默契以

---

① *Socialist Affairs*, No. 1, 1973, p. 23.

② *Socialist Affairs*, No. 1, 1973, p. 24.

③ *Socialist Affairs*, Nov./Dec., 1974, pp. 89–91.

④ *Western Socialist*, No. 6, 1973, p. 15.

后,越来越多地吸收右翼社会民主党人担任劳联–产联各级组织的领导职务。社会民主党的著名活动家 T.坎恩成为劳联–产联的理论顾问,而劳联–产联的副主席,美国教师协会主席 A.申克则兼任社会民主党的领导职务。

右翼社会民主党人完全追随美国政府和美国资产阶级,主张阶级调和,反对缓和、反对裁军,支持犹太复国主义和以色列的侵略政策。《政治事务》曾载文评论说:"同犹太复国主义运动勾结在一起的右翼社会民主党人竭力进行反对进步力量的斗争,维护种族主义,保持维护资本主义的政治方向。他们竭尽所能为不断遭到破产的阶级合作政策恢复名誉。"[①]

对于窃居党内领导职务的右翼社会民主党人所推行的政策,以哈林顿为首的左翼社会民主党人和一部分党员群众是不满意的。他们于1973年同一部分工会活动家建立了自己的独立的组织,叫作民主社会主义组织委员会。委员会在30个州中拥有70个地方分会。委员会支持工会会员群众反对工会领导人同资产阶级调和的斗争。同时,委员会十分重视开展白领工人的工作。哈林顿把他们叫作"新工人阶级"。此外,委员会还支持缓和政策。就这些方面来说,哈林顿等人同右翼社会民主党人是有很明显的区别的,但对于社会主义社会的看法并没有多少独到之处。哈林顿认为,社会主义在美国应当分两步走。在第一阶段应当使"民主社会主义"同自由主义结合起来,逐步向社会主义过渡。第二步是科学技术在经济发展中取得长足进步,消灭贫困,政治运动也发展到能够控制不断增长的科学技术的程度,那时在美国就实现了社会主义。而这种社会主义是在不否定资本主义制度的前提下逐步实现的。哈林顿曾经这样说:"现在,美国工人的政治运动力图使资本的社会经济实力的许多方面民主化,同时不否定现有的资本主义。"[②]在不触动资本主义制

---

① *Political Affairs*,Jan.,1979,p. 19.

② Michael Harrington,*Socialism*,New York:Saturday Review Press,1972,p. 251.

度的条件下实现社会主义当然是一种空想,注定是不会成功的。这种主张在一个世纪以前的空想社会主义那里就已经出现了。所不同的是,哈林顿使用了新的术语和新的概念。

左翼社会民主党人比较注意在群众中开展工作。他们认为,资产阶级自由派、"新工人阶级"、工会和少数民族是实现社会主义的重要力量。为了扩大自己在群众的影响,民主社会主义组织委员会派代表参加1979年3月召开的"多数派会议"。参加这次会议有工人、其他社会阶层和少数民族的代表,共同讨论反对反动势力进攻的问题。4月,哈林顿本人也亲自出席在纽约召开的工会工作者、民主运动和左派运动代表的讨论会。讨论的题目是"美国工人运动和社会主义"。美共总书记格斯·霍尔在会上同哈林顿相遇,并建议他共同创立美国工人的政党。但哈林顿没有响应。

尽管左翼社会民主党人在一系列重大问题上同右翼有分歧,但在反对美共方面是一致的。因此,社会民主运动在美国的兴起在一定程度上抵消了美国共产党在工人运动中的影响,给美国共产党的活动造成了一定的困难。不过,社会民主党在美国是一个小党,成员不超过4000人,而且活动的范围不大。该党在80年代初曾经批评和反对过里根政府的政策,也开展过一些理论活动。例如,1981年1月初在纽约举行的以"欧洲社会主义和美国:国际交流"为题的讨论会就是美国社会民主党主办的。美共和社会主义国际都曾派代表出席。但在此以后,美国社会民主党的活动趋于沉寂。

4.20世纪70年代美国共产党的活动

20世纪70年代是美国共产党重新争取群众的年代。自从60年代后半期美国共产党恢复合法地位以后就集中力量建立和扩大同工人群众的联系,争取重新获得由于受政府迫害和劳联-产联上层排挤而失去的一切阵地。美共对进步工会、普通工会会员的活动,争取和平运动、妇女运动、民权运动都表示同情和支持,并且号召共产党员积极参加,充分发挥自己的作用。1971年11月,美共召开了中央委员会非常会议专门讨论了1972年总统选举问题。会议研究了1968年竞选活动的经验,希望通过这次竞选进一步宣传自己的主张,赢得更多群众的信任。会议决定把竞选活动作为一次联合工人、黑人和一切反垄断民主力量的过程,以扩大党的影响。美共主席温斯顿认为群众工作是1972年的中心工作,竞选活动应当服从这个目的。① 大会推举格斯·霍尔为总统候选人,约翰·特纳为副总统候选人,提请下一届代表大会审批。

1972年2月举行的党的第二十次代表大会批准了中央委员会非常会议提出的党的总统和副总统候选人。全党随即动员起来参加竞选。在竞选过程中党的竞选机构散发了大量的传单、小册子、宣传画。总统竞选人在电台和各种群众场合宣传党的竞选纲领,吸引了成千上万的群众听取演讲。美共还开展了争取签名的运动。结果在25个州里征得了40万人的签名。最后有13个州和哥伦比亚特区准许共产党的候选人参加竞选。

美共参加竞选的目的不在于取得总统职务,而在于宣传群众,扩大自己的影响。从竞选过程中的形势来看,无论结果如何,美共的目的已经达到了。美共在群众中影响的扩大甚至引起了反共分子的惊恐。1972年夏天,他们曾在圣路易斯阴谋策划暗杀美共总统候选人格斯·霍尔,准备在一家大书店的集会上动手。只是由于美共事前有所觉察和防范,阴谋才未得逞。

总的来看,这次竞选运动是有重要意义的。它是第二次世界大战以后党所开展的最大的一次公开的群众活动,成为美共冲破孤立处境的一个重大步骤。美共总书记格斯·霍尔曾经这样说:"我们冲破了大众新闻机构在我们周围筑起的封锁墙,我们冲破了阻止我们提出我们候选人的

---

① Henry Winston, *The Politics of People's Action: The Communist Party in the 1972 Election*, 1972, p. 13、14.

法律障碍,我们摆脱了某些南部州的特殊限制,改变了几十个城市和州把我们党视为非法组织的立场……选举运动证明上千万民众不仅愿意聆听我们的声音,而且愿意认真地衡量共产党人的观点。"①他还认为,这次竞选运动加强了美共内部的信心,使某些对群众工作感到为难的党员,振奋精神,积极投入各种政治运动。

随着美共对群众影响的日益恢复和党内凝聚力的日益增长,美共中央认为整顿组织,加强美共建设的时机业已成熟,遂于1972年12月召开中央全会,决定重新颁发党证。自1948年以来美共的党证已停止使用达24年之久。这是当时为了避免政府迫害所采取的权宜之计。现在能够重新使用这个制度当然具有非常重要的意义。连资产阶级的报刊对这件事情都非常重视,曾纷纷发表评论。例如,《美国新闻与世界报道》载文指出:"在地下进行活动将近1/4世纪的美国共产党又重新回到地上,并且显示了自己的新的力量。自1948年以来党员第一次取得了党证,现在共产党员公开了自己党的身份。"②

在加强党的建设的同时,美共在加强同民主运动联系方面也取得了显著成就。美共的领导人和党员都积极地投入了这项工作。1973年5月,在他们的参与下在纽约召开了大学、中学和工会的代表会,并且建立了全国反对种族迫害和政治迫害联合会。美共中央委员吉拉·戴维斯被选为联合会的领导人之一。美共中央委员会政治委员会成员 S.米切尔担任执行书记。联合会是一个很有影响的组织,在捍卫白人和黑人的民主权利方面起过相当重要的作用。

稍后,1973年7月27日,在芝加哥又举行了工会和民主组织代表大会。另外一个重要的联合宣告成立。这个组织的名字叫作争取工作和经济公平待遇联合。有30多个国际的、全国的和地方的工会参加。美

---

① Gus Hall, *The Crisis of U.S. Capitalism and the Fight-back*, New York: International Publishers, 1975, p. 6.

② *U. S. News and World Report*, Sept., 1953, p. 6.

共党员也积极地参加了这个组织的活动。

由于美共党员在民主运动和工会运动中的积极活动,在工人中由于政府的宣传而产生的误解和反共情绪逐步澄清和缓解。美共中央领导人对此感到非常欣慰。美共总书记霍尔在1974年6月29日至7月1日的中央全会上高兴地指出:"关于在工人中反共情绪正在消失的消息非常鼓舞人心。这方面的消息从全国各地传来。从一定意义上说,这是值得我们认真研究的新现象。它提供了建立持阶级斗争立场的工会运动,提高阶级觉悟,当然也包括更广泛地讨论社会主义问题的可能性。我们应当从党的建设任务的角度加以考虑。"①

美共非常注意同各种社会运动和政治活动的关系,尤其注意四年一度的总统竞选活动。1976年初,美共中央举行全会来讨论竞选问题,并再一次推选霍尔和特纳为党的正、副总统候选人。美共中央竭力争取在50个州中取得竞选资格,并且提出了自己的竞选纲领。其主要内容是:在不减少工资条件下实行6小时工作日或30小时工作周;争取紧急措施减少失业人数;大幅度削减军费开支,增加社会福利支出;克服城市危机;反对种族主义;实现税收制度民主化等。美共竞选纲领的这些要求都反映了工人和劳动人民的利益。正如霍尔所说的,美共在竞选运动"作为少数党,但却拥有反映多数人利益的纲领"②。

经过美共的努力,有19个州和哥伦比亚特区允许美共的总统候选人参加竞选。尽管承认美共参加总统竞选资格的州仍然处于少数,但同前两次竞选运动相比,已经取得了明显的进展。假如没有各州保守势力的竭力阻挠,美共完全可以争取到半数以上州的承认。

70年代,美共举行了三次党代表大会,讨论和分析了不同时期的形势,并提出了党的方针政策。对党的建设也给予了充分重视。

1972年2月18日到21日,在纽约召开了美国共产党的第二十次代

---

① *World Magazine*, July 20, 1974.

② *Political Affairs*, Dec., 1976, p. 2.

表大会。有来自哥伦比亚特区和36个州的代表出席了大会。工人代表和青年代表人数都有所增加。这表明党组织在工人中和青年中有了较大的发展。

总书记霍尔在报告中回顾了自第十九次代表大会以来党在群众运动、党的建设、思想战线等方面所取得的成绩和面临的形势及任务。他强调提出，党同群众的联系已经加强，越来越多的美共党员投入了工会运动，并在工会中取得了活动的阵地。同时，随着党的宣传工作的开展，美国的进步力量和青年已经开始对科学社会主义和美共纲领产生兴趣。他要求美共党员进一步巩固自己的组织，提高工作水平，在广大工人群众中开展工作，以便更多地在他们当中吸收先进分子，扩大党的队伍。[①]

温斯顿在大会上做思想工作报告，强调党员应当提高科学社会主义水平，注意小资产阶级分裂主义思想和社会民主思想的危害性，反对任何破坏党的团结和否定工人阶级先进作用的企图。他还要求美共党员继续反对种族主义，在美国工人所进行的政治斗争和经济斗争中消除任何种族歧视。

最后大会通过以"通向和平、自由、社会主义的道路"为题的决议，着重论述了党的建设及其在斗争中的作用。

美共的第二十一次代表大会是于1975年6月26日至29日在芝加哥召开的。当时正是罢工运动和民主运动高涨时期。出席这次大会的有来自38个州的357名正式代表和36名列席代表。此外，还有4名兄弟党的代表和257名其他党派、社会团体和工会组织的来宾出席了大会。就会议的规模来说，远远超过了前两次大会。来宾人数的大幅度增加也清楚地表明，美共同其他组织、工会的联系已经大为加强了。

出席大会的代表中的工人成分有所增加。来自钢铁、汽车制造、煤

---

① Gus Hall, *Capitalism on the Skids to Oblivion: The People's Struggle for a New Beginning*, New York: New Outlook Publishers, 1972, pp. 13-14.

矿、无线电、铁路等大企业的代表大约占20%。分裂主义、社会民主主义观点失去了市场。大会是在空前团结的气氛下进行的。《政治事务》曾评论说："最重要的因素是代表大会表现了思想上的完全一致,这标志着多年来妨碍党的工作并使大会偏离主要任务的派别性和分裂的结束。"①

总书记格斯·霍尔在大会上作工作报告。报告着重指出国内罢工运动和群众运动的高涨与国际缓和形势的发展,要求全党为继续开展群众工作和争取和平而努力。

大会还强调美国工人现阶段的斗争是反对垄断资本主义的斗争,并且指出建立反对垄断资本主义联合战线的必要性和可能性。霍尔曾经这样说："反对垄断资本主义的观点不是什么杜撰,这是对如何结束垄断统治的唯一可能的现实的回答。这不是回避,这是群众在自己铲除资本主义斗争中唯一可行的现实道路。"②

大会对工会普通会员的积极行动给予了很高评价,认为这是反对工会上层的阶级调和政策的最有效的方式。此外,大会还号召继续反对种族主义和大国沙文主义。

大会选出了由71人组成的中央委员会。霍尔和温斯顿又一次当选为党的总书记和主席。

美共的第二十二次代表大会是于1979年8月22日至26日在底特律举行的。这一年正好是美国共产党成立60周年。参加这次大会的有来自全国各个州的100名代表。此外,还有一些工会和少数民族组织派代表出席了这次大会。

大会的主要成果是通过了政治决议。决议提出反垄断运动与反政府运动相结合的口号,发展了反垄断联盟的思想。决议指出:"生活本身给每一次抗议行动,每一次不满现象的表露,每一次运动和每一种斗

---

① *Political Affairs*, Aug., 1975, p. 1.

② Gus Hall, *The Crisis of U. S. Capitalism and the Fight-back*, New York: International Publishers, 1975, p. 70.

争形式都注入了反政府和反垄断的情绪。每一次运动和每一次行动都包含有这种观点的种子和潜在因素。我们的任务就是要促使其表现出来。"①

决议还指出了国际形势趋于紧张的危险,认为当前最重要的问题是"战争与和平问题",呼吁整个社会都来关心和讨论这个问题。

总之,美共在20世纪70年代的活动是积极的,卓有成效的。尽管它还是一个小党,影响极其有限,但它已经竭尽了自己的努力,而且在资产阶级思想的汪洋大海中,坚定地把握住正确的航向。

① 俄文版《美国共产党第二十二次全国代表大会》,莫斯科,1982年,第188页。

六、美国学者关于阶级划分的理论和 美国工人阶级结构的变化

1."美国例外论"的发展和深化

"美国例外论"曾经是美国政治家们和一些资产阶级学者用来证明美国社会不存在激烈的对抗性矛盾,或者证明这种矛盾不会尖锐到触及社会制度变更的程度。其结论是美国和欧洲国家不同,不可能发生像欧洲发生过的那种革命风暴,美国社会因而也是稳定的、协调的。这种理论曾经在美国流行多年,成为美国学术界的一种传统观点,在相当多的著作中都有表现。后来又有许多资产阶级的骚人墨客舞文弄墨把美国吹得天花乱坠,说它是一个充满无限机会,物质十分充裕,而且稳定和谐的完美社会,给人们勾画出一个令人陶醉的"美国梦"。

从宣传效果上讲,"美国梦"确实影响很大,曾经风靡一时。但这毕竟是一种带有浪漫色彩的鼓动,没有什么根据,不能持久。随着时间的推移和形势的变化,"美国梦"早已破灭,给人们留下的只是一种具有讽刺意味的回忆。对于严肃的学者来说,这是不值一提的。他们要求进行认真的探讨,要在学术上为"美国例外论"所提到的历史现象找到言之成理的根据。有的学者认为,"美国例外论"是针对19世纪工人运动提出来的,是一定历史条件的产物。那时欧洲许多工业国家的阶级斗争都十分尖锐,唯有美国没有出现这样的局面。被欧洲工人阶级的革命吓破了胆的美国资产者正好抓住这个时机抛出"美国例外论"来抵挡革命浪潮的袭击。美国学者里夫·范内曼等人曾经指出,"在欧洲,19世纪的工业

化激起工人的反抗,并使这种反抗发展为纠缠世界经济的'魔影'",美国资产者虽然还在庆贺美国的"繁荣",但却内心恐慌,"担心国外的激进主义将要侵袭这边的海岸"。①

"美国例外论"是建立在美国工人运动不发展,社会主义运动迭遭失败的基础上的,在人们心目中造成了美国工人阶级缺乏阶级意识的印象,久而久之就成为一种传统的看法。

毫无疑问,美国工人运动和社会主义运动从总体上说落后于欧洲,但造成这种局面的原因十分复杂,既有主观的也有客观的,不可能笼统地用美国工人缺乏阶级意识加以解释。一部分美国学者已经清楚地看到这一点。他们承认美国工人运动在各个时期都落后于欧洲,同时又不满足于传统的解释。例如,范内曼和坎农指出:"传统观念告诉我们,美国人没有阶级意识。美国工人阶级似乎缺乏那种推动全世界社会主义运动的阶级斗争的要求。法国和意大利有强大的共产党,赢得了许多工人选票;奥地利、德国和斯堪的那维亚有以工人为后盾的社会民主党;英国和澳大利亚拥有在第二次世界大战后即使不是在大部分时间,也是在一段时间内获得选举胜利和执政地位的工党。在整个欧洲,工人工会念念不忘的不是适应工业资本主义而是用集体所有制体系来代替它。工人阶级革命曾于1871年发生在巴黎,1917年发生在俄国,1918年发生在德国。在拉丁美洲、非洲和亚洲新近形成的工人阶级把马克思、列宁和毛泽东看成是他们争取民族解放和经济解放的导师","相比之下,美国工人阶级的成就实在太小了"。②这样就出现了美国的强大工业和软弱的工人阶级的矛盾现象。

如何来说明这个问题呢?范内曼等人认为单是用"美国例外论"的

① Reeve Vanneman and Lynn Weber Cannon, *The American Perception of Class*, Philadelphia: Temple University Press, 1951, pp. 1-2.

② Reeve Vanneman and Lynn Weber Cannon, *The American Perception of Class*, Philadelphia: Temple University Press, 1951, p. 1.

论点来解释已经不够了。因为这种论点的根据只是美国社会主义运动的失败和美国工人运动的软弱，而没有触及更复杂、更深层次的各种因素。他们认为，那种从美国社会主义失败得出的关于美国工人阶级缺乏阶级意识的推论是错误的。遗憾的是这一推论流传极广，而且易于为人接受，其结果几乎破坏了对阶级意识的认真研究。[①] 范内曼写道："我们的结论是同过去研究工人阶级意识的观点相对立的。首先，过去研究中很少提供证明阶级意识不存在的可靠论据……其次，以直接调查工人为基础的研究又往往被曲解了。"[②] 范内曼等人还认为，冲突和意识是社会现实中不同范畴的东西。社会主义、工会以及反抗运动都属于社会结构范畴，而阶级意识则是个人心理范畴的东西。这种用个人心理范畴的东西来解释社会结构问题的方法被讥之为心理收缩主义。其谬误可想而知。他们认为应当对这个问题进行认真的、严肃的探讨。有的学者还采用社会学的方法进行抽样调查和数量分析，并在此基础上写出了一系列著作。其中有里夫·范内曼、林恩·韦伯·坎农合著的《美国人的阶级观念》，理查德·P.科曼、李·雷恩沃特等合著的《美国的社会地位：新的阶级划分标准》，贝尔塔·艾斯伦的《阶级行动：美国最后的肮脏内幕》，玛丽·R.杰克曼和罗伯特·R.杰克曼的《美国的阶级意识》等书。书中所阐述的问题虽然不同于"美国例外论"，甚至对"美国例外论"的某些结论针锋相对，但从本质上说，并无根本区别，可以说是"美国例外论"的修正和深化。

其实，深化"美国例外论"，或者加以改头换面使其更富于"学术味"的努力早已开始。远在美国工人史刚刚成为独立学科的时候，康芒斯–威斯康星学派创始人罗杰斯·康芒斯就企图证明美国工人对革命理论不感兴趣，不卷入阶级斗争而只关心自己的经济生活。其后，他的继承者塞利格·普尔曼又提出了"职业意识"来代替"阶级意识"，证明美国工人

---

①②Reeve Vanneman and Lynn Weber Cannon, *The American Perception of Class*, Philadelphia: Temple University Press, 1951, p. 19.

只关心自己的职业而不理会什么阶级利益。1906年,德国社会主义者维尔纳·桑巴特甚至武断地宣称美国没有社会主义。他在这一年出版了《为什么美国没有社会主义?》一书加以论证。桑巴特的书在美国引起了强烈的反响。在此以后,美国的许多政治学家、历史学家和经济学家都围绕这个问题开展讨论和研究,发表了一系列文章和论著。

在研讨过程中,也有一些美国学者通过认真的调查和发掘资料发现了不少有关美国工人阶级具有强烈阶级意识的证据,并且在自己的著作中加以引用。例如著名的新社会史学家、新工人史学家斯蒂芬·塞恩斯特罗姆曾发现一位工人给地方报纸编辑部的信,信上说:"我生于穷困……从不知此外还有何物。我的激进主义和民主已经在经年累月的饥饿和长时间酬劳非薄的劳动中变得不可遏止……我对于高傲地以剥夺产业工人的工资为生并使之成为沉默的奴隶的非生产阶级的态度是激烈的,言词是尖锐的。"①

范内曼和坎农甚至在自己的著作中列举美国历史上工人运动当中的重大事件来证明美国工人是有阶级意识的。他们认为19世纪末西部矿工联合会领导的罢工、1894年普尔曼罢工、世界产业工人联合会的激进行动,以及1919年的钢铁工人大罢工都具有很强的战斗性。"这些具有战斗性的工会活动的重重浪潮证明了强烈的潜在的工人阶级意识的存在。"而所遭受的一次又一次的失败"并非工人阶级意识的失败,而只能说明政治迫害的成功运用"②。

他们的研究成果在美国学术界独树一帜,同时也引起了新的激烈的争论。

---

① Stephan Thernstrom, *Poverty and Progress: Social Mobility in a Nineteenth-Century City*, Cambridge, Mass: Harvard University Press, 1964, p. 180.

② Reeve Vanneman and Lynn Weber Cannon, *The American Perception of Class*, Philadelphia: Temple University Press, 1951, p. 29.

2."职业意识论"的影响

"职业意识论"是康芒斯–威斯康星学派用来否定"阶级意识",证明美国工人的"非阶级斗争"道路正确性的论调,完全适合当时资产阶级的需要,起到与"美国例外论"异曲同工的作用。

康芒斯–威斯康星学派是美国工人史研究的第一个学派。它的奠基人是经济学家理查德·西奥多·伊利。伊利于1886年出版了《美国工人运动》,这是第一部论述美国工人和工人运动的专史。在写这部书的过程中,他深感研究工人史的必要,打算建立一个研究集体并且出版高水平的著作。他曾经在《美国工人运动》一书的序言中写道:"我写这部书纯粹是为了提供一个梗概。我相信继这部书之后将会出现一部名副其实的《新世界工人史》。"①然而,伊利的研究计划在约翰斯·霍普金斯大学得不到支持。1892年,伊利转到威斯康星大学执教,并且得到当地社会和学校的支持,建立了一个拥有资金3万元的基金会。1904年3月,他利用这笔基金建立了第一个研究美国工人史的中心——美国工业研究所。由于伊利担负着许多经济学方面的研究工作,遂选定自己的学生约翰·罗杰斯·康芒斯来担负研究项目的领导工作,并邀请一批著名学者参加。康芒斯–威斯康星学派由此诞生。

这个学派是美国工人史的正统学派,曾经做出过很多贡献。但从本质上说,它是一个资产阶级学派。它的"职业意识论"的要害就是否定一切革命运动和一切社会主义运动,而把工人运动的目的局限于保证职业和争取提高工资,改善劳动条件,同工联主义殊途同归。

"职业意识论"自成体系,但并不是一下子就形成的。康芒斯–威斯康星学派的第一代代表人物约翰·罗杰斯·康芒斯从一般地反对理论人

---

① Richard Theodore Ely, *The Labor Movement in America*, New York: T. Y. Crowell & Company, 1886, p. V.

手,反对马克思的学说。他把马克思主义的基本原理说成是"想象出来"的东西,强调美国工人阶级不需要这种革命理论,只需要实际利益。他甚至宣称,同马克思主义分道扬镳的根本原因就是不赞成马克思主义的"抽象理论"。[①]他把财产公有的主张说成是一种"臆想","通过组织上和立法上的保证消灭竞争威胁"才具有实际意义。[②]康芒斯还断言,美国工人阶级没有什么长远的斗争目标,而且也不接受这方面的宣传。他指出:"在美国具有宗教的、种族的、语言的和政治的种种差别的情况下,只有一个方面能够使工人联合起来——增加工资、延长休息时间、扩大自由。超过这个限度——理论家们、空想家们和好心肠的人们所做的错误引导——只会使他们成为工人的愚蠢朋友。"[③]此时,康芒斯虽然还没有使用职业意识这个词汇,但已为"职业意识论"提供了重要的论据。

康芒斯-威斯康星学派的第二代代表人物塞利格·普尔曼继承他的老师康芒斯的传统对马克思主义理论进行了更为猛烈的攻击。普尔曼曾在沙皇统治下度过了自己的青少年时期,参加过俄国革命运动,而且自称是马克思主义者。他在美国接受高等教育,并定居美国后,倒向康芒斯一边。由于这种特殊经历,他所起的破坏作用远远超过了任何一个资产阶级学者。他认为马克思主义是"抽象理论",并且宣称:"我对历史的解释是:具体的人原本是居于舞台中心的。我不喜欢像无产阶级和资产阶级这样的抽象概念,不喜欢那种把历史看成是抽象的群众和抽象的力量,并使之居于政治舞台上的观点。相反,人们应当去研究工人、农

---

① John Commons, *American Shoemakers, 1648-1895: A Sketch of Industrial Evolution*, Cambridge, Mass: Harvard University Press, 1909, Preface.

② John Commons, *American Shoemakers, 1648-1895: A Sketch of Industrial Evolution*, Cambridge, Mass: Harvard University Press, 1909, p. 76.

③ Lafayette G.Harter, *John R.Commons: His Assault on Laissez-Faire, Corvallis, Oregon*: Oregon State University Press, 1980, p. 41.

民、雇员及其他人的具体活动。"① 他还宣称,无产阶级的历史使命是马克思主义者强加的,美国工人对此完全不感兴趣。他写道:"你会发现他们首先关心的不是创造历史,而是取得某种改善,从而在物质上精神上丰富他们的生活。经济方面,他们希望消除经济上的无保障;精神方面,他们希望消除从属于他人,例如从属于工头和雇主的处境。"② 普尔曼还进一步指出,美国工人缺乏阶级意识,阶级意识是欧洲工人运动的舶来品,根本不是美国工人运动的产物。美国工人运动只可能产生"职业意识",或者叫作"工资意识"。普尔曼写道:"外来的社会阶级意识在美国土地上还没有来得及深深扎根,本地滋生的工资意识已经初次表现在斯捷沃德的盛行于 20 世纪 60 年代的八小时工作制的哲学中了。"③ "对于美国整个工人队伍来说,唯一可以接受的就是'职业意识',它只具有'有限的','保障工资和控制职业'的目的。"④ 至此"职业意识论"已经正式提出来了。此外,他们还列举了美国工人阶级缺乏阶级意识的种种原因:

第一,他们认为美国是小财产所有者的海洋。这些人也是私有者,同资本主义社会的利益是一致的。因此,美国的私有制有广泛的基础,根深蒂固。美国工人阶级任何触犯私有财产的要求都是注定要失败的。普尔曼解释说:"这个国家挤满了为自己创造财产的移民。他们曾经四

---

① A. L. Riesch Owen(ed.), *Selig Perlman's Lectures on Capitalism and Socialism*, Madison: University of Wisconsin Press, 1976, p. 47.

② A. L. Riesch Owen(ed.), *Selig Perlman's Lectures on Capitalism and Socialism*, Madison: University of Wisconsin Press, 1976, p. 8.

③ Selig Perlman, *A Theory of the Labor Movement*, New York: The Macmillan Company, 1928, p. 193.

④ Selig Perlman, *A Theory of the Labor Movement*, New York: The Macmillan Company, 1928, p. 169.

处为家。由于他们不断迁移，造成了众多的小财产。"① 他们的利益是同美国社会的共同利益一致的，这"说明了美国殖民地和后来各州的真正的持久的协调一致的原因"②。因此"工人在任何情况下都不能使广大的中产阶级对作为基本制度的私有财产的安全感到担心"，否则"就会立刻推动群众同反工会的雇主结成联盟"而使运动遭到失败。③ 这里，普尔曼虽然还没有提出美国中等阶级化的理论，但已包含了这种思想。

第二，普尔曼等人认为，美国社会存在着地区的、职业的流动性。而这种种流动性又妨碍着美国工人阶级形成一个坚强的统一体。普尔曼断言美国缺乏"固定的工资收入阶级"，因为工人当中，"许多人并不终身停留在固定的工业部门，而是不断从这一个工业部门转到另一个工业部门，从这个地区转到那个地区去寻找更好的工作"④。尤其重要的是："在美国参加政治生活从来不像英国那样迄今还属于上层阶级，也不像法国那样只属于受过高等教育的那些人，而是向那些能够对局势发生影响的所有人开放的。"⑤ 只要美国经济社会的活动性能够存在下去，并向具有一般能力的无产者提供机会，那么具有突出才能和领导才能的人总是可以找到升迁的坦途的。⑥

第三，普尔曼认为："美国工人缺乏'阶级意识'的另一个原因是工人

---

① Selig Perlman, *A Theory of the Labor Movement*, New York：The Macmillan Company, 1928, p. 157.

② Selig Perlman, *A Theory of the Labor Movement*, New York：The Macmillan Company, 1928, pp. 157-158.

③ Selig Perlman, *A Theory of the Labor Movement*, New York：The Macmillan Company, 1928, pp. 160-161.

④ Selig Perlman, *A Theory of the Labor Movement*, New York：The Macmillan Company, 1928, p. 165.

⑤ Selig Perlman, *A Theory of the Labor Movement*, New York：The Macmillan Company, 1928, p. 167.

⑥ Selig Perlman, *A Theory of the Labor Movement*, New York：The Macmillan Company, 1928, p. 166.

很早就得到了作为杰斐逊民主运动副产品的选举权这一不需要付出代价的礼品。"①所以当欧洲工人阶级在为自己的政治权力而开展疾风骤雨式的斗争的时候，美国工人却无事可做。

"职业意识论"有一定的社会基础。因为失业问题一直是困扰着美国社会的一个幽灵。充分就业是美国工人最关心的问题之一。在历次重大的工人运动中就业问题都占有非常重要的地位。谋取职业方面的要求是符合美国工人利益的，容易被接受，但这只是眼前的利益。"职业意识论"就是用眼前的利益取代长远利益的一种巧妙的说法，同美国劳工联合会所推行的改良主义政策一拍即合。难怪普尔曼等人要那样起劲地吹捧劳联，而劳联的领导人又那样重视康芒斯–威斯康星学派的主张。普尔曼写道："这个具有抵抗能力的工会不仅具备优点，而且还能适应客观环境和美国工人的心理。"②过去，"拉萨尔派和第一国际派都体现了社会主义的阶级意识"，但都失败了。只有劳联的领导人选择了完全不同的道路。他们认真研究了"工人问题的理论和实际经验两个方面"，终于发现工会是组织美国工人运动的"胶合剂"。③他们还认识到"美国社会确实不可改变的保守主义是对私有财产和个人生活中个人主动性的尊重"，因此不采取触动私人财产的政策，而只要求雇主承认工会有按照协议管理工作的权利，甚至对使用政治武器也采取十分谨慎的态度。④康芒斯–威斯康星学派第三代代表人物菲力普·塔夫特认为："劳联式的工会是在美国条件下，唯一能够生存下来的一种工会。"⑤

---

① Selig Perlman, *A Theory of the Labor Movement*, New York: The Macmillan Company, 1928, p. 167.

②③ Selig Perlman, *A Theory of the Labor Movement*, New York: The Macmillan Company, 1928, p. 196.

④ Selig Perlman, *A Theory of the Labor Movement*, New York: The Macmillan Company, 1928, pp. 201–202.

⑤ Philip Taft, "A Rereading of Selig Perlman's: A Theory of Labor Movement", *Industrial and Labor Relations Review*, Vol. 4, No. 1, Oct., 1950, p. 73.

劳联的领导人也把康芒斯-威斯康星学派的学者看成自己的理论家。龚帕斯就曾经号召执行委员会的干部认真阅读该学派的奠基性著作《美国劳工史》。1918年7月,龚帕斯在给劳联书记莫里森的信中说:"我刚读完威斯康星大学康芒斯及其助手们编写的《美国劳工史》,我主张你去研究一下,执委会的其他成员也可以读一读。我觉得要想摧毁社会主义者及其追随者在劳联内部的阴谋活动,没有什么东西比康芒斯关于美国工运中社会主义思想外来的历史材料更为有效的了。"①

"职业意识论"随着康芒斯-威斯康星学派的日益壮大而不断发展,直到新工人史学出现以前还没有遇到严重的挑战。老左派史学家菲力普·S.方纳虽然曾经在20世纪40年代尖锐地批判了康芒斯-威斯康星学派的谬误,但影响面不大。

新工人史学家认为康芒斯-威斯康星学派的一个重要缺陷就是研究过于狭窄,只局限于研究有组织的工人的活动和利益,而且又只把注意力放在劳联上面。他们主张拓宽研究领域,侧重研究非工会会员、普通工人的生活和活动。新工人史学的奠基人之一赫伯特·加特曼于1976年出版《工业化美国的工作、文化和社会》一书,强调研究工人文化的重要性。他所说的文化"包括权力制度、财产关系、宗教体制"和普通工人的生活。②加特曼在书中曾经这样写道:"同那些有才能的但更带有传统色彩的历史学家的著作不同","那些著作并非不重要,但侧重不同,其主要注意力集中在作为工会成员的工人身上,我的著作超过了那种传统立场所规定的界限"。③

另一位新工人史学的代表人物戴维·蒙哥马利则认为工人关心的不只是职业,而且关心对工厂的控制权。他指出贯穿工人史的重要问题是

---

① 龚伯斯未发表的书信,转引自 Philip S. Foner 教授 1981 年在南开大学的讲演稿。

② Herbert Gutman, *Work Culture and Society in Industrializing America*, New York: Vintage, 1977, p. 16.

③ Herbert Gutman, *Work Culture and Society in Industrializing America*, New York: Vintage, 1977, p. 10.

雇主维持统治特权和工人争取控制工厂的斗争。雇主依靠"科学管理"来扩大和巩固自己的特权,工人则通过取得对企业的控制来削弱和取消雇主的特权。他通过对19世纪机械工人工会的研究得出结论说:"机械工人对'科学管理'的回答是要求对整个社会实行以集体为基础的'真正的科学'改组。"①

然而,"职业意识论"的影响并没有完全消失。它在相当多的工会领导人中仍有市场,而且还有不少历史学家为奉行"职业意识论"的劳联辩护。齐格尔在自己的文章中就曾抱怨说:"对劳联的保守工会主义的攻击也应当慎重。"②

3.桑巴特的命题

1906年,德国社会主义者维尔纳·桑巴特出版了《为什么美国没有社会主义?》一书。这本书的命题显然是不正确的。不可否认,社会主义在美国的传播和发展确实十分曲折,而且累遭挫败,对美国社会的影响比较微弱,但同样不可否认的是,社会主义思想在美国仍然顽强地存在着,时至今日还有一角活动的阵地。社会主义思想在美国历史上某些时期甚至有相当的发展和影响,给全世界的社会主义运动留下了光辉的篇章。因此,"美国没有社会主义"这一命题是不符合历史实际的,因而也是无稽之谈。

从历史上看,美国并不是不能接受社会主义思想的国家,恰恰相反,它为各种社会思潮提供了广阔的表演场所。当欧洲开始流传空想社会主义学说的时候,美国很快就成为空想社会主义者的乐园。他们不仅可

---

① Herbert Gutman, *Work Culture and Society in Industrializing America*, New York: Vintage, 1977, p. 4.

② Robert Zieger, "Workers and Scholars: Recent Trends in American Labor Historiography", *Labor History*, Vol. 13, No. 2, 1972, p. 264.

以在那里宣传自己的学说,而且可以进行自己的试验。"真正的社会主义者"海尔曼·克里盖在这里宣传过建立在互爱基础上的公社,批判的空想社会主义者罗伯特·欧文、傅立叶和卡贝、威廉·魏特林都曾先后在美国进行过试验或者宣传过自己的主张。威廉·福斯特曾经概括地谈到空想社会主义在美国迅速传播的情况和条件,他认为:"这些乌托邦计划虽然主要是在欧洲创始的,却在美国获得了最广泛的发展。仅仅几年之内,至少有200个乌托邦计划在美国实施。美国的国土对这些计划特别有吸引力。因为在美国,有许多可以廉价得到的土地,人民在政治上所受的封建限制很少,对伟大的独立革命经验记忆犹新的群众便很容易赞成社会改革的尝试和试验。"①

科学社会主义传到美国的时间也是相当早的,大约在19世纪40年代末50年代初。马克思曾经回顾说:"在1848年革命失败后,大陆上工人阶级所有的党组织和党的机关报刊都被暴力的铁腕所摧毁,工人阶级最先进的子弟在绝望中逃亡到大西洋彼岸的共和国去。"②他们是阿道夫·克路斯、约瑟夫·魏德迈、弗·阿·左尔格、约翰·席克耳、亨利希·迈耶尔、古斯达夫·厄鲍姆、罗萨、雅可比、克莱茵等。

最早抵达美国的是克路斯,他曾经要求斐迪南·沃尔弗将《共产党宣言》和《新莱茵报》寄到美国,以便进行宣传。

1851年底约瑟夫·魏德迈抵达美国后在克路斯的帮助下创办了《革命》和《改革》两个刊物,虽然存在的时间都不长,但在传播马克思主义方面起到了重要的作用。马克思的《路易·波拿巴的雾月十八日》《揭露科伦共产党人案件》均曾在美国出版单行本。从1853年起,马克思、恩格斯不断为《纽约每日论坛报》撰稿,前后发表了两百多篇文章。所有这一切对美国工人,特别是德裔工人都产生过相当的影响。一部分先进分子开始团结在无产阶级革命家周围,建立起第一批社会主义小组和团体。

---

① [美]威廉·福斯特:《美国共产党史》,梅豪士译,世界知识出版社,1957年,第11页。

②《马克思恩格斯选集》第十二卷,人民出版社,1972年,第11页。

其中有无产者同盟、共产主义俱乐部、国际协会德裔美国人支会等。20世纪60年代中期成立的最大的全国性工人组织全国劳工同盟也表现了靠拢第一国际的愿望。同盟的领袖威廉·西尔维斯、威廉·杰塞普都曾表示愿意加入第一国际。1869年9月,同盟还派出安德鲁·卡梅伦出席第一国际的巴塞尔代表大会。

美国还曾是第一国际总委员会的驻地。这是美国工人阶级的光荣和骄傲。1872年上半年,第一国际美国各支部的总人数达到三四千人,同第一国际在其他国家组织相比较,要算是最多的了。

就拿20世纪的美国共产党来说,它也曾经有过兴盛时期。1944年,产联会员中有20%到25%的人属于共产党领导的工会。

从上面所列举的事实中不难得出结论,只要稍微翻阅一下美国的历史就不会同意桑巴特的命题了。但是,在美国学术界这个命题一直受到重视,并且成为一些学者的注意中心。桑巴特的最能吸引资产阶级学者的论点是:美国资本家对工人的剥削是世界上最残酷的和最沉重的,但他们善于用小恩小惠笼络工人,使得工人不至于接受社会主义起来反抗自己。而美国又是一个工业十分发达的国家,假如欧洲国家也达到这样的发展高度,那他们也是可以避免社会主义的。桑巴特的结论是:"我们找到了一个尽管资本主义高度发展而却没有社会主义的国家。关于(社会主义)前途不可避免的论点就被事实否定了。"①

1906年,美国学者H.G.韦尔斯也提出类似的看法。到50年代,路易斯·哈茨等人著书立说,进一步拓展了这个论点。他们从不同的角度来论证桑巴特的命题。

路易斯·哈茨是一位著名的美国学者。他在1955年出版的《美国的自由主义传统》和在1964年出版的《新社会的创立》两本书中都涉及桑巴特的命题。哈茨的论点基本上是韦尔斯论点的延伸和扩展。概括起

---

① Werner Sombart, "Studies of The Historical Development and Evolution of the American Proletariat", *International Socialist Review*, No. 6, 1905, p. 135.

来就是:美国社会的主要思想体系植根于18世纪洛克的自由主义或者辉格主义,并且没有封建的历史和贵族的传统,其结果是美国既没有保王党人也没有社会主义者。他写道:"美国没有社会主义不是偶然的,它与众不同,缺少封建传统和社会主义传统。社会主义思想的潜在根源都可以在西方各地的封建社会中找到。"

"欧洲各地,无论在麦克唐纳的英国还是在考茨基的德国,社会主义都在相当程度上受到阶级意识的鼓舞,而这种阶级意识并非来自资本主义而是来自封建制度本身。"①

美国工人史学家马克·卡森从美国缺少封建传统这个观点出发,得出美国工人普遍接受"中产阶级心理学"的结论,从而用心理因素来解释美国社会主义和工人运动的失败。他认为劳联领袖塞缪尔·龚帕斯所提出的诡辩哲学在这方面起到了重大的作用。②

另一位工人史学家威廉·迪克认为龚帕斯的诡辩哲学同西方国家的民主社会主义相似,把社会主义追求的目标说成是政治性的,而不是社会性的。在龚帕斯看来,社会主义将使工人阶级成为全权的公民……简言之社会主义所要争取的就是美国人已经在革命中获得的东西。龚帕斯坚持说,如果他生活在德国,他将是一个社会主义者。

"但是,在美国的结构中,他看不出有加强国家权力的必要。工人所期待的一切就是对独立追求自己目的的权利保障。……龚帕斯曾把自己说成是一个杰斐逊民主派……也即是3/4的无政府主义者。"③

龚帕斯的哲学的要害就是强调美国的特殊性。其结论是同"美国例外论"殊途同归的。

---

① Louis Hartz, *The Liberal Tradition in America*, New York: Harcourt, Brace & World, Inc., 1955, p. 234.

② Marc Karson, *American Labor Unions and Politics 1900–1918*, Carbondale: Southern Illinois University Press, 1959, pp. 290–292.

③ William Dick, *Labor and Socialism in America: The Gompers Era*, New York: Kennikat Press, 1972, pp. 183–184.

20世纪70年代末,约翰·拉斯里特根据葛兰西关于美国资产阶级意识形态一直占统治地位的论点来解释桑巴特的命题。换句话说,就是以美国资产阶级思想影响强大来证明美国不可能存在社会主义。拉斯里特着重论证了两方面的问题。第一,为什么资产阶级思想意识的统治地位在美国历史上从未遇到严重的挑战?第二,为什么美国工人阶级比欧洲或者其他地区工人阶级更难于取得自己的思想意识的统治地位?拉斯里特认为造成这种状况的有三个主要因素。第一,奴隶制度。这个制度废除后在美国工人阶级内部造成了南部和北部地区的隔离,黑人工人和白人工人种族的隔离。第二,边疆的影响。边疆的存在虽然不能说是消除社会紧张矛盾的安全阀,但起码造成了美国工人阶级的地区性流动,而且使部分工人适应西部的以家庭为单位的小农户生活,养成了个人主义,结果严重阻碍了社会主义的工人和农民联盟的发展。第三,众多的移民。由于来自欧洲和亚洲的移民往往受到不平等的待遇,自然而然地就把自己民族利益放在阶级利益之上。

拉斯里特当然知道,仅仅这三个主要因素是不能说明问题的。因为加拿大、澳大利亚和拉丁美洲一些国家也几乎具备了这些因素,而他们的工人阶级却具有较强的阶级意识,甚至建立了自己的强大政党。为了说明问题,拉斯里特又列举了四点次要的因素以解释美国的特殊情况。第一,美国的强烈的民族主义。这种民族主义来源于为捍卫自由州资产阶级价值观念的美国革命,有助于美国资产阶级统治的确立和巩固。第二,两党制。两党制的形成和轮流执政,阻碍了第三党的产生。第三,美国缺乏革命知识分子。没有人提出美国社会主义的理论。第四,美国资本主义的巨大成就。美国资产阶级敛聚了巨大财富,实力强大,根本不允许敌对势力的发展,因而压制了社会革命运动。[1]

此外,还有的美国学者认为,同欧洲国家相比,美国存在着较大的社

---

① John Laslett, *A Short Comparative History of American Socialism*, New York: Harper&Row, 1977, Chapters 1 and 2.

会流动性。美国工人可以指望并努力争取更好的职位和更高的报酬,从而进入中层社会和上层社会。因此社会主义对美国工人缺少吸引力。为了证明这个论点需要大量的统计材料。但是,由于材料的来源不同,地区不同,时间不同,统计的结果也不尽相同。学者们往往根据不同的结果得出不同的结论。

最早进行广泛的跨国家的比较研究的是P.A.索罗金。他研究了许多国家的材料,有些材料是19世纪后期的。但由于材料不完整,不可能准确地制定各个国家的社会流动比率。但这些材料大致可以说明,没有哪一个国家是"封闭的""不可流动"的社会。[1] 其后,彼得·M.布劳和奥蒂斯·达德利·邓肯的研究也表明:"在各个工业化国家中间蓝领阶级和白领阶级之间的职业流动比率确实没有多少区别。"[2] 菲利普斯·卡特赖特曾经对13个国家的有关统计材料进行比较研究。他发现,在高度工业化国家中如果以总人口数为基数,社会流动率就比较高,如果去掉农业人口,社会流动率就比较低。

以上各项研究旨在证明工业发达国家存在着社会流动性,使经济学家约瑟夫·熊彼得的"阶级壁垒毫无例外地总是可以超越的"结论得到了更多的论证材料。但同时也证明美国的社会流动性并不比其他发达国家高出多少。因此用社会流动性来解释桑巴特的命题遇到了困难。

问题不在于美国是否存在社会流动性,而在于这种流动性究竟有多大,是否达到了淡化或者甚至消除阶级意识的程度? 如果我们从不同的角度来分析美国学者的研究成果完全可以得出不同的结论。第一,美国的社会流动性同其他发达国家差不多,而其他国家历史证明工人阶级是有强烈的阶级意识的,可见社会流动性并不是淡化阶级意识的决定性因素。第二,这种流动主要指从蓝领工人变为白领工人,或者叫作中等阶

---

[1] Pitirim A. Sorokim, *Social and Cultural Mobility*, New York: Harper and Brothers, 1927.

[2] Peter M. Blau and Otis Dudley Duncan, *The American Occupational Structure*, New York: Wiley, 1967, p. 433.

级。根据斯蒂芬·塞恩斯提罗姆对波士顿的研究结果,从1880年到1968年,"最初作为体力劳动工人进入劳工市场的工人当中有1/4的人最终得到了中等阶级的职业,而原来从事白领工人职业的人中,大约每6个人就有1个人降到蓝领工人的地位"①。作者在这里所说的中等阶级的职业就是指白领工人而言的。我们知道,随着科学技术的进步,白领工人的比重迅速上升,大多数白领工人的待遇并不比蓝领工人高,有的甚至低于蓝领工人。这种社会流动只不过是职业的变动,而不是社会地位的变动。第三,在美国学者引用的大多数统计材料中并没有区分工人本身和工人的子女。在竞争机制日益发展和教育普及的情况下,工人的子女取得更高的社会地位的可能性确实有所增长。但对于工人本身来说,这种可能性要小得多。发达国家长期存在的结构性失业就很能说明问题。

无论在美国或是在其他发达资本主义国家,社会流动只涉及少数人,不可能成为消除阶级意识的主要因素。

总而言之,桑巴特的命题无论在事实上还是理论上都很难站住脚。

4.所谓的"中等阶级社会"

持保守观点的美国学者总是把美国说成是一个中等阶级的国家,并且力图证明,美国在殖民地时期就是一个小私有者的社会,尔后,中等阶级日益扩大,而且成为美国社会最大的阶级。汤姆·巴托莫尔认为:"同欧洲国家相反,19世纪早期,美国财产拥有状况极为普遍……美国是小农场主、小商人和小企业主占优势的社会。"② M.M.莱瑟森写道:"欧洲工

---

① Seweryn Bialer and Sophia Sluzar, *Sources of Contemporary Radicalism*, Boulder: Westview Press, 1977, p. 107.

② Reeve Vanneman and Lynn Weber Cannon, *The American Perception of Class*, Philadelphia: Temple University Press, 1951, p. 84.

人生来就同所谓的上等阶级完全隔离,没有机会成为有身份的人。""美国却恰恰相反,是另外一个极端。这里每一个孩子在成长中都相信,对他来说,条条道路都是畅通的,发家致富和获得国家的最高荣誉全靠他自己。"①他以此为理由,说明美国中等阶级日益扩大的原因。本·瓦滕伯格甚至声称,美国现在已实现以"广大中等阶级"为基础的团结,所以这里既没有无产阶级,也没有阶级冲突。②

"中等阶级社会"这是一部分美国学者用来反对马克思关于资本主义社会分为资产阶级和无产阶级两大对立阶级论断的观点,反对阶级冲突、阶级斗争的观点。③ 近年来,越来越多的美国学者着重研究美国社会流动性,企图证明美国的下层阶级正在上升为中等阶级,美国社会也就越来越稳定。美国学者贝尼塔·艾斯伦曾经这样说:"社会流动性,作为一种希望或者现实,是衡量中等阶级成员的尺度。从贫穷变为小康,或者从非熟练工人变为熟练工人……这是一个向我们最大的最有影响的阶级转变的运动,特别是从下层到上层转变的运动,这使得美国成为一个开放的社会。"④ 他认为,1940年到1970年这段时间是美国中等阶级发展迅速的时间,在全国人口中的比例从38.5%上升到45%因而在这段时间里美国社会也是繁荣和安定的。艾斯伦还在他的书中引用了大企业高级管理人员家庭出身的某些统计材料来证明社会流动性的存在。他引用的材料表明,1964年企业界的头面人物中有许多人原本是贫家子弟,只有10%的人出身富豪。如果再追溯回去就可以看到,19世纪20世纪之交,出身富豪的高级企业管理人员的比重相当大,约为45.6%,到1950年下降为36.1%。而出身贫寒的企业高级管理人员的比重则从

---

① Max M. Laserson, *The American Impact on Russia, 1784-1917*, New York: The Macmillan Company, 1950, pp. 396-397.

②③Mary R. Jackman and Robert W.Jackman, *Class Awareness in the United States*, Berkeley: University of California Press, 1983, p. 54.

④ Benita Eisler, *Class Act:America's Last Dirty Secret*, New York:Franklin Watts, 1983, p. 23.

1950年的12.1%上升到1932年的23.3%。①

如果说，许多美国学者在对于美国是一个中等阶级占统治地位的社会这个看法上差别不大，并且从各个不同角度加以论证，那么对于什么是中等阶级，哪些人属于中等阶级？往往有不同的理解。有的按经济收入划分、有的按职业划分，标准很不一致。其结果是一部分收入较高的技术工人和收入偏低的护士都被划入了中等阶级，这显然是不妥当的。《美国人的阶级观念》一书的作者范内曼和坎农认为在诸多的说法中，希腊马克思主义者尼科斯·波伦查斯的说法最可取，并且较为详细地介绍了他在《当代资本主义社会的阶级》中所表述的观点。范内曼和坎农根据这种观点分析了美国中等阶级划分的标准和所处的社会地位。

概括地说，这种论点大致可以归纳如下：中等阶级是使工人处于受压迫地位的阶级结构的一部分，是资本和劳动冲突矛盾中附属于资本的部分。他们同资本家不同，不掌握生产资料，同工人阶级不是雇用和被雇用的关系。他们的任务是管理工人，设计工厂，负责对贫苦工人进行帮助等社会工作。他们既不是资本家又不是工人。

范内曼和坎农又综合了其他人的看法，对中等阶级做了进一步阐述。他们着重指出：第一，中等阶级是同工人阶级相对立的，属于统治机构的一部分。大体上由两种人组成：一种人是直接管理工人，支配工人劳动的公司职员；另一种人是对工人的生活、福利、就业机会间接起支配作用的人员。工程师、律师、教师、医生、顾问、政府雇员都属于这一类人。第二，中等阶级管理和支配工人的权力是有限的，必须受资本的约束。换句话说，它一方面凌驾于工人阶级之上，另一方面又听从资本的支配，是为资本而工作的。第三，中等阶级是在劳动和资本的阶级斗争中形成的，应当进行历史的分析。中等阶级最初也是资本的雇员，并不是一个阶级，但由于他们替资本管理工厂，逐渐同工人阶级对立，并随着经济的发展而形成阶级。第四，区分中等阶级的标准是看一个人的工作

① Benita Eisler, *Class Act : America's Last Dirty Secret*, New York : Franklin Watts, 1983, p.46.

是否有助于资本的积累，而不是他的工作种类。例如，脑力劳动者如果不从事管理工人和增加资本积累的工作，就不属于中等阶级。①

范内曼、坎农所归纳的上述原则已经比较具体，但用这些原则来划分中等阶级却遇到了很多困难。按照上述原则，中等阶级不只是企业的经理和高级管理人员，而应当包括所有管理人员在内。直至工人的领班都属于中等阶级。鲁滨孙和凯利认为，英国和美国的管理人员部属于中等阶级。斯塔兹·特克尔曾引用一位炼钢工人的话证明，一个拥有高等学校毕业证书的领班是中等阶级的成员。此外，中等阶级还包括那些不直接管理工人，但对整个社会，特别是对工人有影响的工程师、工程技术人员的负责人、市场管理人员。困难在于直接和间接管理人员中有相当数量的低级职员。他们的地位和收入绝不比工人阶级高多少。连范内曼和坎农也认为有些人即使是脑力劳动者也不应当列入中等阶级。他们在这里所指的是牧师和零售商。在他们看来，这些人是白领雇员中的下层，"脑力劳动者当中的蓝领工人"，如果被列入中等阶级，"那么它就成为当代美国最大的阶级了"。②可见，把管理人员不加区分地笼统地划为中等阶级是说不通的。

尤其令人费解的是，对于不同种族采取不同尺度来划定中等阶级的主张。威尔逊等人认为，对于黑人来说，中等阶级应当包括所有的白领工人和蓝领技术工人。这就是说，要把黑人白领工人中的低收入者和黑人蓝领工人中的高收入者统统划为中等阶级。这就使得黑人中等阶级的成分更加复杂，包括了许多非中等阶级的因素。③

也有一些美国学者用生活水平作为划分中等阶级的标准。理查德·

---

① Reeve Vanneman and Lynn Weber Cannon, *The American Perception of Class*, Philadelphia: Temple University Press, 1951, pp. 58-60.

② Reeve Vanneman and Lynn Weber Cannon, *The American Perception of Class*, Philadelphia: Temple University Press, 1951, p. 77.

③ Reeve Vanneman and Lynn Weber Cannon, *The American Perception of Class*, Philadelphia: Temple University Press, 1951, p. 226.

科曼在《美国社会地位》一书中对美国中等阶级的生活水平做了详尽的探讨和分析。他认为,如以生活水平划分,美国的中等阶级应当包括三个层次,即中上层、中层和中下层。如以1972年的生活状况为依据,四口之家年收入在1.1万美元到1.5万美元之间的为中上层,7500美元到1.1万美元之间的为中层,6300美元到7500美元之间的为下层。[①] 中上层家庭可以过舒适而宽裕的生活,完全不必担心预算超支。中层家庭只能过舒适但不宽裕的生活,有时还必须为保持自己的预算平衡而操心。科曼曾经引用了中层家庭成员的两句话,形象地说明了他们的处境。"我们殷实但不能挥霍","我们在购置大件东西的时候总要事前掂量一下"。[②] 中下层家庭则必须过精打细算的生活。他们拥有足够的生活费,但没有存款,他们衣食不愁,但质量不是最好的。

按照科曼的标准,中等阶级大概包括下列人员:"正规的办公室人员——簿记员、银行职员、会计员""售货商人——零售店店员、汽车推销员、文具用品售货员""企业中的经理部门","公用事业的下层经理部门"的经理、"下层行政官员","如像礼品商店这样的小商店的店主""干洗商或者五金店老板""拥有经营煤气站特许状的小伙子""技术人员——例如电子方面的人员""经过技术培训的人",以及从事各种"准技术职业"的人(护士、社会事业工作人员、药剂师、牧师)。[③]

除此以外,科曼还把蓝领工人中收入较高的人和警察、货车司机、电信雇员、邮政工作人员列入中等阶级。

从上面所列举的种种说法来看,中等阶级这一概念在美国学者当中是颇为混乱的,在具体划分的时候尤其如此。过去所谓的中等阶级只限

---

① Richard P. Coleman and Lee Rainwater, *Social Standing in America: New Dimensions of Class*, New York: Basic Books, 1978, pp. 158–159.

② Richard P. Coleman and Lee Rainwater, *Social Standing in America: New Dimensions of Class*, New York: Basic Books, 1978, p. 159.

③ Richard P. Coleman and Lee Rainwater, *Social Standing in America: New Dimensions of Class*, New York: Basic Books, 1978, p. 163.

于小业主、店主、工匠、小农场主、独立劳动者,并且把这个阶级作为保守力量的支持者和"美国例外论"的重要论据。① 之后,随着经济的发展,中等阶级所包含的社会成分越来越广泛,越来越复杂。原来的中等阶级被称为老中等阶级,所占的比重也日益缩小。范内曼曾经指出:"现在独立劳动者的比重下降到劳动力的8%,老中等阶级再也不能作为'美国例外论'的论据了。"② 这样,就需要对中等阶级规定出新的含义和标准才能使它的队伍扩大到相对的多数,才能用中等阶级的壮大来说明美国社会的稳定性。从上面所列举的几种具体划分中已经可以清楚地看到,其中有相当多的成分是属于工人阶级的或者是社会下层的。理查德·科曼所说的中下层基本上属于这种情况。即使按照美国学者的标准,中等阶级在美国也不占多数,很难对社会产生决定性影响。范内曼分析了1952年至1978年中等阶级增长的百分比以后认为年增长率不过0.5%,甚至在这一时期结束时也很难证实中等阶级占"大多数"的说法。③

美国学者所说的中等阶级实际上是中等收入的阶层,并不是一个固定的阶级。他们的收入,由于行业的变化和差别而起伏很大,而且缺少共同的利益和目标。他们当中许多人也曾经参加过反对资本的罢工和斗争。例如,新左派运动中的许多所谓的"中等阶级"人物就是旧社会秩序的批评者和改革者。

5.美国学者关于阶级区分的看法

关于美国社会是否存在阶级的问题,在美国学者中进行过讨论。一

① Reeve Vanneman and Lynn Weber Cannon, *The American Perception of Class*, Philadelphia: Temple University Press, 1951, p. 83.

② Reeve Vanneman and Lynn Weber Cannon, *The American Perception of Class*, Philadelphia: Temple University Press, 1951, p. 84.

③ Reeve Vanneman and Lynn Weber Cannon, *The American Perception of Class*, Philadelphia: Temple University Press, 1951, p. 129.

批美国社会学家、政治学家、历史学家采用社会学的方法,在美国社会各个阶层中,特别是在工人中进行调查,并著书立说。他们从收集到的大量调查材料中得出结论说,美国仍然存在着阶级,但对于阶级的定义和划分阶级的标准却有不同的看法,一直在进行激烈的争论。他们当中许多人不同意马克思关于阶级的论断,认为以人们同生产资料的关系为划分阶级的标准是远远不够的,还需要考虑其他方面的因素。他们倾向于韦伯的看法,主张把市场关系、社会因素同样作为形成阶级的条件。①

他们首先反对把社会分为两极的观点,当然也包括马克思关于资本主义社会分为资产阶级和无产阶级两大对立阶级的观点。他们认为不能简单地把社会分为所有者和工人、有权势和无权势、体力劳动和脑力劳动。总之不能把社会看成是两个对立阶级的体系。其理由是:在资产阶级和无产阶级之间有一个巨大的断层。这个断层是由小资产阶级来填补的。它是一个特殊的集团,既不同于资产阶级,又不同于无产阶级。据估计,小资产阶级约占总人口的41%—53%。所以美国社会至少可以分为三极而不是两极。②

在讨论中出现了同两极说法截然对立的多元论观点。他们反对用经济作为划分阶级的唯一标准,而主张采用多元标准,如受教育程度、职业、工资、财产状况,等等;不承认明确的阶级划分,而只是按多元标准把社会分为若干互相依存的等级,形成多等级体系。按照这种说法,美国社会绝不会出现互不相干的,甚至互相敌对的社会集团,更不会存在社会集团之间的冲突。

另一种观点认为,作为划分阶级的标准,经济因素只起暂时的作用,其他因素可以作为补充。例如,美国公民的平等权利、没有土地贵族、拥有流动的机会等因素都影响着阶级的形成和对立。而近年来日益丰裕

---

① Mary R. Jackman and Robert W.Jackman, *Class Awareness in the United States*, Berkeley: University of California Press, 1983, pp. 1–2.

② Mary R. Jackman and Robert W.Jackman, *Class Awareness in the United States*, Berkeley: University of California Press, 1983, p. 2.

的物质条件、更多的流动机会同先进的工业社会结合在一起削弱了阶级的意识。甚至还有人认为，丰裕程度的增加将导向"后工业社会"，那时传统的阶级区分就会失去意义。

还有一种观点是美国学者森特斯于1949年提出的所谓利益集团理论。他同意用经济因素作为划分阶级的标准，认为："同社会经济过程有关联的个人的地位和作用使他持有同他在政治、经济领域的作用和地位相适应的立场、价值观念和利益。""个人同生产资料、商品交换和服务的关系使他归属于某个社会阶级成员的意识加强，那个阶级也具有同他相同的立场、价值观念和利益。"①《美国的阶级意识》一书的作者杰克曼夫妇也同意这个理论，并且在此基础上提出了关于阶级的系统看法。他们强调说："我们关于阶级的观点……是以森特斯概略提出的那种思想脉络为依据的。"② 按照他们的说法，这种理论是同公众认可的概念相吻合的，不会造成观念上的混乱。

杰克曼夫妇所做的第一项工作是把美国公众惯用的阶级名称确定下来，把美国分为五个阶级：贫民阶级、工人阶级、中等阶级、上层中等阶级、上等阶级。第二项工作是确定各个阶级的范围。第三项工作是确定划分阶级的因素，使人们的社会经济地位同他们所属的阶级相吻合。杰克曼认为，确定一个人的阶级归属的因素有职业、教育程度、财产状况、家庭状况、生活方式、对问题的看法和信念，等等。③而其中最重要的是职业，因为一个人的职业是决定他的社会经济地位的主要因素。④

一些美国学者，包括杰克曼在内，为了弄清美国人对阶级的看法和他们的阶级归属，进行了一系列社会调查。他们首先调查了各社会阶层

---

①②Mary R. Jackman and Robert W. Jackman, *Class Awareness in the United States*, Berkeley: University of California Press, 1983, p. 9.

③ Mary R. Jackman and Robert W. Jackman, *Class Awareness in the United States*, Berkeley: University of California Press, 1983, p. 35.

④ Mary R. Jackman and Robert W. Jackman, *Class Awareness in the United States*, Berkeley: University of California Press, 1983, p. 22.

对于美国是否存在阶级的看法。具体情况见附表。[①]

确认阶级存在的程度(百分比)

	极其坚定	比较坚定	一般	不知道	调查人数
总计	49.6%	28.8%	19.8%	1.8%	1864
贫民阶级	58%	18.2%	21.7%	2.1%	143
工人阶级	61.3%	23.7%	12.8%	2.3%	697
中等阶级	39.0%	34.3%	24.9%	1.8%	826
上层中等阶级	43.9%	32.9%	23.2%	0.0%	155
上等阶级	52.6%	31.6%	15.8%	0.0%	19
白人					
贫民阶级	50.6%	20.3%	25.3%	3.8%	79
工人阶级	60.1%	24.5%	12.8%	2.6%	587
中等阶级	38.1%	34.5%	25.5%	2.0%	762
上层中等阶级	44.2%	33.3%	22.4%	0.0%	147
上等阶级	56.3%	31.3%	12.5%	0.0%	16
黑人					
贫民阶级	73.6%	11.3%	15.1%	0.0%	53
工人阶级	74.1%	16.0%	9.9%	0.0%	81
中等阶级	51.2%	30.2%	18.6%	0.0%	43

从表中所列的调查情况可以看出，大多数美国人是承认阶级存在的。杰克曼由此得出结论说，我们的调查结果表明"对于美国人来说社会阶级的重要意义在70年代并不亚于40年代。10个美国人中间有8个人至少比较确信他们归属于某一个社会阶级，而10个人中有5个人是完全确信这一点的"[②]。

接着他们又对人们是否同意六项确定阶级归属的因素进行了调查，

---

① Mary R. Jackman and Robert W. Jackman, *Class Awareness in the United States*, Berkeley: University of California Press, 1983, p. 21.

② Mary R. Jackman and Robert W. Jackman, *Class Awareness in the United States*, Berkeley: University of California Press, 1983, p. 40.

具体情况见附表。①

六项标准	非常重要	比较重要	不重要	不知道	调查人数
职业	37.0%	30.8%	29.8%	2.4%	1864
教育	33.2%	35.6%	29.7%	1.6%	1859
金钱	28.9%	30.9%	38.1%	2.0%	1856
信念和感觉	40.0%	28.5%	27.9%	3.6%	1852
生活方式	38.6%	34.0%	24.1%	3.3%	1855
家庭类型	21.4%	27.6%	49.2%	1.8%	1849

杰克曼从上述调查中得出结论说,人们对事物的信念和感觉、生活方式、职业三项因素最受人重视,每5人中至少有2人认为非常重要,其次是教育,再其次才是金钱和家庭。10人中至少有4人认为金钱和家庭两个因素无关紧要。可见,在人们心目中文化因素同经济因素是同样重要的。

杰克曼和30年前的森特斯在不同时期的调查中都发现,如果确定几项标准进行调查,被调查者很容易理解,并把自己的社会经济地位同社会阶级联系起来。而如果进行一般性的随意性的调查,被调查者往往难于回答。杰克曼曾经引用格罗斯在1953年进行的随意性调查结果来说明这一点。在格罗斯调查的对象中有20%的人说不知道,15%的人所答非所问,5%的人不予回答,14%的人否定阶级的存在或者否定他们属于某一个阶级。②

不过,是否应当以职业作为区分阶级的标准这个问题一直是有不同看法的。1949年理查德·森特斯发表了他的著作《社会阶级心理学》。他在这本书中提供了一项调查结果,认为职业对社会阶级形成的影响是巨大的。他引用七种非农业职业的调查结果说明,4/5的体力劳动工人

① Mary R. Jackman and Robert W. Jackman, *Class Awareness in the United States*, Berkeley: University of California Press, 1983, p. 37.

② Mary R. Jackman and Robert W. Jackman, *Class Awareness in the United States*, Berkeley: University of California Press, 1983, p. 14.

归属于工人阶级或者贫民阶级,只有1/4的商人、职员和白领工人归属于上述两个阶级。①但是从森特斯提供的材料也可以得出另外一个结论,那就是体力劳动和脑力劳动也应当作为划分阶级的标准。有些人甚至认为这是更为重要的标准。事过30年,杰克曼在《美国的阶级意识》一书中,又用调查材料澄清了这个问题。根据他的调查,体力劳动工人同非体力劳动工人对阶级的看法并无明显的区别,而且都愿意接受这种社会经济标准,而不主张用体力劳动和非体力劳动进行区分。杰克曼的结论是:"我们的分析对那种认为体力劳动工人的阶级划分根本上不同于脑力劳动工人的论点不利。在大多数体力劳动工人归属于工人阶级或者贫民阶级的时候,办公室人员的大多数也是归属于这两个阶级的。"②可见职业对阶级划分具有重要意义。

杰克曼在他的研究中还得出另外一个重要的结论。他认为调查材料证明,下层阶级的人对阶级的存在有突出的感觉,而且下层阶级内部有比上层阶级更强大的凝聚力。下层阶级的人往往认为机会不平等造成了阶级差别,而且认为阶级利益是相互对立的。③但杰克曼认为这种差别不同于传统的两极对立的观点,而是一种多层次多极化的差别,这种差别不会导致阶级之间的殊死斗争。

在一些美国学者看来,除去职业这个主要因素以外,教育和工薪收入也是相当重要的因素,因为在这两个方面能够从被调查者那里获得更多的关于他们社会地位的信息,这对于确定他们的社会经状况和阶级归属也是有重要意义的。但是,由于美国存在种族歧视和性别歧视,黑人和女性受教育的程度和工薪收入普遍低于白人和男性。在按这两个标

---

① Mary R. Jackman and Robert W. Jackman, *Class Awareness in the United States*, Berkeley: University of California Press, 1983, p. 71.

② Mary R. Jackman and Robert W. Jackman, *Class Awareness in the United States*, Berkeley: University of California Press, 1983, p. 93.

③ Mary R. Jackman and Robert W. Jackman, *Class Awareness in the United States*, Berkeley: University of California Press, 1983, p. 69.

准区分社会阶级的时候不免要遇到困难。黑人和妇女的绝大部分人势必归属于工人阶级和贫民阶级。

总起来看,美国学者围绕阶级是否存在问题所做的大量工作是有成效的,值得肯定,所提供的大量调查材料也是有价值的,对于了解美国社会不无裨益。具体表现在如下几个方面:

第一,揭示了美国社会是一个有差别的社会、社会经济不平等的社会、就业机会不平等的社会。用大量的材料证明,美国存在着阶级差别,存在着阶级,从而驳斥了"后工业社会"阶级已经消失的观点,也在一定程度上驳斥了"美国例外论"。美国学者理查德·科曼还认为美国社会不仅存在阶级差别,而且还有处在社会阶梯最下层的贫困阶级。他认为贫困阶级中可分为下层工人阶级和游民两种人。下层工人阶级又称为次底层阶级。他们的收入都在政府规定的贫困线以下,有时要部分地依靠社会救济为生。"游民"被称为最底层阶级,他们的收入很少,甚至完全没有收入,可以说是一贫如洗。

第二,美国学者的研究结果证明各个社会阶级的人物对于是否存在阶级和阶级区分持有不同的看法。越是下层的人物越是强烈地感觉到阶级的存在。他们在日常生活中,处处感到社会地位的不平等、经济的不平等、就业机会的不平等。因此下层阶级内部具有较强大的凝聚力,或者说他们具有强烈的阶级意识。

第三,美国学者的研究结果表明,中等阶级在美国社会中从来没有构成绝对多数。它的存在也不可能证明美国是一个没有阶级区分和阶级对立的社会。另外,他们所采用的划分中等阶级的标准显然还存在许多问题。如果把不应当归属中等阶级那一部分人划出去,那么中等阶级所占的比例还要下降,其对社会的影响力当然也会缩小。

第四,美国学者提出的决定阶级划分的种种因素虽然存在问题,但经过争论以后,许多人承认经济因素的决定作用。这一点是应当予以肯定的。

但是,应当看到,美国资产阶级学者中虽然多数人承认美国社会存在阶级的现实,但对于阶级的理解和所采取的区分阶级的标准是同马克思主义的基本观点大相径庭的。

第一,马克思主义认为阶级是社会产生发展到一定阶段的历史现象,它的存在是客观的不能掺杂任何的主观随意性。尽管美国在第二次世界大战以后经济发展迅速,变化巨大,但仍然是一个资本主义社会,不管人们承认与否,阶级仍然存在。正如调查材料所表明的,不同社会阶级对阶级存在与否的看法有很大差别,越是上层阶级,越不容易承认阶级的存在。人们绝不能由此得出结论说,美国社会不存在阶级或者说美国人的阶级意识薄弱。可见通过调查按人们的主观感觉来证明阶级是否存在的方法并不是可靠的科学方法。如果说这种方法还有价值,那只是因为它通过人们的感觉在一定程度上反映了阶级存在的事实。

第二,马克思主义认为,在人类社会的各种关系中,生产关系是最基本的关系,是其他各种关系的基础。阶级的产生取决于私有社会的生产关系。人们根据他们对生产资料的占有情况,在生产和分配中所处的地位和相互关系分为不同的阶级。美国虽然是一个高度发达的国家,但它的社会性质并没有变,依然是一个资本主义社会。它的生产关系在某些方面虽然有所改变,但从根本上说依然是资本主义的生产关系,阶级存在的基础并没有消失。美国学者的研究往往忽略了生产关系这个基础,而侧重于一些次要的社会关系,甚至把思想上的因素摆在过于重要的地位,使阶级形成的原因多元化,从而在思想上造成混乱。往往把同一阶级的人归入不同的阶级。例如,工人阶级中收入较高的人都被划入了中等阶级。

第三,美国学者关于五个阶级的划分是以职业、社会地位、经济状况、教育程度等因素作为标准的。这些因素同生产关系有一定联系,但不能画等号。由于资本家个人及其家族直接管理生产的时代已经过去。在当代社会中,大多数企业,特别是大企业都是由高级经理人员进行管理,而资本家则成为大股份持有者。在这种情况下,按职业的类别和职务的高低区分阶级确实有一定意义,但必须同生产关系的诸因素结合起来考察,否则就会出现错误。例如,企业的高级管理人员并不都参与企业的决策,参与决策的只是少数人。他们所起的作用是不同的,所以不能一概划入资产阶级的范围。又如,上层中等阶级和中等阶级也都是根据职务的高低、职业的类别和收入的多少来进行区分的。假如把他们同所有制的关系、在生产和分配中的地位联系起来看,那么他们当中的少数人可能归属于资产阶级,大部分人相当于小资产阶级,一部分人本来是工人阶级的成员。例如,白领工人中的办公室人员和护士,蓝领工人中的技术工人都被划入了中等阶级。这种划分就是在美国学者中也有争议,一部分学者认为上述人员不应当列入中等阶级。

第四,在马克思主义者看来,资产阶级和无产阶级是两个相互对立的阶级,但也不排除在一定历史条件下达成暂时妥协的可能性。而美国学者所说的五个阶级是指社会的各个阶梯,有高低之分,但并不相互对立。诚然,在美国的现实生活中我们可以找到许多资方同劳方达成妥协以便使企业渡过难关的例子,但这是暂时的,而从长远来说,双方的矛盾、冲突是不可避免的、无法消除的。

6.美国工人阶级结构的变化和所引起的思考

第二次世界大战后,特别是在经济迅速发展的20世纪60年代中期到70年代末这段时间,在所有发达资本主义国家中,工人阶级的结构都发生了巨大的变化。美国的情况尤为明显。白领工人所占的的比重急剧上升,蓝领工人的比重迅速下降。而且这种趋势还在继续发展。出现这种趋势是必然的、不可避免的,是一种社会进步现象。经济发展,科学技术的成就和产业结构的变化都要求工人阶级掌握先进的知识、先进的技能,并且逐步从繁重的体力劳动中解脱出来。这就是蓝领工人日益减少,白领工人日益增加的根本原因。

从产业结构的角度看,第二次世界大战后的30年间是美国产业结构大变动时期。从以重工业为主导的产业结构转向以第三产业为主的产业结构。美国的国民经济由三大产业组成。第一产业是农业,第二产业包括制造业、采掘业、建筑业,第三产业的范围很广,包括公用事业、运输业、通讯业、商业、金融保险、服务行业、政府机关、政府企业等。第一、第二产业的雇员基本上是体力劳动者,即所谓的"蓝领工人"(农场和企业的办公室人员、管理人员除外),第三产业的雇员基本上是非体力劳动者,即所谓的"白领工人"。

战后,第一产业(包括农、林、牧、渔)在国民收入中所占的比重下降的幅度很大。1948—1953年为7.2%,1970年为3.1%,1983年为2.3%。[①]战后初期,美国国民经济还是以重工业为主,第二产业中的制造业所占的比重,1948—1953年为31.6%,一直到1969年以前都在30%以上。1983年下降到21.9%,采掘业和建筑业所占的比重,1949—1953年为7%,1983年下降到4.2%。而第三产业中服务行业、金融保险和不动产业的比重上升最快,1948—1953年分别为8.8%和9%,1983年增加到16.1%和14.9%。[②]

产业结构的变化,不同部门的消长造成了人员的流动。第二产业的一部分工人不得不转入第三产业,从蓝领工人转变为白领工人。美国工业的三大支柱汽车制造、钢铁工业、建筑业的情况尤为严重,进入70年代以后都处于不景气状态,盈利低于平均利润率,甚至出现连续几年的负增长。1979年,美国的第三大汽车公司克莱斯勒几乎倒闭,全仗卡特政府的干预才勉强渡过难关。钢铁工业的许多企业长期亏损,开工率严重不足,1984年仅达53%。建筑业的情况也极为疲软。这三个行业不得不不断裁减工人。更糟糕的是被裁减的工人几乎没有再度被工厂录用的可能。他们或者长期失业,或者改变自己的职业转入第三产业的某个部门。

---

①②*Statistical Abstract of the United States*, *1982-1983*, Washington D. C. : U. S. Government Printing Office, p.424; *Historical Statistics of the United States*: *Colonial Times to 1970*, Washington D. C. : United States Census Bureau, 1975, p. 240.

第三产业由于发展迅速,提供了众多的就业机会。1940年就业人数为1934万人,1983年增加到6634万人,43年中提供了4720万个就业机会。1983年,第三产业就业人数在非农业就业总数中占71.4%。[1]按照多数美国学者的意见,他们都是白领工人。

另外,第二次世界大战后科学革命的迅速发展极大地提高了第一产业和第二产业的劳动生产率,使大量资金和劳动力流入第三产业,另一方面又对在职的工人提出更高的要求,要求他们掌握更高的劳动技能和科学知识。因此蓝领工人和白领工人之间的差别日益缩小。正如格林所说的:"当前,在许多行业中,脑力劳动和体力劳动的界线,也即是'白领工人'和'蓝领工人'的界线正在逐步消失。"[2]

60和70年代,在整个工人和雇员队伍中,技术工人、技术管理人员、技术人员、工程师的人数确有显著的增长。以工业部门中的技术员、工程师和科学工作人员为例,1961年大约135万人,1970年增加到186万余人。其中技术员增加40%、工程师增加34%、科学工作人员增加47%。[3]在50年代,平均32个工人才有1个工程师,在70年代,平均14个工人就有1个工程师。[4]

其实,美国工人阶级结构的变化并不是从第二次世界大战以后才开始的。1951年,C.赖特·米尔斯就发表了他的专著《白领工人:美国的中等阶级》专门论述了白领工人的起源和发展,对于过去存在过的各种关于白领工人的说法给予简略的归纳和评述。一种说法认为新中等阶级(指白领工人)作为整个阶级或者其中几个决定性部门的人数和力量将不断增长,并将发展成为一个政治上独立的阶级,以后将是他们起领导

① *Statistical Abstract of the United States*, *1982–1983*, Washington D. C.: U. S. Government Printing Office, p. 394.

② 俄文版《美国工会中不应发生的事情》,莫斯科,1978年,第50页。

③ *Statistical Abstract of the United States*, *1972*, Washington D. C.: U. S. Government Printing Office, 1972, p. 525.

④ *Working Class and Contemporary World*, No. 3, 1973, p. 123.

作用的时代。第二种说法认为，新中等阶级的人数和力量将不断增长，尽管它不会成为独立的力量，但将是平衡各个阶级的重要因素。第三种说法认为，新中等阶级就其社会特性和政治观点来说是不折不扣的资产阶级，它将是大资本家和保守派的天然同盟，如此等等。[①]

不管上述说法彼此之间有多大区别，都不约而同地把白领工人看成是新中等阶级，这显然是不正确的。其实美国工人阶级结构的变化只不过反映了脑力劳动成分的增长，并不是这部分人已经脱离工人阶级而成为独立的新中等阶级。

按照一般所说的白领工人中的下层应当包括商店的售货员、护士、中小学教师。这些人的社会地位和经济收入都低于收入较高的蓝领工人的水平，他们也都是受资本剥削的雇员。他们同蓝领工人的差别仅仅在于脑力劳动和体力劳动的差别。即使是新中等阶级的上层，收入高于蓝领工人的工程师、管理人员也都受雇于资本，除去其中少数参与决策的高级人员以外，基本上都是脑力劳动者。

脑力劳动者是不是能够构成独立的阶级？如何才能科学地确定他们的阶级归属？为了探讨这些问题，在这里重温一下经典的关于工人阶级的某些论述是极为有益的。马克思曾经提出"总体工人"的概念，把受雇的工程师、工艺师、管理人员都包括在内。恩格斯在他的晚年还曾提到在"总体工人"中，"脑力劳动工人"应有的地位和所起的重要作用。列宁也曾把资本主义企业中的一般管理人员和办事员划为无产阶级或者半无产阶级。[②]虽然在马克思、恩格斯、列宁生前，"脑力劳动无产阶级"毕竟占少数，地位并不突出，和第二次世界大战以后的情况有很大的差别，其作用和地位没有也不可能得到很好的论述。但是，马克思主义经典作家关于这个问题的原则性的论述仍然是指导我们的理论依据。

① C. Wright Mills, *White Collar: The American Middle Classes*, New York: Oxford University Press, 1951, pp. 290–293.

②《列宁全集》第26卷，人民出版社，1959年，第88页。

在西方国家中的脑力劳动者或者说白领雇员的情况十分复杂,必须按照马克思主义划分阶级的标准加以考察和区分。应当考察他们在生产关系中所处的地位,对生产资料的关系和有无剥削行为。那些持有大量股票的高级雇员应当是资产阶级的重要成员。他们的股息收入一般都超过了自己的工资收入,有的甚至超过十几倍。那些作为资本家代理人的高级雇员也应当算作资产阶级的一部分。他们在公司中享有很大的权力,往往是公司的真正决策人。尽管他们当中有人未拥有大量股票,但是他们的工资比一般人员高几倍或者几十倍。此外,资产阶级政治权力代表人物,如国务活动家、高级官员等也应当属于资产阶级范畴。这三种人加在一起也只占脑力劳动者的少数。广大受雇的中下层脑力劳动者在整个生产和分配过程中都处于受支配地位。他们的收入不高,有的甚至低于体力劳动者。他们应当属于脑力劳动无产阶级。

如果从这个角度来考虑当代美国的工人阶级和工人运动,就不应该抱悲观的和消极的态度。事实上脑力劳动无产阶级已经成为欧美资本主义同家中对抗资产阶级的重要力量。20世纪50年代初,美国发生了当时被称为有史以来最大的职员罢工,持续数月之久并且取得了胜利。类似的罢工在60年代和70年代时有发生。1981年8月美国机场塔楼指挥人员大罢工对美国的经济生活产生了很大的影响。罢工虽然遭到失败,但它得到国内外工人广泛的同情和支持,并且显示了白领雇员的决心和力量。

随着白领雇员和蓝领工人的薪金、福利待遇的日益接近,他们共同关心的问题也愈来愈多。出现了脑力劳动者与体力劳动者日益融合的趋向。本来,白领雇员一般都不参加工会。工会也只在蓝领工人中发展会员。近年来美国的产联–劳联等主要工会已经开始在白领工人中建立工会,吸收会员,出现了越来越多的白领雇员工会。这些工会往往和蓝领工人工会共同开展斗争,或者在斗争中互相支持。他们在斗争中已经不满足于提高工资、改善劳动条件、调整工时等传统的要求,提出了改革工厂管理制度的更高目标。

随着科学技术革命的不断深入,白领雇员的人数将不断增加,蓝领工人所占的比例将继续下降。而现有的蓝领工人也面临着一个掌握新技术知识以适应生产发展需要的问题。在这种日新月异不断变化的形势下,如果仍然坚持把白领雇员排斥在工人阶级之外的观点,那么就不可能找到真正的革命动力,就只能承认工人阶级正在削弱和缩小。那种工人运动逐渐消失的论调就不幸而言中了。

结 束 语

　　综观第二次世界大战后的美国现实和种种理论,突出地感到研究外国,特别是研究发达资本主义国家的必要性。因为这些国家目前拥有经济优势,而且标榜民主自由,在许多人心中,特别是对社会主义前途感到困惑的人心中容易造成假象。如果不对这些国家的社会现实和种种理论的实质进行较深入的研究和剖析,那就很容易成为某些错误理论的俘虏而长久不能觉察。另一方面,我们若不研究新形势、新问题,或者不正视西方国家所取得的成就和进展,包括理论上的成就和进展,就很容易故步自封,思想僵化,有陷入教条主义束缚的危险。

　　在我们所考察的西方理论中,恐怕要算中等阶级论最有市场。因为这个理论是以第二次世界大战后资本主义世界的经济繁荣和高科技发展作为背景的。有许多现象似乎可以使这种说法言之成理。例如,经济繁荣和高科技发展造成的工人阶级的结构性变化就是一个很有力的论据。过去构成工人阶级主体的蓝领工人的比重急剧下降,白领工人的人数迅速增长。白领工人的归属问题就被中等阶级论所利用,因而使中等阶级成为一个不断壮大的阶级,资产阶级和工人阶级也随之缩小,并导致阶级斗争失去意义。

　　令人遗憾的是西方马克思主义者当中颇为流行的"新小资产阶级论"也起到了异曲同工的作用。按照这个理论,白领工人既不属于中等阶级,也不属于无产阶级和传统的小资产阶级。他们绝不能像工厂体力劳动工人一样构成革命的领导力量,只能成为革命的同盟军。这样,包括美国在内的所有发达的资本主义国家的工人阶级将日益缩小而丧失其影响,工人运动也将随之消失。

对于上述两种说法有必要加以分析和澄清,对白领工人的阶级归属提出客观的、切合实际的解释。但这项工作极其重要又极其困难。笔者在本书中所提出的只是一个粗浅的看法,希望有更多的理论工作者来研究这个问题,并给予科学的论证。

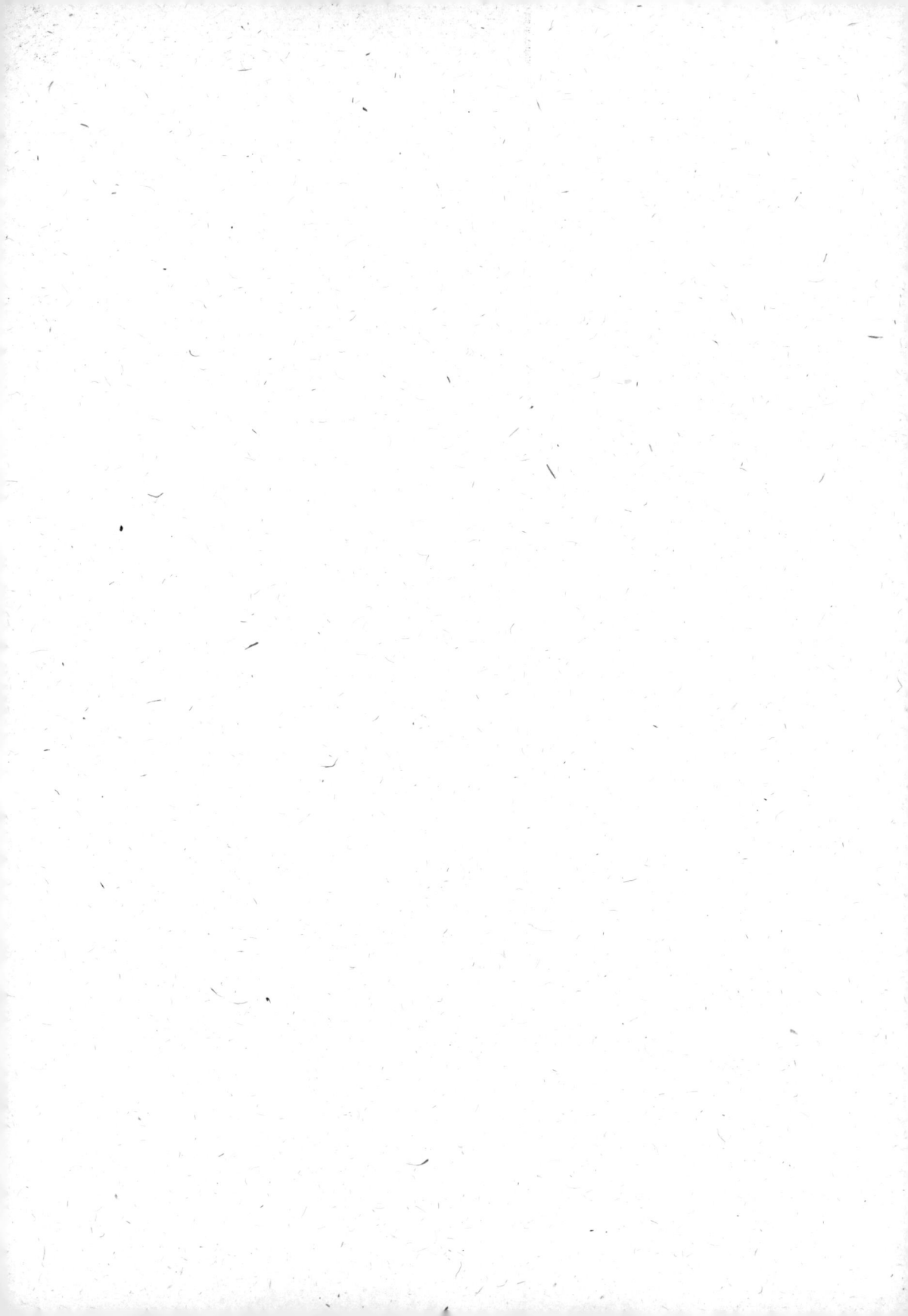